上海市重点图书

上海高校服务国家重大战略出版工程资助出版

创新路上大工匠

顾骏 主编

上海大学出版社

图书在版编目(CIP)数据

创新路上大工匠/顾骏主编.—上海：上海大学出版社，2017.5
ISBN 978-7-5671-2727-2

Ⅰ.①创… Ⅱ.①顾… Ⅲ.①高等学校-思想政治教育-研究-中国 Ⅳ.①G641

中国版本图书馆 CIP 数据核字(2017)第 071729 号

责任编辑　傅玉芳　庄际虹　徐雁华
封面设计　孙　翌
美术编辑　柯国富
技术编辑　金　鑫　章　斐

创新路上大工匠

顾　骏　主编

上海大学出版社出版发行
(上海市上大路 99 号　邮政编码 200444)
(http://www.press.shu.edu.cn　发行热线 021-66135112)
出版人　戴骏豪

*

南京展望文化发展有限公司排版
上海中华商务联合印刷有限公司印刷　各地新华书店经销
开本 710 mm×1000 mm　1/16　印张 19　字数 212 千
2017 年 5 月第 1 版　2017 年 5 月第 1 次印刷
ISBN 978-7-5671-2727-2/G·2491　定价 32.00 元

目　录

前　言　中国需要大工匠　顾　骏 / 001
　　一、工匠背后是国家命运 / 002
　　二、世界走在拐点上 / 005
　　三、大国需要大工匠 / 010

第一章　国家战略与万众创新
　　　　　　上海大学社会学院　顾　骏 / 015
　　一、科技创新与国家地位 / 017
　　二、中国科技创新的筚路蓝缕 / 018
　　三、科技创新中国家作用的演进 / 024
　　四、科学与技术联姻对国家的要求 / 026
　　五、优势与短板，科技创新中国家的自觉 / 028
　　六、创新成果引发的利益冲突 / 033
　　七、"鸡与蛋"，长远看待"国有资产" / 035
　　八、让创新者愉悦 / 038

第二章　激流险潭，且看无人胜有人
　　　　　　上海大学机电工程与自动化学院　罗　均 / 043

一、无人真比有人厉害？／044

二、上海大学无人艇从何处驶来？／046

三、站在黄浦江畔，遥望祖国辽阔海岸线／047

四、无人艇何以不需要人？／048

五、无人艇何以胜过人？／050

六、小有小的难处／055

七、"小白"与"精海爸爸"／057

八、青春在创新中激荡／060

九、瞄准国际先进水平，走自己的路／061

十、从中国机器人到机器中国人／063

十一、年轻工程师创新的动力在哪里？／065

第三章 大数据需要大思想

上海大学计算机工程与科学学院

英国帝国理工学院 郭毅可／067

一、创新就是好玩／068

二、创新、创意、创业，原来是这样的关系／071

三、概念创新如何直接提升国家实力？／073

四、创新怎么玩？／075

五、给彭丽媛的礼物：创新和创意如何走到一起？／076

六、全球大数据走到哪里了？／078

七、中国处于大数据产业链哪一环？／079

八、中国能否"安安稳稳做中游"？/ 082

九、中国在数据科学领域如何再上一步？/ 084

十、如何让机器更像人？/ 085

第四章　材料基因自有创新密码

　　上海大学　罗宏杰 / 087

一、中国如何赢得"瓷国"美名？/ 089

二、由陶而至瓷的转变是如何发生的？/ 090

三、创新也需要讲原则？/ 093

四、从发现到发明，创新经过了怎样的转变？/ 095

五、材料何以也要讲基因？/ 096

六、如何找到材料的基因？/ 098

七、材料基因，中国在世界上占据什么地位？/ 100

八、再现自然过程也是创新吗？/ 101

九、如何做一个"既能又巧"的大工匠？/ 102

第五章　补心更需别出心裁

　　上海大学生命科学学院　肖俊杰 / 105

一、如何让跳不动的心脏复苏？/ 108

二、心脏修复有何妙招？/ 110

三、"心脏修复"的活好干吗？/ 112

四、内源性修复之一：中国发明的路径？/ 114

五、内源性修复之二：上海大学还有企图？/ 116

六、内源性修复之三：上海大学专家还有涉猎？/ 117

七、外源型心脏修复：国外在干什么？/ 119

八、癌细胞还能提供心脏修复的灵感？/ 121

九、上天真会眷顾有心的创新者？/ 123

十、创新者如何定义创新？/ 124

十一、心脏修复，中国与世界先进水平有多大距离？/ 125

第六章　为"云"底下私密与开放的悖论解方程
　　　　上海大学通信与信息工程学院　张新鹏 / 129

一、私密与开放可以得兼乎？/ 130

二、搭建跨越私密和开放的桥梁 / 133

三、道理简单，用途不简单 / 135

四、创新就是先想到 / 136

五、创新是共同体的事业 / 137

六、密文域数据处理双向发力 / 138

七、密文域数据处理，中国处于什么位置？/ 140

八、算法也是创新吗？/ 143

九、创新算法，超越算法 / 145

十、创新动力来自自我实现 / 147

第七章　在意外中享受化合而成的乐趣
　　　　上海大学理学院　许　斌 / 149

一、药物是怎么炼成的？／151
二、化学家在新药创制中干什么？／152
三、药物是如何产生疗效的？／155
四、化合物设计有哪些基本环节？／156
五、化学家如何修饰药物骨架？／158
六、化学家如何构建化合物骨架？／159
七、化学家如何建设化合物库？／161
八、上海大学化合物库有什么特点？／164
九、药物研制，学科如何协同？／165
十、好玩的化学，好玩的化学家／167
十一、中国化学研究在世界上的地位／170
十二、化学家创新动力的来源／171

第八章　产学研一体化道路上的"超导"路径
　　　　上海大学理学院　蔡传兵／175
一、迎战超导材料高门槛／176
二、匠心独运超导材料研发／178
三、厚积薄发博采众长定方向／180
四、低高温和物理化学法超导技术／181
五、筚路蓝缕的超导带材产业化／185
六、"工欲善其事，必先利其器"／187
七、性价比乃产业化关键的关键／188
八、超导领域里中国的跑道／191

九、产学研中的困惑和难题 / 192

十、创新动力来自追求走自己的路 / 196

第九章　为音视频传输立中国规矩
上海大学通信与信息工程学院　王国中 / 199

一、中国标准中国造 / 200

二、AVS：音视频传输先要做成"奶粉" / 202

三、音视频压缩：用数学欺骗眼睛 / 204

四、算法需要工程实验证明 / 208

五、产业化：从标准到应用 / 211

六、突破知识产权的瓶颈 / 212

七、善学勤思才能有所创造 / 213

八、音视频技术，中国处在什么位置？ / 214

九、创新也可以"套公式" / 216

十、工程师对创新不失理智的态度 / 217

第十章　纳米研发：小尺度背后的大体制
上海大学纳米科学与技术研究中心　施利毅 / 219

一、纳米是一个技术链概念 / 220

二、四处现身的纳米 / 222

三、小的是活泼的 / 223

四、"非驴非马"的杂化涂料 / 224

五、不通又通的"压敏陶瓷" / 226

六、充满设计感的纳米研发 / 228

七、上海大学纳米研究的长项与短板 / 230

八、纳米研发,中国还不尽如人意 / 231

九、大学科技园作为协同平台 / 234

十、在为别人解决问题过程中实现自己最大价值 / 236

第十一章　管理好创新的发动机
上海大学　金东寒 / 239

一、上海建科创中心路在何方? / 241

二、技术也是产品吗? / 242

三、知识应该如何管理? / 243

四、工程师创新的动力来自哪里? / 246

五、突破老办法也算创新? / 247

六、工程师也是手艺人? / 248

七、爱学习与当工程师,先有鸡还是先有蛋? / 250

八、博士就不能干"低层次的活"? / 251

九、未来工程师从何入手学会创新? / 254

第十二章　中国大工匠:从跟随到引领
上海大学社会学院　顾　骏 / 257

一、中国高速发展必有道理 / 258

二、中国难题:走出自己的路 / 260

三、谜一样的中国 / 263

四、现代科学技术创新的结构 / 265

五、中国技术创新源远流长 / 270

六、中国技术创新的文化优势 / 272

七、中国科技创新的文化瓶颈 / 275

八、凤凰涅槃,中国大工匠引领世界的态势 / 280

后　记 / 283

前言
中国需要大工匠

中国需要工匠,这毫无问题,中国需要什么样的工匠,这是一个大问题。

一、工匠背后是国家命运

举凡谈及工匠,坊间必以德国、日本作比。殊不知两国工匠固然出类拔萃,但其成就既有历史渊源之功,亦有现实无奈之处。

以日耳曼民族思维之严谨、纪律之严格、宗教之虔信、培训之规范、保障之周全论,有此精于制作之能工,不属必然,亦为大概率事件。大和民族素以改造精进他国文化尤其是技术为能,国民性格执着,追求精致无所不用其极,巧匠辈出,亦无可异议。然而,见此一叶,不可不见森林。两国制造业雄霸全球,不见他国出其右,虽有得意之处,也不无难言之隐。

作为20世纪国际政治遗产,德日两国承诺国际社会,不走军事扩张之路,内有和平宪法,外有强国监督,自愿不自愿地放弃具有重大军事价值的战略性产业,至今在核武、航天、航空、信息、人工智能等最具前瞻性价值的领域中,缺乏同其制造水平相对称的表现。作为传统工业化之巅峰的机械制造水平及其优质人力资源的配置,其能工巧匠之独领全球,当有产业发展偏于一隅,状如生物进化中为适应环境压力而趋于特化之不得已矣。

美国新任总统特朗普上台伊始,指责德国出口太多汽车挤占了美国市场,被德国总理默克尔女士反唇相讥:"先造好你自己的汽车。"听上去颇让德国人解气。殊不知美国与德国产业水平的差异根本上不在家用汽车的优劣,而在于美国有F-22和配备电磁弹射器的福特级航空母舰、有洲际导弹以及完全信息化的庞大武装力量。但德国非不能也,是不得也。

今日俄罗斯之经济实力,远远落后于德国和日本,但国际政治论坛上,真正能说得上话的,除全球仅有的两个GDP超10万亿美元的国家——美国和中国之外,只有俄罗斯。2015年,相比日本41 232亿美元、德国33 576亿美元的GDP,俄罗斯只有13 247亿美元,甚至不如韩国的13 768亿美元。无论就经济体量还是整体制造业水平,俄罗斯都差之甚远,何来国际舞台上的话语权?

盖因美中俄都有自己的看家本领,强大军事实力是一个因素,而强大军力背后不受外部制约的高端科技和尖端制造的创新体系,才是冰山的底座,仅仅民用产品尤其是大众消费领域的精工细作,如何成就得了大国竞争博弈的最后凭借!

遥想当年,苏德战场上,制造粗糙的苏联红军坦克最后战胜制造精良的法西斯坦克,挥师东北时,又是红军重甲坦克战胜"皇军"薄皮坦克。足证制造技术固然重要,但不足以决定战争之胜负,国家决胜的战场不在纯粹制造技术领域,更不在消费品生产领域,于此可见一斑。

为中国经济发展计,为中国产业升级计,更为中国体力脑力劳动者增加收入、提高生活水平计,增强制作技能,提升工作附加值,改善产业分工在"微笑曲线"中的定位,抢占制造业利润高地,确有必要甚至已成急需:堂堂大国连奶粉都要进口,还惊动生产国"配给供应",实在不是一件有面子的事,把高端市场拱手让人,更可扼腕。

然而,通过倡导"工匠精神",提高一线操作工人的技艺,即便确有可能让中国制造业更加进退裕如,让中国产品更加物有所值,但以中国经济今日之体量,纵然独占"二八定理"中20%的高端市场,拿下行业80%的利润,这个容量有限的池子,能容得下这头巨龙庞大之身躯?中国制造与全球市场早已形成"中国买什么,什么就贵;中国卖什么,什么就便宜"的尴尬关系,一旦中国工匠大批涌现而至于高技艺产品大量推向市场,供求失衡之下,还能同样实现其中的高附加值吗?莫非让全世界包括德国、日本统统停止生产,以便中国一家开足马力?而一旦富裕国家失业遍地,又靠谁来维持极端依赖小众市场的高附加值产品的天价?如此,贸易战还会只是特朗普一个人的想象?

中国面临的外需不足实质上起因于全球性供过于求。在这种情况下,中国是继续在全球就业岗位的存量中争抢更多的份额,还是通过创新,开发新增岗位,争取在做大的蛋糕中切得尽可能大的一块,已经是一个无须讨论的问题。

所以,将工匠局限于要么传统小农经济时代的能工巧匠,要么工业化时代的高技能工人,乃至以一个寿司、一块豆腐的祖传手艺作为工匠精神之体现,即使其本身确有价值,甚至也为中国经济所需要,但毕竟离世界发展之大趋势,距中国进步之大目标,错之不止毫厘,失之远过千里!

寄托着助推中国整体国力大跃升的工匠和工匠精神,必须有高立意、大境界,必须超越单纯经济学视野,而聚焦于中国在人类文明和世界历史中的长远定位:新时代呼唤的工匠和工匠精神必须服务于从根本上改变刻写在苹果手机背后的"美国设计、中国组装"的局面,创新而不只是守成,想象而不只是经验,动脑而不只是动手,思想而不只是技能,才是中国当下乃至未来需要的大工匠!

二、世界走在拐点上

中国需要大工匠,是世界时势所然。

自2008年美国金融危机以来,尤其是2016年底先有英国公投脱欧,后有特朗普竞选上台,一时间"全球化逆转"的呼声响成一片,似乎历史车轮真像汽车轮子,可以忽前忽后,随意驾驶。其实从国际贸易着眼,全球化不过就是国与国之间的就业岗位转移。一国向另一国出口产品,本质上等同于一国向另一国进口就业岗位。

特朗普从竞选到就任,始终不变地主张"美国优先",其中最高调的就是"雇美国人,买美国货"。这看似两点,其实只是一点:不买美国人生产的货,拿什么岗位去雇美国人?在这层意义上,所谓"全球化逆转"无非是就业岗位在国与国之间的流向发生逆转。

曾经对西方人来说的大好事——"你生产,我消费",何以突然成为不可承受之轻？原因无他，从工业化开始的人均就业时间下降的总趋势，到达了历史性拐点，人类大面积失业的情形一触即发，而触发因素举其大者有三。

1. 机器代替人类

人类进步的一条重大主线就是用机器代替人，只是过去几百年中，机器离不开人，开机器成为人的新职业。所谓"工匠"就是造机器的能人和用机器的能人加上拒绝使用机器、坚持手工制作的能人之集合。

转眼到了21世纪，"无人"开始成为机器的标配，越来越聪明的机器不仅把人降格为富士康流水线上的操作工，干的是用溶剂擦去标签撕掉后留下的痕迹之类"非人"的活，只需要小脑，不需要大脑。更有甚者，干脆让人脱离一线操作，其极端形式莫过于空无一人但厮杀不已的战场。

据报载，俄罗斯在叙利亚战场上使用了成建制的一个机器人营，从无人侦察、无人火炮到无人机，一应俱全。只见无人战车出阵，对方子弹暴雨般打来，弹着处，被传感器一一归整为大数据，方位距离既定，炮弹、导弹呼啸而去，倾泻而至，片刻间对方溃不成军，而俄罗斯军人只需要在兵营里编写程序便大功告成，形同真刀真枪的网上电子游戏。

"运筹于帷幄之中，决胜于千里之外。"中国古人充满想象的战争境界，竟然变得如此轻松惬意！

如果越来越多的工作交由机器来做，而且机器越做越精致，能工巧匠的生存空间势必受到越来越大的挤压。今天的机器人连吟诗作画都能干，更不用说写新闻稿，情感和审美这一人类尊严的最后保留地已经毫无疑问地处于碾压之下。值此之际,在大国博弈的背景下,讨论到底设计机器来干活的人重要还是干机器干不来的活的人重要,还有意义吗?

2017年1月26日,美国《纽约时报》网站刊登文章《中国搞"机器人革命",美国能跟上吗?》,中国应该跟特朗普抢占机器人研发制造的先机,还是争抢越来越受到机器人挤压的传统行业操作岗位,直接决定了中国需要什么样的工匠。

固然,人类还没达到完全让机器人来自我生产的地步,但制造机器人的工匠和创新设计机器人的工匠不是同一个概念。中国即便两种工匠都需要,但会满足于制造而不是设计机器人的工匠吗?

2. 人工智能赶超人类

机器之所以能胜过人,是因为今天的机器相比当年的"珍妮纺纱机"多了一样配置,那就是大数据及其背后的人工智能。人工智能的名称意味着,这种智能是由人类智能所赋予的,不但应该受人类支配,而且本质上应该在智力水平上低于人类。但仅仅到"深度学习阶段",人工智能已经表露出"去人类智能而代之"的迹象。

带着Master(大师)假面的"阿尔法狗",不仅挑落全球顶尖围棋高手60人而无一失手,并且发现围棋新内涵,在千百年人类对围棋自以为是的理解上撕开一个大破口。这不是棋艺高下之别,而是智商高低之差。为Master配程序的工程师只有围棋六段水平,指导不了机器人与顶尖高手的对弈。胜利完全属于机器人超出计算程序和线性逻辑的"深度学习能力"。面对如此人工智能,人类高手连棋理都不如对手明白,克敌制胜的棋力又从何而来?

在军事科研领域,美国制定"蜂群战术",开展无人系统协同作战演练,其结果同样让人大为震惊。不存在理解差异、动作差错,不会有身体疲劳、情绪波动,未安装"私心杂念、贪生怕死"的机器人组合,在完成目标明确的任务过程中,表现出高度的行动协同性,效果和效率都出乎意外。

这些案例看似发生在局部,但其典型意义和内在逻辑,已足以表明,在人工智能领域出现人类失控的复杂局面是完全可以想象的,甚至是不难预测的。未来世界或许存在三种智能形态,高于人工智能的人类智能、人工智能和低于人工智能的人类智能。犹如发明游戏的人、游戏和沉溺于游戏的人。

就拿游戏和游戏所在的娱乐行业来说,这个被雅称为"休闲文化"的行业之所以如烈火烹油、鲜花着锦,势不可挡,其实并非文化繁荣这么简单,而是人类闲置时间过多,无所事事,必须找到打发光阴的办法。随着越来越多的机器人代替人类工作,随着越来越高明的人工智能代替人类思考,将会有越来越多的人毫无选择地陷入毫无产出的"娱乐"之中,其人生的社会价值仅仅在于为创意设计娱乐项目的从业者提供就业机会。芬兰刚刚推出给部分公民最低生活保障,不要求他们从事任何生产工作的试点方案,会不会成为未来越来越多的人共同命运?

一个国家固守传统领域,力争局部高地,仍可推动 GDP 数量增长,但已越来越难,还可能永远输掉全球竞争,更无从引领世界。在里根时代,美国选择信息技术,日本选择机器人,作为各自未来产业发展的方向,成效如何早已放在全世界面前。面对三种智能,作为大国,中国将作何选择?

3. 科学引领哲学

人类未来往哪里去,越来越多地依靠科学家,而不是传统的哲学家。

在西方并通过西方文化的主导,人类对自身、自身所处的世界以及自身与世界的关系之思考,一度都被纳入哲学的范围。但随着工业化日益令人信服地证明了科学的世界观意义和科学塑造人类世界的能力,哲学作为思想之王的光环逐渐黯淡。

"哲学家们只是用不同的方式解释世界,而问题在于改变世界。"马克思在《关于费尔巴哈的提纲》中的这句话,点出了现代社会所要求的"科学"之最核心特征,也指出了科学在人类生活中的地位。

实证哲学创始人孔德在西方哲学史上第一个系统地提出哲学需要从沉溺于本体论思辨转向方法论探寻,其背后的动力也在于人类需要走出神学虚构和玄想思辨,用实证科学来完成"从解释世界向改变世界的转变"。

如果说康德以"物自体"学说,区隔出难以逾越的人类认知与认知对象,那么量子力学则以"观念依赖型实在"概念让主客体完全相互包容、难分难解。100年前爱因斯坦借助相对论及其数学推理预见的引力波,在2016年得到实验的成功验证。此举令人信服地证明,用观察、验证和数学推理为基本方式的科学世界观,彻底超越了纯思辨的哲学。"上帝死了"之后,是"人死了",现在是否到了"哲学家死了"的阶段?诚如本书中张新鹏教授所言,"今日世界上没有哲学家,只有哲学评论家"。研究哲学的人还有,但缺乏能耐提出自己的哲学观点和体系,只能以评论曾经有过的哲学家或哲学观点,为自己职业生涯填空。他们是关于哲学的专家,而不是哲学家,犹如艺术家同艺术鉴赏者,不是一回事,两者的区别在于有没有原始创造力或"生产力"。

人类可以没有哲学家,但不能没有哲学,可以没有哲学,但不能没有对自己、对自己所处世界、对自己同世界关系的思考。今天不是没有这样的思考,只是思考主体更多的不是哲学家,而是科学家。从牛顿力学到量子力学,从"互联网之父"到"机器人之父",有改变世界能力的人才有解释世界的资格,因为他们昨天的解释已经成为今天的世界,而传统哲学家越来越退缩到"仰望星空"的自我观照之中,甚至在那里也日益受到采取自然科学模式的心理学的挤压。

科学家替代哲学家思考人类终极问题的结果之一,就是让人类发展走上追求解决问题和解决问题效率的单行道,技术创新包括机器人和人工智能的创新,将按照自然进化规律而不是伦理原则,一路向前,势如破竹,人被机器替代、人类智能被人工智能超越所带来的经济和社会挑战将愈益严峻!

值此之际,中国的工匠是继续专注于制造机器人、设计机器人、预知机器人未来方向,还是超越机器人,看到后机器人时代人类社会发展的新前景?

三、大国需要大工匠

中国需要大工匠,因为中国是一个大国,不但历史上从来就是大国,而且自近代沦落之后,一直以恢复曾经有过的辉煌、重新肩负起对人类文明的责任为目标。如此襟怀当然需要踏踏实实的努力,做好基础工作,但更需要立意高远,着手摩天大楼的建设。没有基础固然建不成高楼,但没有建设高楼的打算,基础打得再好,也只是基础。小康日子可以是其他国家的满足,天下大同才是中华民族的抱负。要"为万世开太平",岂能独缺大工匠?

1. 中国梦要求大工匠

中国梦是中华民族伟大复兴之梦,而复兴是一个由盛而衰之后、再由衰而盛的过程,其达成的标志绝不是脱离衰落的谷底,而是超越曾经的巅峰!

自秦汉以来,中国虽然与世界其余部分,尤其是地中海文明相对隔绝,但从历史轨迹来看,中国始终是同时期世界多极甚至两极之一。相对于希腊、罗马,中国有秦汉;相对于阿拉伯文明兴起,中国有盛唐;相对于文艺复兴之前的"黑暗中世纪",中国大宋更是一枝独秀。中国缺席世界舞台的聚光灯下,基本上是明清以降的现象,尽管其原因并非仅仅肇始于晚近。

这意味着,以中华民族伟大复兴为目标的当代中国发展,包括服务于这个发展目标的"工匠"和"工匠精神",必须以中国重新站上人类文明最前沿为旨归。龙的传人"屹立于世界民族之林"的完整含义,绝对不是"泯然于众人",而必须有大作为于人类文明和世界历史。不能一枝独秀,亦当双峰并立,非如此何以谈复兴?而如此立意和境界的实现,不可缺少能工巧匠,但绝不会仅止于此。

2. 中国道路要求大工匠

在数百年时间里,处于相对封闭、自我延续和缓慢发展状态的中国,在第一轮由国家推进的全球化过程中,被卷入世界潮流,并由此开始全新的生长。这个过程对中国总体上的影响是正面的,但坚持探索自己的发展道路,始终是中国对这一过程最深刻的自觉。

这意味着,中国无论在经济、政治、社会、文化和科技领域,都不可能满足于因循别国开通的路径。以自己的智慧,在人类历史的大格局中走出一条新路,保持人类发展的多样性,是中国的政治目标,也是科研目标。在这个意义上,苹果手机所刻画的"美国设计、中国组装"之不可接受,不是经济上美国公司占了利润的大头,甚至也不是全球产业链上中国仍处于技术含金量较低的一端,而是中国仍走在别国开通的技术路径上,没有找到自己的道路。

中国寻求的不只是创设大陆的"富士康",争取多留些利润在这块土地上,也不只是像华为已经做到的那样,有自己的专利可以让苹果来要求授权,而是走出任正非因为领先同行,而进入了"无人区"之后的迷茫:中国必须具有自己能做方向性判断的人乃至大师,他们不会是普通的工匠,而只能是有大力量而助中国实现历史性突破的大工匠!

一句话,中国道路在科技领域最富含金量的实现标志是,哪一天,"×××之父"的桂冠加冕于中国人,身在华夏大地上的中国人。中国人什么时候可以向国际社会描绘一个类似于互联网虚拟世界那样凭空设想、从天而降的人类全新存在方式,并带领各国工匠实现之?

3. 文化自信要求大工匠

中国梦能否实现,中国道路能否辟通,现在只是初露端倪,支撑中国过去的探索、今天的坚持和未来的期盼的是民族的文化自信。

中华民族最大的文化自信之一是相信自己的创造力。

中华文明独立起源、自我绵延、一以贯之、与时俱进,在世界各大文明中几乎绝无仅有。在人类文明第一波集中爆发的"轴心时代",中华先人中诞生的圣贤明哲,老子、孔子、孙子、墨子、韩非子、庄子,等等,其深邃思想自成一体,足可比肩其他文明的大师巨匠,迥然有异,毫不逊色。在民族复兴的当下和未来,非大工匠何以"为往圣继绝学"?

中国在两千多年的时间里,技术创新不绝如缕,从工程建设、耕作方式、兵器装备、合金冶炼、船舶航海到衣食住行,相当一部分遥遥领先于世界其他国家,曾经被誉为"西方工业化的技术先驱"。1949年以来,尤其是改革开放以来,中国科学技术突飞猛进,既有善于向别国学习的借力,也有自身文化传统的发力。在综合国力大幅度提升、科研经费大幅度增加、万众创新蔚然成风的当下乃至今后,人才辈出、成果涌现的局面完全可以期待。大时代孕育大工匠,非大工匠无以催生大时代!

独具特色的道路需要独具特色的思维方法作为内在支撑。在世界范围,中国文化至今保持了某种神秘色彩,显性表现为中医、武术的中国思维方式、符号形态和思想观念,截然不同于占据世界主流地位的西方文化。不同文化基因不但藏匿着历史轨迹的不同逻辑,更预设了未来发展的不同选择。对于人类发展具有如此重大价值的中华文明基因优势,不可能仅止于精工制作环节,而必使之服务于历史道路选择和人类命运设计。如此,非大工匠何以为之?

本书选择了上海大学十位卓有成就的教授和研究员,展示了他们锲而不舍、终成佳绩的过程和贡献之片段。把他们誉为"大工匠",意在表达对中国未来发展所面临的挑战、所急需的人才和仍然有待破题的创新体制建设之有限理解、无限期待。他们懂理论、有技术、能思想、会管理,最重要的共同标志是拿出了得到行业认可的产品包括专利。他们既不是传统意义上只会精工细作的匠人,也不是历史上只会坐而论道的书生,不是专为解决细节问题而生的"程序猿",也不是有所发现但只为完成 KAI 的"教书匠",而是将眼光瞄准人类未来,关注世界大格局,把握自己所在领域的大方向,探寻技术发展的新路径,并成功地把自己所思、所想、所作、所为,在"产学研"全流程中融为一体,达到文理相通的新型科学家和工程师。他们是名副其实的能把对世界的想象变成现实世界的大工匠!

所以,本书意旨所归不在于展示个人,不在于展示某个大学校园中的小群体,而在于力图为支撑起这个国家在世界舞台上大国身姿的无数中国大工匠树一组象征,立一尊群雕,谱一串音符!

第一章
国家战略与万众创新

上海大学社会学院　顾　骏

科技创新能力被广泛视为一个国家最核心的竞争力,甚至已经不需要加"之一"。这不仅因为科技创新能力本身重要,更因为形成和实现科技创新能力,需要国家整体的、制度化的统筹和支持。"窥一斑而见全豹。"评估一个国家的实力,在哪里都没有在科技创新这一个窗口里看得清楚。

然而,国家重视科技创新,不等于国家直接组织实施科技创新。因为同其他许多领域一样,在科技创新领域,国家也有能与不能之时、能与不能之处。从国家组织到各类主体各尽其能、创新实践遍地开花,是科技创新实力更高层次的体现。在这个意义上,国务院总理李克强代表国家提出"万众创新"所瞄准的,不只是获得更多科技创新成果的小目标,更是国家科技创新体系整体建设和民族创新能力深层次释放的大目标!

一、科技创新与国家地位

现时代在世界范围,国家与科技创新能力大致存在着正相关关系,国家强,则科技创新能力强;科技创新能力强,则国家强。这里说的是"强"而不是"大"。"大"可以从各个实体性指标来加以界定,人口多、幅员广、GDP总量大,都是国家大的基本指标;而"强"指的是能力,国家可以做成事情的潜力和能量。

北欧国家如瑞典,人口约980万人,国土面积约45万平方公里,并不算大,但拥有自己的航空业、核工业、汽车制造业、先进的军事工业以及全球领先的电信业和医药研究能力。在软件开发、微电子、远程通信和光子领域,瑞典也居世界领先地位。按人口比例计算,瑞典是世界上拥有跨国公司最多的国家。

在中国不少大型城市中开设了家具卖场的"宜家",在无论大小的每一件商品上,都挂有价格标签,上面除了材质、型号、色彩等常见标识之外,还有一项其他商场都没有的特别标识:设计师的名字。尊重知识产权,创新蔚然成风,使这个不大的国家成为有关"国家创新力"国际榜单上位居前列的常客。

还有一个更加"小而强"的国家——以色列,人口850万人,国土面积25 740平方公里。自1948年建国以来,以色列一直致力于科学和工程学的研究,在遗传学、计算机科学、光学、工程学、农业、物理学和医学等领域都成就卓著,还有在世界上享有盛名的军事科技产业。独具特色的科学技术体系和突出的创新能力,部分解释了这个国家何以在不十分友好的生态和周边环境中,生存了将近70年,发展良好，明显占有国力优势的深层次原因。

其他在国际上拥有相当话语权的国家，尤其是联合国"五常"，美国、中国、俄罗斯、英国、法国，无一不是具有强大或较为强大科技创新能力的国家。德国和日本作为20世纪最大的两个战败国，在政治制度改革后，于废墟上迅速崛起，重新成为国际生活中有影响力的国家，其中重要原因之一，就是具有相对成熟的科学技术体系和突出的技术创新能力。

相反，一些幅员辽阔或者经济实力也不差的国家，大则大矣，富则富矣，但在科学技术创新方面，则缺乏有力的表现，要在弱肉强食的国际舞台上被尊为强国，几乎没有可能。还有些国家虽然一时称霸地区，但只经过一次打击，就一蹶不振，虽有储存多年的家底，但科技创新能力不强，一朝耗竭，后继乏力，即便重新崛起的雄心不已，但何时能够实现，尚难逆料。

国家与科技创新能力之间高度的相互依赖关系，源自现代科学技术创新体系内在特性及其与国家能力不可分割的联系，而认识这一点可以说也是中国在近现代史上最深刻的教训之一。

二、中国科技创新的筚路蓝缕

中国传统文化中，不是没有科学技术，但同工业化相联系、具有严密的理论化乃至数学化特征的现代科学技术，对中国来说，是一种"舶来品"。

在近代史上，中国对世界的认识是从对西方科学技术成果的直观认识开始的。但这种认识不是简单的"看见"，而是明确的、甚或不无勉强的正面认可。鸦片战争的惨败，使抱持传统技术观，"有机知之巧，必有机知之败"的国人，从视西洋机器为"奇技淫巧"、视"坚船利炮"为旁门左道，转而成为对科学技术的不二信徒。机器枪械再不是掌中玩物，而是国之重器，"洋务运动"的发轫证明这一思想观念大转变正式到来。尽管由于历史惯性，这个弯转得拖泥带水，才有回想起来充满苦涩的"购置军舰的经费被挪作老佛爷庆生盖颐和园之用"的历史笑话。

甲午战争的失败打碎了对科学技术的浅层次理解，代之而起的是"教育救国"、实业救国等思潮和运动，而无论以何种方式救国，都已经离不开"科技救国"的基调。在被时人评为中国人最大的四项毛病——贫、病、愚、私中，"愚"的主要表现就是缺乏基本科学知识，不知道世界到底是怎么样的。转变国民思想，学习科学知识，掌握产业技术，改革器物落后背后的制度落后，成为时代潮流。出国留洋、兴办新学堂、废除科举等一系列同科学技术有关、但又不限于科学技术领域的变革，轰轰烈烈地上演。素以"文明中央"自许的中国人，又一次展现真诚向外部世界学习的态度，"赛先生"作为"五四运动"倡导的两大概念之一深入人心，古老民族开始向现代科学技术的历史性进发。

在事关民族存亡的抗日战争期间，有两件事具有极大的象征意义，尤其值得一提。

以"七七事变"发生的 1937 年为时间节点，中日之间的工业化程度相差悬殊：当年，日本的工业产值是 60 亿美元，中国只有 13.6 亿美元；日本的钢产量是 580 万吨，而中国只有 4 万吨；日本的煤产量有 5 070 万吨，中国是 2 800 万吨；日本的石油储备是 169 万吨，中国只有

1.31万吨；日本的铜储备是8.7万吨，中国只有700吨。当时，世界主要国家的军队已进入机械化时代，仅1937年里，日本造了1 580架飞机、744门大口径火炮、330辆坦克、9 500辆汽车、52 400吨军舰，所有这些主战兵器，中国一件都生产不了。当日本步枪"三八大盖"已经采用标准制式、零件可以在不同枪支上互换使用时，中国的"汉阳造"还是一支枪一套零件，彼此之间不相往来。

深知国力孱弱，所以对已有的技术装备和科技人才，中华民族给予了最大的珍惜。

1938年秋，武汉失守，大量后撤重庆的人员和迁川工厂物资近10万吨，囤积宜昌，无法运走，不断遭到日机轰炸。民族企业家卢作孚集中自己的"民生轮船公司"的全部船只和大部分业务人员，不顾日机狂轰滥炸，采取分段运输，昼夜兼程抢运，经过40天的奋战，终于在宜昌失陷前，将全部囤积的人员和物资抢运到了四川。这次抢运行动，中外瞩目，被誉为中国的"敦刻尔克大撤退"。机器设备已经成为"国运所系"，全民族深刻而彻底的观念转变，为中国巨大的社会转型和科学技术进步提供了思想与心理基础。

1935年之后，时局严峻，中国最好的大学，北京大学、清华大学、南开大学先后迁往长沙，成立国立长沙临时大学。1938年4月，又西迁至昆明，改称国立西南联合大学。两次迁校，师生长途跋涉，意气昂扬，因为这是保留中国科学技术第一批本土培育的种子，其意义非同小可。从国立长沙临时大学于1937年8月建立，到国立西南联合大学1946年7月31日停止办学，西南联大共存在了8年零11个月，保存了抗战时期的重要科研力量，培养学生8 000余人，毕业生4 000多人，均学有成就。其中有后来的诺贝尔物理学奖获得者杨振宁、李政道,国家最高科学技术奖获得者黄昆,"两弹一星"功勋奖章获得者屠守锷、郭永怀、陈芳允、王希季、朱光亚、邓稼先,等等。他们对中国的建设事业、高等教育的发展和世界学术研究作出了卓越的贡献。

遥想当年,被包围的巴黎城内,困兽犹斗的拿破仑断然拒绝了征召法国国立高等工程技术学校的学子上前线的建议,为的是"为法国未来保留工程师"。两者背景自有不同,两个民族在接受科学技术的时间上也相距甚远,但在"为未来保留科学技术的种子"这一点上,已然灵犀相通,科学技术及其重要性作为信念,渗入了中华民族的心灵深处。

中华人民共和国成立之后,百废待兴,财政吃紧,困难重重之下,国家仍然对科学技术的发展给予极大的倾斜。大批海外学子归来,增加了共和国极为宝贵的科技人才储备,加快了中国科学技术发展的脚步。在全国人民忘我的支持下,科学家、工程师在极其艰难的条件下,研制成功"两弹一星",第一次用自己的双手造出了核时代的"坚船利炮"。还在近乎空白的基础上,从当时苏联援助的重大项目开始,构建自己的现代工业体系,取得了一系列中国独立自主研发的科学发现和技术发明。2016年,中国科学家屠呦呦借以获得诺贝尔奖的成果——青蒿素的研究,就是那个时代"纯国产"的成就。

在新中国成立后30年里,社会新闻的一大主题是各种各样的"第一次",从"第一台拖拉机"到"第一颗人造卫星",科学技术进步是国家建设中始终未曾动摇的目标。1964年,党中央提出加紧实现"四个现代化"的口号,"工业现代化、农业现代化、国防现代化、科学技术现代化",如果归并一下,完全可以用一个现代化来涵盖——"科学技术现代化"实为其他三个"现代化"的共同前提与核心。

客观地说，中国科学家、工程师们经过艰苦卓绝的努力，取得一系列科技创新成果，保证了国家安全，奠定了工业化的基础，初步建立了基本完整的产业体系，但由于种种原因，在整体上，与世界的距离不但没有缩短，还呈现越拉越大的趋势。反过来，也正是因为既有了一定基础，又存在明显差距，这才让中国在以后的科技发展道路上，可以通过学习和模仿，更快地赶上世界科技创新的潮流。

改革开放打开了国门，发达国家为占领中国市场而注入的技术，让中国技术人员眼花缭乱。说实话，最初的时候，我们连模仿抄袭的能力也没有，因为一线操作人员需要外国来人给予培训，遇到设备故障或定期维护，零部件需要出口国空运过来，人员也需要原厂技术部门派来。差距如此悬殊，何谈"山寨"，连念头都不会有。

同流水线上操作工技能日渐成熟一起，好学的中国技术人员开始能看懂图纸，掌握了原理。基于节约开支，尤其是要节约宝贵的外汇，"依样画葫芦"，开始模仿西方技术。在国家推进"国产化"的大战略下，各种设备，从外围到核心，从辅助技术到关键技术，被"逆向设计"一一攻克，终于迎来西方技术大国知识产权保护行动的蜂拥而至。

在技术创新需要投入，一旦成功，应该得到经济回报的现代制度化创新体系中，未得到授权就滥用专利，不但有损于创新主体的利益，也不利于中国创新能力的提高。发达国家要求保护知识产权，没有错。但平心而论，一则若非善于学习他国的先进技术，即便放任中国技术人员模仿，也未必能在技术发展的道路上走得这么快；二则在改革开放的早期，中国产品主要依靠改革和人口红利，加上转移必要成本，比如劳动保护、环境保护等相对宽松，才获得低价格的竞争优势，由此打开国际市场。在这种情况下，要严格执行同知识产权有关的规定，足额支付专利授权费用，是不现实的。

脱离历史讲"应该"，确实可以占据道德高地，但不足以创造历史。在后发国家跟上世界科技发展潮流、走上自主创新的过程中，关键的问题不是"山寨"了没有，而是"山寨"将延续多少时候，有没有走出"山寨"的决心和行动，是否突出重围、走上了自主创新的道路？这才是值得探讨的大问题。

在国人听说小米手机出国因为专利侵权铩羽而归不久，迎来了华为公司的好消息。2016年3月16日，世界知识产权组织（WIPO）宣布，华为公司以3 898项专利技术申请量蝉联专利技术条约第一。按照国别排列，美国仍然是专利申请最大国，日本和中国紧随其后。不过，2015年申请专利数量与2014年相比，中国增长了17%，美国却下降了7%，日本则仅有4%的增长。WIPO主席弗朗西斯·格非称："世界创新地图不断迁移和进步，亚洲，尤其是日本、中国和韩国，逐渐成为世界创新主力。"

正当国人欢欣鼓舞于中国和中国企业的优异表现之时，在中国被誉为"最具有技术创新的意识、能力和成就"的华为公司，其领导人任正非却在2016年5月30日的全国科技创新大会上坦言"迷茫"：

"华为现在的水平尚停留在工程数学、物理算法等工程科学的创新层面，尚未真正进入基础理论研究。随着逐步逼近香农定理、摩尔定律的极限，而对大流量、低时延的理论还未创造出来，华为已感到前途茫茫，找不到方向。华为已前进在迷航中。"

任正非迷茫是因为华为正逐步攻入无人区，处于无人领航、无既定规则、无人跟随的困境。这说明，以华为为代表，中国在科技创新的路上,开始接近甚至部分闯入了历来由西方发达国家主导的科技创新主战场。从此,学习仍然是必需的,但一味将学习作为技术进步的推动力,其成效出现递减。而且,"别人不让学,自己也学不了"的情形将更为普遍。

最近,中国引进了俄罗斯"四代半战机"苏-35。网络上有消息说,"俄方将发动机焊死,以防中国工程师抄袭"。结果得到对方这样的回复:"不必焊死,苏-35发动机技术非常复杂,拆开让中国人模仿,也造不出来!"不用计较对方的直白,摆脱低级模仿,自主设计制造出更好的发动机,才是自尊心的底气和表现。

如果说从以"学习、学习、再学习"为主,到以"创新、创新、再创新"为主,中国完成了第一阶段的提升,那么,从技术创新到基础理论创新,中国正迈出第二步,再往上走一步,就是思想创新。

中国到时候了,"万众创新"登上历史舞台。

三、科技创新中国家作用的演进

在中国,现代科学技术从无到有,国家在其中起了决定性作用。

中国现代科学技术的引入是在救亡图存的紧要关头启动的,在数千年专制国家和数百年闭关锁国的环境中,要让完全异质的西方科学技术在中国文化的土壤中生根发芽,没有国家——在当时就是"朝廷"的认可,谈何容易!大清王朝建立之后,为了确保旗人弓马骑射的冷兵器优势,强行阻断了于明朝已经发展起来的火器以及相关产业,从而使中国在军事工业上失去了火药发明以来的所有优势。反过来,也是中国这最后的王朝,在西方列强的武力威胁下,不得不接受现代科学技术,以国家决策的方式,推进"洋务运动",开启用国家力量引进和发展科学技术、派遣学子出国留学的先河。

中华人民共和国成立之后,在社会主义计划经济体制下,以举国之力,发展科学技术,建立与其相互匹配、彼此促进的产业体系。在先后与美国和苏联交恶之后,坚持独立自主的中国,集中有限的物质资源,优先发展同国防有关的科学技术和工业产业。类似于苏联"要黄油,还是要大炮"的困境,中国当时面临着"生产还是生活,国防还是民生,重工业还是轻工业"的两难选择,选择的主体只能是国家,而选择的首要标准只能是国家安全和民族独立。

改革开放给了中国最大的战略性机会,可以参与到刚刚兴起的经济全球化浪潮中去。但就科学技术这个特定领域来说,如果说中国还停留在"由国家推动的第一次全球化"阶段的话,进入中国的发达国家,早已跨进"由跨国企业推动的第二次全球化"阶段。面对体量庞大、拥有压倒性的资本、技术、管理和市场等多重优势的跨国公司,中国只能以国家的力量来构建同这些大鳄的合作共生关系,才不至于因为失衡而致中国这艘大船倾覆。与国企和外企共同投资,组建合资企业的组织形式相匹配的是,中国大量派遣科研人员赴国外求学或进修,客观上说明,中国需要西方先进科学技术,但伴随科学技术而来的经济、社会和文化冲击,需要国家来稳住大局。

正如向发达国家学习的潮流,从绝对的公派为主,逐步而且自然地转向公民自行出国为主一样,改革开放极大地提升了国力之后,国家在主导科学技术发展的格局中,逐渐注入了民间自发参与的积极性,科技创新也逐步由完全政府为主导,逐渐转向企业为主体。依靠国有企业挡住了发达国家第一波资本和技术冲击之后,在国家筑起的防波堤内侧,生长出无数民营小企业,它们为了适应市场需要,表现出强烈的学习先进技术、进而创新技术和运用技术的主动性。

随着中国市场的扩大和国民购买力的增强,一批批完成资本原始积累的民营企业脱颖而出。先是技术含量较低的外贸企业,在为大企业配套的定位上,慢慢做强;然后是机械制造业,在消费升级和基础设施建设的高潮中,乘势而起,如"三一重工""奇瑞汽车",还有构成高铁产业链的众多制造企业。再往后是运用世界最新科技成果、搭乘信息化高速公路、服务中国消费者的网络企业,其中的翘楚是BTA。终于随着一边是互联网创业蔚然成风,一边是华为手机、大疆无人机等制造企业走上产业领先地位,在科学技术创新中,国家和企业、机构和个人、公办和民办,各类主体各显神通的时代来到了。尽管国家主导科学技术创新的大局依旧,但国家推动科学技术创新的作用及其实现方式,于不知不觉中,已发生深刻变化,这也是事实。而一旦"企业是科技创新的主体"被明确认可,"万众创新"格局的应运而生,还会远吗?

中国的科学技术发展史,见证了在中国这样的后起国度里,国家的历史性作用是不可替代的,也见证了当经济发展、社会进步、科技创新水平提高之后,国家作用必将发生历史性演进,其中的内在机理,是在科学技术领域中,如同在经济和社会领域中一样,国家也有能与不能之处。

四、科学与技术联姻对国家的要求

要搞清楚国家在科学技术创新中的定位,必先搞清楚科学与技术本身的特性及其相互关系。在人类历史上,科学和技术并不是一回事,两者的联姻根本上源自工业化的"撮合"。

技术作为人类解决生存问题必不可少的手段早就有了,而科学最初却隐匿在哲学等有闲阶级的爱好之中。在中世纪,科学家跟艺术家一样,需要依靠教会或贵族等"恩主"的赞助,才能开展自己有兴趣的研究。而教会之所以赞助科学家的研究,目的十分清晰,无非在神学思辨之外,用更能说服人的实验方法,证明上帝是存在的。

然而,历史开了教会一个大玩笑。作为"有目的行为的非预期后果",服从事实、追求真理的科学家不但未能满足教会的要求,反而以实验证明了,真正起作用的是自然规律,不是上帝意志。科学最终与宗教分道扬镳,其标志性事件就是历史上教会对伟大科学家如伽利略、布鲁诺等人的迫害,直到数百年后才公开平反。这段经历同时说明,通过接受资助来维持项目研究,确实是现代科学与生俱来的传统。

失去了教会或贵族庇护之后,无以解决生机却仍然希望继续研究的科学家,在工业化加速推进的背景下,幸运地获得了国家和市场两方面的资助,或者更恰当地说是获得两方面的购买。其副效应是促使科学进一步走向以解决现实问题为己任。不但自然科学如此,社会科学同样如此。法国数学家、物理学家、西方实证哲学和社会学的创始人奥古斯特·孔德主张,科学的功能在于"认识之,为预见之;预见之,为驾驭之"。历史潮流推动科学和技术的联姻成为现实。

工业化要求科学研究加强实用性,今天中国高度重视"产学研"一体化,内含着建立科学与技术良性互动的要求,其背后动力就是这一趋势的延续。一方面科学对技术的理论指导作用越来越明显,另一方面技术为科学的真理性和有效性提供了实践证明;一方面科学将理论成果提供给技术,为后续的技术研发指明方向,另一方面技术将现实生活的需要反馈给科学,推动进一步的科学研究;一方面科学提高了技术的效率,帮助技术赢得更多的市场机会,另一方面技术的商业价值提高后,给科学研究带来了更多的经济回报,无论是以课题资助、专利授权、风险投资、股权置换的形式,还是以企业并购的形式。

科学与技术联姻之后,通过市场转化,形成了自己的造血机制。至今仍然有不少科学家为了保证科学研究的独立性,不因资本压力而改变研究方向,仍习惯于向具有公益性质的机构,首先是国家申请资助,但那些更贴近社会需求的科学家,已走出由资助方决定题材的被动局面,他们直接对接市场,以研究成果与资本对赌,将科学研究与资本运作融为一体。所谓"硅谷模式"根本上就是科技创新与市场的直接打通,而"天使基金"的说法隐隐然透露出教会庇护的历史痕迹。

五、优势与短板,科技创新中国家的自觉

在科学技术与市场形成直接联系的格局下,国家与科学技术创新之间的关系,变得相对单纯了。国家的定位根本上取决于这个领域的特性和由此而来的国家能与不能。

1. 扶持科技创新,国家不可或缺

现代科学技术体系不是一个"孤岛",而是整个社会体系中的一

个部分,需要其他各方面的制度予以配合和支持。从人才的角度,为了培养创新人才,需要有健全完善的教育制度;为了提高技术水平,需要有职业教育制度;为了引导科学研究,需要有职称制度和院士等荣誉制度;为了维护科研人员的合法权益,需要知识产权制度;为了化解科技创新的财务风险,需要有金融制度;为了让高级人才舍得对自身的投入且没有后顾之忧,需要有社会保障制度,等等。无论机构还是个人,科技创新活动都是发生在具体的制度框架内,而搭建、运作和维护这个制度性框架的,是国家包括政府和立法、司法和执法机构。

而且,现代科技创新不是单项技术的集合,而是上下游许多技术和条件的整体协同。电子商务只是信息技术的部分运用,但由此引发的连带效应,并不局限于网络或移动互联网的范围;庞大的硬件系统不算,在信息安全、金融支付、物流快递、包装材料以及由此带来的环境压力等方面,就牵涉众多的部门和行业。没有国家的大力支持、全力协调和有力监管,哪来"互联网+"的狂飙突起?

更关键的是,科技创新本质上是一个不同程度的"无中生有"过程,无论基础研究、原创技术还是大规模的技术创新应用,都存在巨大的不确定性,能否取得预期效果、实现投资回报,许多时候无法确定。一次探索失败或决策失误,足以造成不可挽回的损失,乃至颗粒无收。在这种情况下,只有国家拥有足够的魄力和财力实施重大投资。在这方面,中国高铁在巨大负债下的成功和新能源行业一些大企业即便得到国家大力扶持,仍然深陷经营困难甚至破产的境地,就是正反两方面的典型案例。

就针对个人或小企业的"万众创新"而言,国家还有一项重要的作用,就是提供公共平台,包括大型设备、集体办公场地、标准化的后台服务,还有上下游产业的对接和协调。所有这些设施和服务可以大大降低个人或企业创新的成本和风险,尽管未必由政府自己提供,采用招标采购的方式,效率可能更高。

世界上任何事物相对人类目的来说,都具有"双刃剑"的特性,国家有所能,自然有所不能。

2. 介入科技创新,国家力有不逮之处

国家财力雄厚,支撑得起大项目,扛得住短期亏本,这是优势。但反过来,成果因为不受成本约束,无法进入市场,就难以实现创新的自我造血。美国第五代战机F-35项目启动之初,曾宣称单架造价不超过3 000万美元。随着项目发展,价格不断上涨,2012年年底第五批采购单价已达1.18亿美元。造价不断提高的一个重要原因在于国防采购不计工本。特朗普上任伊始,就砍了一刀,洛克希德·马丁公司把对美军的销售单价从1亿美元降到8 500万美元。飞机公司虽然心疼,尚能忍受,但再砍几刀,恐怕流水线也得关了。

科技创新不能成为"屠龙术",看着漂亮,却不实用。各国让军工技术转民用,背后原因就是单靠政府采购无法做大,难以为技术进一步提升打开空间。科技创新只有通过千千万万的人买单,才有真正的生命力,而在这一点上,国家有无法克服的弱点。

国家主持科技创新,属于"大兵团作战",需要展开空间,不适合细部渗透。国家体量大,做大项目,建大工程,没有问题,但创新无处不在,许多是在细小局部靠产业链串联起来的。国家大部队开进,杀鸡用牛刀,大象闯进瓷器店,施展不开,管理难度加大,成本居高不下,得不偿失。作为制造大国,德国和日本存在众多的数十人规模的小企业,他们手里的"祖传手艺",才是支撑这两个国家精工制作的"独门秘籍"。

中国产品常被批评为"低价竞争",其实市场竞争的本质就是价格竞争,关键不在价格高低,只在低价如何实现。日本生产的单反照相机在全球市场上占据绝对主导地位,不只是质量好,而是其他国家虽然有能力制作出同样质量的产品,但没办法在同样价格水平上,做到同样的质量水准。

国家在扶持科技创新时,为了提高资源分配的合理性和资源利用的有效性,需要对被资助方进行审核、监督、考核和评估,项目申报、中期考评和课题结项等一系列程序性要求随之而来。为了让科技人员有动力,又开发出对研究机构和科研人员的考核办法,如 KPI 考核、刊物排名、论文影响力因子、专利数量等指标应运而生。

所有这些管理措施在提高研究产出的同时,也催生出种种为完成指标而不顾实际研究成效的做法。自上而下地布置任务,必定佐以自上而下的考核,但由于信息不对称,难免发生本末倒置的现象,研究机构和科研人员只求完成指标,而不顾其他。不问发烧是什么病因,只管退烧就是。当下中国科研成果,论论文,数量已列世界前茅,但质量还有待提高;论专利,数量也已进入世界前列,但获得授权的专利还有待增加,且外观设计专利居多,而核心技术专利过少。这些情况反映出来的,不只是中国在科技创新领域后来居上,还需更上一层楼,同时也有考核压力下追求数量而不是质量的诱因。

况且,就对科技创新的敏感度和风险把握而言,政府官员明显不如企业家,在市场已经形成风险投资机制的情况下,政府过度热情介入,不但发挥不了预期的作用,还可能或者干扰市场信息,增加创新主体的申报成本,或者同企业争抢市场,甚或引致别有用心的个人或企业钻政策的空子。近年来,某市政府主动提出以财政补贴的方式,为风投失败兜底,结果反而引发风投机构不满,业界的担忧就在于此。

随着社会主义市场经济体制日趋健全,政府与企业的各自运行边界日趋清晰,居于国家战略与民众自发的交界处,"万众创新"也需要国家有更精准的定位。

3. 市场环境下,国家作用的实现方式

正因为国家在科技创新中存在着同样明显的能与不能之处,所以,国家需要扬长避短,除了特别重大的、具有战略意义或者事关国家长远利益的场合,必须有国家组织和实施的项目之外,更多时候应该以制度化的方式,支持科学技术创新,而科技创新则通过推动经济发展、社会进步和文化繁荣,服务于国家目标的达成,并由此提出国家如何更好地促进科学技术创新的问题。尊重科学技术创新自身要求充分动员各种主体的积极性,广泛发挥不同机制的作用,成为"万众创新"的内在需要。

简单地说,在市场有兴趣的场合,由市场主体如企业和个人自主承担,国家(主要指政府)尽量减少出场的频率和支持力度。在市场没有能力,而社会对科学技术创新有特殊需要的场合,国家则承担更多的责任。通常,具有重大战略价值的基础研究以及虽然意义重大,但回报不确定、周期比较长的场合,更适合国家的介入。

同时,国家对于具有全局意义的科学技术的创新和运用,可以采取包括产业振兴计划、政策优惠等引导措施,对科技创新进行多方面的扶持和激励。在科学技术创新领域,国家与市场既是两个具有不同法律地位、不同追求目标的主体,又是相互间存在千丝万缕联系的共同体,"万众创新"理应成为包括国家在内的多元主体共同创新。

这方面最好的例子莫过于近期在许多城市中热火朝天的"共享单车"。企业家的创造力和资本的热情固然重要,但如果没有国家对"互联网+"和"共享经济"的大力支持,乐观其成,仅仅地方政府一个"不许随地乱停放"的政令,就足以让现在争相投入的资本瞬间断流。

在现实生活中,除国家与市场之外,还有一个科学创新扶持的"无人区"。科学家个人有兴趣,但独自承担有困难,国家不认为重要,市场也看不到回报,而从尊重科学创新的不确定性,保护科学研究的自主性出发,应该支持个人自选题材或项目,这个活儿只能由更加超脱的机构如非营利基金会来资助。不过,这一机制背后仍然有着国家的影子,因为是法律赋予了这类机构的"非营利"身份和相应的接受捐款并免税的资格。不过,随着风险资本越来越自信,甚至过于自信,这个"无人区"现在也能看到越来越多的"天使"降临。

在科技创新领域,国家与市场之间既有分工,亦有互补的关系格局,其效应总体上是正面的和积极的,但仍会带来国家与个人之间复杂的利益分配问题。

六、创新成果引发的利益冲突

目前,在国内科学研究领域,"举国体制"仍占主导,国家掌控着大量科研资源，主流的科研人员仍为国有的企业、院校和研究机构"所有"。在这样的情况下，对于中央提出"万众创新"的方向和目标，不能简单理解成仅为满足经济发展方式转变、产业升级甚至解决就业的需要。毫无疑问，这些需要确实存在，而且十分重要。但同时也必须看到中国科研事业自身发展的需要和科技创新的内在逻辑。由国家提出"万众创新"本身就内含着对科学技术创新中各主体间关系的深刻体认和全面统筹。

无论何种创新，最后的主体都是个人，不是国家不可能开展创新活动，而是制定和运作国家制度的还是个人。然而，有能力创新的个人，仅凭自己又很难实现创新，甚至连创新的念头也不会有。个人是在国家提供的整体框架内，形成并实现其创新潜力的，这在现代科学技术领域可能比其他任何领域都更加实在。反过来，无论国家采取什么样的方式推进创新，最终都涉及如何最大限度释放和调动个人积极性与潜力的问题。所以，争论国家或个人，究竟谁是创新主体的理论问题，是没有意义的，值得讨论的是如何更有效地发挥个人创造力和主动性。

让事情趋于复杂的是，由于国家掌握了大量科技创新所需要的资源，在资助项目时，主要是基于重要性，而非市场价值，来决定资助与否，一旦研究获得成果，权益分配问题就会凸显出来。

对于基础研究来说，事情比较好办，以学术论文为主要形式的科研成果，只需注明获得某个基金或某个计划的资助就完事了。如果价值足够大，能够获奖，奖项要么是国家推出的，要么是能为国争光的，双方利益完全一致。

但在应用性研究上，随着技术的商业开发几成制度，专利等经济效益为谁所有,就成为一个问题。"国有资产流失"成为让各方惶惶不安的"达摩克利斯之剑"。

在世界上,获得资金资助的科研人员,其产出成果属于资助机构,这几乎是通例。看似平和的协议实际上具有某种"对赌"的性质。由于科学研究具有极大的不确定性,科研人员拿了经费,有了研究条件,不一定能取得成果,失败了也无法承担责任,最多只是未来项目申请会受到不利影响,而且还不一定,因为此次未能成功,不等于未来继续失败,科学研究需要坚持,是所有懂科学的人都能倒背如流的信条。

这意味着,研究者以自己时间、精力、思考,还有未来学术声望和职业生涯为赌注,同资助机构提供的各方面条件进行博弈。一旦成功,机构获得全部成果,投资得到回报,尽管回报率还得看成果价值大小。而科研人员在实际掌握成果的内容之外,还获得经验、能力和声望。这桩生意被视为"对赌",是因为失败则双输,成功则双赢,谁都不吃亏,这样才能让双方都把自己的资源或能耐发挥到极致。其实,在运动员那里,比赛能否得奖也是一场"对赌",只是青春易逝,时光难留,赌输了没有翻本机会。

在学术访问、做博士后等场合,科研人员与机构只具有短期乃至一次性相处关系,科研人员"留得青山在,不愁没柴烧","对赌协议"能够得到双方认可和遵守。但在科研人员与国有高校或研究机构这样的长期关系格局中,问题就复杂了。

七、"鸡与蛋",长远看待"国有资产"

在"举国体制"下,作为科研项目最终资助者的国家与受资助的科研人员之间，还有一个国有科研机构及其主管部门。这个广义上属于国家一部分的机构，既是国家提升科技创新效率的凭借，有时又成为影响科技创新的体制性障碍。除非特别重大的项目，国家不可能直接出面，组织科研人员，实施课题研究，往往需要国有机构来协助落实，而承担组织实施课题项目的机构，也有自身利益，许多时候"屁股指挥脑袋"，反而会让国家意图难以落实。

在国家—机构—科研人员这根创新链条上，国家希望通过投入而获得收益中，最有价值的是科学家的创新能力，这是中华民族复兴所依赖的原创能力，其次才是科研成果的经济效益。中国不可能依赖购买国外专利建成创新强国，所以，国家推出针对科研人员的激励政策，比如同意把过去视为"职务行为"的发明及其成果，以较大比例归于发明者，还鼓励科研人员以知识产权入股，享受股权收益等。至少在国家政策范围，已经不把知识产权全部视为"国有资产"。

相比之下，国有机构首先看中的是研究成果，因为这是国家考核机构的重要指标；其次是成果的经济效益，因为机构也是一个独立核算的法人；最后才是作为能力储备的科研人员，因为人才流动已经没有任何体制性障碍，机构希望能保住"下蛋的母鸡"。

国家和国有机构在科技创新问题上利益不同、境界不同，对科研成果的估价不同，对成果经济收益分配的要求不同，最后必然带来对科研人员的态度不同。在"单位所有制"尚存的背景下，机构在与科研人员的利益分配上，更看重短期的、直接的利益是十分自然的。以防止"国有资产流失"为名义，拖延国家关于科研人员激励政策落实的现象，因此频频见诸报端，遭到舆论批评。如何冲破人才"单位所有制"的藩篱,打通创新激励措施的"最后一公里",已经成为国家不曾言明的策略。

近年来,国家一系列举措,比如推出"千人计划""万人领军人才""杰出青年人才"等项目,看似只是奖励科研人员及其成就,深层次上,是国家给了科研人员头衔后,市场自会给出价格。只要允许科研人员自由流动,包括流动到民营的企业或科研机构中去,就是实质上打破了人才为部门所有的瓶颈,也打破了知识产权完全属于"国有资产"的瓶颈。因为只要人才流动起来,储存在其大脑里的知识就跟着流动了,即便由于保密规定,以前的知识产权暂时可保无虞,未来的产出肯定不会再归于原来的国有机构。

如果承认"科技是第一生产力",那么科技人员就是第一生产力的工作母机,是第一生产力的根本来源。无论政策、机制抑或资助,都只是条件,没有人才,条件再好,不会有科技创新成果,也不会有国有资产的增量,甚至存量也可能流失。设备是要折旧的,人才是会老化的。明白了这个道理,自然可以看出所谓"国有资产流失"思路的悖谬。

打个比方,在国有的"鸡窝"里,母鸡生的蛋算"国有资产",而生蛋的母鸡不算,所以,生下的蛋,不能归母鸡所有,以免"国有资产流失"。可是,母鸡可以出走,生蛋的潜力可以到其他地方实现,如果蛋下在别人家的鸡窝里,算不算"国有资产流失"?如此认"蛋"不认"鸡",只认眼前的"蛋",不管后面源源不断下的"蛋",实在是短视了。

正因为看到了这一点,国家着力打破"国有资产流失"的因袭观念,大力鼓励科研人员创新,将专利等收益大比例给予创新者。这足以说明,国家的眼睛没有盯住眼前的"鸡蛋"不放,而是更关心"母鸡"下蛋的能力,只要"鸡蛋"增加了,而且都下在中国的土地上,无论归谁所有,都是中国的财富,这就是国家的眼界和气度。

其实,现在的企业都很聪明,想要技术,买专利;想要思想,挖人才。轰动一时的"阿尔法狗"是英国一家公司发明的,为了买这家公司的创办人,谷歌把整个公司买下来。财务状况不良的Deepmind公司,谷歌却给了6.6亿美元。这个价格很大部分体现为人才的对价,不单纯是公司的对价。

中国现在也开始前往发达国家并购企业,比如生产微波炉的中国企业"美的",买下了德国著名机器人制造企业"库卡",就是一项震动欧洲乃至整个西方的商业交易。这中间除了买技术和设备之外,买人才,才是最重要的考虑。

"万众创新",国家已有行动,努力打通体制和机制的瓶颈,但要真正取得成效,还需要突破部门和机构的利益本位,才能最大限度地调动科研人员的积极性、主动性和创造力。

八、让创新者愉悦

要调动科研人员的创新积极性,必须弄清楚他们的创新动力何在,否则再好的措施,也可能不得要领,甚至南辕北辙。有创造力的人属于自我驱动型人格,这是心理学常识。推进"万众创新",必须尊重创新者的内在追求,让他们在心情愉悦中,保持充沛的动力。

从事纯创造性活动的艺术家、科学家、军事家乃至部分投资者,更注重创造力得到实现时的愉悦感,并不十分在乎成功所带来的外部效应,从赚钱、奖励到表彰。美国著名投资家巴菲特位居世界富豪榜前列,但住在老房子里,最喜好的食物是牛排,还每年一次把共进牛排大餐的机会,向全世界拍卖,筹得款项用于慈善并承诺在有生之年捐出个人财富的99%。成功预见市场趋势,远比挣了大钱而穷奢极欲,能带来更大的愉悦。

对于何为创新动力,科学家回答"好玩",工程师回答"解决问题",实质上都属于"自我满足","不待扬鞭自奋蹄"。只要具备基本的研究或解决问题的条件和环境,让他们感觉到努力有空间、研究有成果,创新灵感自会源源而来。历史上,许多贫困潦倒的艺术家和生活在极端艰苦条件下的科学家,都是在常人难以想象的困境中,创作或发明不已。当年"两弹一星"元勋们克服种种艰难困苦,打造出国家和民族的"核安全屏障",构成他们内在驱动的不仅有家国情怀,还有自我实现的追求。现如今一些高科技企业努力创造松弛惬意的内部环境,让科研人员完全释放自己后,于灵光一现之际,实现关键技术的创新,其中有着同样的道理。

好多年前,有一位瑞士人来到埃及,震惊于金字塔的构型壮美和建造精良,就问当地人:"造金字塔的是什么样的人?"回答是"奴隶"。瑞士人当下断然否决了这个答复,在他看来,这是不可能的,因为"奴隶在工作中不会高兴,而不高兴的人不可能创造出如此精美的作品"!

原来,这个瑞士人是一位制表工程师,从工作经验中得知,制造一个走时精准的手表,需要三项条件:一是零件精密,二是装配者技术高超,三是装配时心情高兴。具备前两项条件,制成的手表就可以达到一天误差在百分之一秒。但要误差小于百分之一秒,必须具备第三项条件,即装配者当时必须心情愉悦。

后来的考古发现，证明了金字塔不是奴隶建造的，因为找到了金字塔建造者的"请假条"，"请假"理由有老婆生孩子需要照顾的、有家里葡萄熟了需要采摘酿酒的，这些都是自由人才有的"麻烦"，同奴隶身份不符。建造者如此精心制作，是因为把自己对来世的祈望，寄托在金字塔上了。建造者是自由的、舒畅的、充满想象的，才有金字塔的壮美和精致！

这个故事是真是假，不得而知，在当时，宏大如金字塔工程，不可能不使用奴隶，但其中精美绝伦之处，有自由民的创造，也是可以肯定的。不管怎么说，创新是精神升华、心灵自由的产物，则是毫无疑问的。

创新之道就是创新者愉悦之道！

今天，在市场经济条件下，物质激励更为许多人所看重，对于作出了重大贡献的科研人员，国家和社会也乐意给予相应的奖励，这没有错。让科研人员尤其是其中的佼佼者过上体面生活，不仅是对他们的贡献予以认可的一种方式，也能减少他们为解决物质需要而不得不消耗的精力和时间，为精神愉悦创造物质条件，让正常人格多个面相需求得到合理满足。更重要的是，要使他们成为社会标杆，让不具有那么强烈的自我驱动的人，也能从外部激励中获得创新动力，从而真正造就"万众创新"的格局。

一个社会，人人都追求自我愉悦是不现实的，人人追求发财是可怕的，人人都想一夜暴富则是危险的。在"小鲜肉"霸占银屏、"演技派"乏人问津的时候，贬抑"明星制"不说于事无补，最多不过扬汤止沸。要保全科研人员的科研激情，拒绝无谓的金钱攀比，最能为他们接受的是，通过松绑各种体制性约束，让科研人员有更大的自由度，在"好奇心""好胜心"的驱使下,建造自己心目中的"金字塔"。这恰恰是国家近年来采取许多鼓励创新的举措之内在逻辑。

仅从人才流动一个角度来看,不但要允许科研人员在各个机构之间流动,而且允许个人同机构进行待遇谈判,允许在长期合同关系存续期间,在其他机构中兼职,允许分享职务行为的成果产出,而且比例不断提高,允许在自身成果基础上开办公司,如此等等。其实际功效是将科研人员自我实现的链条不断延长,进而不断卷入更多具有或者没有自主创新欲望或能力的人,实现"万众创新"和"大众创业"的光滑连接,助推中国经济转型、产业升级、社会进步,并在回应市场需求的过程中,进一步加快科学技术整体创新的步伐。

随着"万众创新"的国家战略持续推进、不断深化,以中国"集中力量办大事"的政治优势、人口众多和消费者购买力巨大的市场优势,以及中华民族成员普遍具有的智力优势,在对科技创新友好的体制以及社会环境下,科研人员心情舒畅、灵感泉涌,将强悍地驱动中国科技创新不断提高水平、优化内涵,从技术运用创新开始,逐级攀登,走向技术原始创新、理论创新和思想创新,在可预见的将来,一定会实现中华民族重新站上人类发展前沿、引领包括科学技术在内的文化创新潮流的大目标!

作者简介:

顾　骏　上海大学社会学院教授,"大国方略"系列课程策划人,长期从事当代中国社会转型和文化变迁研究,担任国家民政部等党政部门决策咨询专家、中央电视台等各类媒体的特约评论员,为《中国教育报》《中国经营报》等10多家报纸杂志撰写时政评论,担任"2010年上海世博会中国馆主题演绎深化工作小组"创意策划专家、中国电视艺术家协会专家。著有《人·仁·众：人与人的智慧》《犹太智慧：创造神迹的人间哲理》《传统中国商人智谋结构》《犹太商人的智慧》《流动与秩序》《活力与秩序》《和谐社会与公共治理——顾骏时评政论集》《大国方略——走向世界之路》等，主持各类课题20余项。曾获上海市第五届邓小平理论研究和宣传优秀成果奖(2002—2003)一等奖、上海市第七届哲学社会科学优秀成果(2002—2003)内部探讨优秀成果奖、上海市第十一届中国特色社会主义理论研究和宣传优秀成果奖通俗读物(著作类)一等奖等。2015年度获评上海市教书育人楷模提名。

第二章
激流险潭，且看无人胜有人

上海大学机电工程与自动化学院 罗 均

自机器人"深蓝"挑战国际象棋世界冠军成功之后,人类受制于自己制造的机器的迹象越来越明显,各种无人系统相继亮相,一展神威,从水下、地面到天上的许多场合,人类从登台表演的主角变成后台操控的导演,驱使着现代"木牛流马"走上人类难以涉足或不适合涉足的场合,"此处无人胜有人"成为历史进步的大趋势,影响所及不只是人造的机器,更是造机器的人本身。"机器人"与人类协同乃至对抗,将迫使万物之灵的人类改变自己的行为乃至思维。正是在这股时代潮流中,驶来了上海大学的无人艇。

一、无人真比有人厉害?

2015年12月28日,中国,广东,珠海,国家公安部组织的全国公安装备和器材采购大会展示会现场。公安部和各省、直辖市和自治区公安厅领导及采购部门官员,齐集于停泊在珠海和澳门"界河"中一艘游览观光船上，观看上海大学制造的无人艇水上表现。只见"精海1号"劈波斩浪，高速前行，按照事先规定，展现了路径规划、自主避障等一系列高难度动作。

领导们正看得入神，突然几艘边防武警稽查船快速驶入现场，对"精海1号"进行围堵。现场观众顿时大惊，不明就里。经联系后方得知，原来大会主办方没有事先通知主管部门，当天有无人艇演示。值班边防武警瞭望中发现有"不明船只"出现在珠澳之间的河道中，为防出现违法行为，紧急出警，进行拦截。

拦截不明船只属于常规作业，武警驾轻就熟，本来不该有任何问题，偏偏这次搞成了"猫捉老鼠"。巡逻艇急速开来，无人艇见机而动、随机应变，在巡逻艇面前灵巧穿过，有惊无险。拦截不成，显然让驾驶员十分气愤，于是多艇分头扑来，围追堵截，却又被无人艇一次次躲过，河道里一时煞是热闹。

这场无人导演的"乌龙"，虽属"横插一枝花"，却让公安部和各地公安厅官员看得乐不可支。面对合围，无人艇左冲右突，如入无人之境。巡逻艇的一次次扑空，令现场爆发出阵阵欢笑，场面太有意思了。

看着巡逻艇实在没办法，上大工程师给出指令，无人艇才停了下来。边防巡逻艇靠上去，本想警告一番，驾船岂能如此顽皮！可近前一看，一个人都没有，这才意识到是艘无人艇。

由于整个场景未经任何"彩排"，与巡逻艇邂逅，纯属意外，这等于在公安部门领导面前，让"精海1号"现身说法，做了一次不花钱却有高度说服力的广告：无人艇在自动避障方面具有优越性能，能够胜任相关海上作业！

上海大学无人艇技术由此一炮打响，"无人胜有人"绝非虚言。

二、上海大学无人艇从何处驶来？

上海大学机电工程和自动化学院一直以机器人研发为强项，但并不在行船舶制作。重点开发无人艇完全属于机缘凑巧：2010年上海世博会对安保有特殊要求，当时学院谢少荣教授承接了世博会期间对黄浦江进行江底扫测的科研项目。

世博园区坐落在黄浦江两岸，需要确保河道不出现"蛙人"之类的安全隐患。说到安全，最可靠的是"封江"，但对于黄浦江这样运输繁忙的水道来说，长达半年的会展期间彻底封江，经济代价太大。采用有人驾驶的巡逻船，可以做到水面上方的监测，但对水下浑浊水域中的目标，辨析能力极低，更不用说排除水下安全隐患了。

上海大学提出的方案是采用体积有限、可以携带潜水器的扫测艇，用声呐探测水下情况，发现问题时，及时派遣水下机器人作相应处理。

这个阶段上海大学研制的扫测艇还要靠人来驾驶，真正有意义的是，机器人开始下水，也算无人艇"小荷才露尖尖角"。研发机器人的团队初次试水，从此一发而不可收。

世博会举办的184天中，上大的扫测艇每天穿梭在黄浦江中，从艇首前视声呐对全黄浦江水域的安全监测，到艇尾两台水下机器人的应急水下作业，为世博会召开期间的水下安保，提供了详细的数据支撑，为保障世博会成功举办，作出了贡献。

三、站在黄浦江畔，遥望祖国辽阔海岸线

上大扫测艇在世博会安保方面取得的优异业绩，引起了上海海事局的注意。海事局的职责之一是对中国所有领海进行海图测量。在波涛汹涌的大海上，海图之重要犹如地图，没有精准的海图，巨轮寸步难行，贸然闯入未知海域，或有"泰坦尼克"之虞。

海图不但重要，而且测绘海图远比地图困难。中国的海测船比如"海巡166"，吃水普遍较深，基本在四到五米，而待测海域尤其是岸线部分，往往没有那么深。中国有海岸线一万八千多千米，靠人工测量，不知何年何月才能完成。要利用海测船来测绘，又受安全航行深度所限，无法近岸测绘。所以多年来，一直未能制成精确的岸线海图。

海岸线之外，还有岛礁岸线，测绘难度更大。中国有六千五百多个岛礁，岛礁岸线共有一万四千千米，其中有暗礁，水深很浅，涌流多变，传统海测船只根本无法靠近，而用遥感技术则难以应对暗流、浪涌。至今，中国三万两千千米的海岸线和岛礁线中，仍留有三万多千米的空白，缺乏精确测绘数据。

海图上有空白不只是航海界的技术问题，更具有国际政治的内涵。自古以来，南海岛礁就是中国领土，尽快把岛礁周围的数据精确测绘出来，实乃"国之大事"。既然其他方法都不行，那就只有发展无人测绘船，一旦成功，完成了岸线的精确测绘，一则可以填补国家空白，二则未来商机巨大。

机器人制造是上海大学传统强项，海事局又是一线用户，双方在

沟通交流中发现,国内无人测绘领域还是空白,应用前景广阔,值得一试。于是,在没有立项经费的情况下,组建三方团队。首先,自己想办法筹得资金,请海事局测绘专家选型购买专业测量设备比如声呐等,再联系有远见的船厂制作艇身,配合研制,上海大学团队则自己垫资购买调试设备、制作控制系统包括硬件与软件。多方分工合作、相互协同,解决了无人艇试制的大部分问题。要说创新,研发中的协同合作就是最初的起点。

上海大学无人艇出海了。

四、无人艇何以不需要人?

无人艇可以做得轻巧,根本上在于人不上船,可以减少为人服务的整个模块,但由此带来的问题是,谁来操控船只呢?

玩过船模的人都知道,操作者可以通过遥控,让船模表现出高度的灵活性,在相对庞大的巡逻艇面前表演一下,也是可以的。但无人艇没有操纵者,船怎么走,遇到障碍怎么办,要自动发现、自动判断、自动调整运动状态,成功实现自动避让,靠的是船上安装的多种侦测手段。远程避障手段有雷达,无人艇发射雷达波,遇到障碍,雷达波被挡回来,计算机能算出障碍物方位多少、距离多远、体积多大,等等。中距离即几百米左右的水域依靠激光探测,而近距离的则采用视觉和超声波来避障。所有这些方法针对的都是水面上的障碍,只要能够识别,无人艇就可以避让。

然而,海上航行最怕的不是暴露在外的障碍物,而是隐藏在水面之下暗礁之类的物体,所以,无人艇还需要有水下侦测手段,比如使用前视声呐,以探明水下暗礁。水上水下共同发力,各种传感器一起工作,把周边的障碍检测出来了,避障便不在话下。

手段虽然多样,听上去也好像简单得很,凭这两把刷子,无人艇就能闯荡大海汪洋？当然不能。

如果只是到淀山湖里逛一圈,这点装备够了,但要闯荡海洋,设备还是这些设备,如何确保设备发挥作用,需要解决的问题就多了。

大海里波涛汹涌,浪头之大远远高过无人艇,常用的水面检测手段,无论雷达还是激光,打在浪头上同样也会返回来,计算机无法判定前方到底是障碍还是浪涛。加上无人艇船小,吃水浅,船头随波浪起伏而时高时低,本来射向前方的雷达和激光,一会儿射向天空,貌似探测卫星,一会儿射向海底,好像对鱼群感兴趣,原本水面上的障碍却被放过了。另外由于海底回波造成的"噪声"信号,如果不加处理,直接汇总起来传输给计算机,会让人工智能像人一样"抓狂"而失去探障能力,舰艇容易发生触礁等事故。即便躲过了礁石,只要见浪花便让,也属无用功,会让无人艇疲于奔命。

解决的办法是"硬软结合"。比如,可以多设置几个不同探测角度的激光、雷达等,当无人艇尾部被波浪托起、头部向下时,激光的辐射面积就会缩小,再用智能算法,计算机自会判断,回波来自浪花,还是需要识别的障碍。

要让严重颠簸的无人艇稳定完成探测任务,需要用到仿生眼技术。人类在摇晃的船上,用眼睛盯住前方目标,就能克服摇晃造成的视觉模糊,准确判断遇到的各种情况。眼睛之所以有这样的视觉功能,是因为眼球在视神经回路控制下,产生了多种眼球运动,来补偿因头部姿态变化或监控目标动态变化所引起的视觉偏差。这个过程展开来看，就是人类的视觉系统感知目标在视网膜的位置偏差信息，以及前庭器官感知来自头部的姿态变化信息，经由脑干和小脑的视觉神经回路处理，协同控制眼球的六条眼肌，用于补偿由头部姿态变化或跟踪目标移动引起的视网膜像的移动，实现探测图像的稳定。

无人艇团队有人专门研究这个视觉神经结构，通过把视觉过程舒展开来，找出一个个环节，确定其作用，测得数据后，加入相应算法，便可以达到控制目的。形象点说，就是给每个输出环节画一个控制框图，连接之后，建成控制域，然后用算法控制云台，使它像人眼一样，能在艇身晃动的时候，保持稳定。

从结构上说，在硬件方面，增加了一些机构，并对布置做了优化。在软件方面，有了新的算法来识别路径，满足了避障过程中的可靠性要求。从原理上说，硬件主要用于防止误操作，软件主要用来识别误操作。软硬结合之后，无人艇的避障能力就比较可靠了。文章开头部分描述无人艇灵活躲避拦截船只的情形，用到的就是这些装置和功能。

五、无人艇何以胜过人？

无人艇的一大实用功能是海上测量，业内称之为"测海图"，形同测绘地形图，需要考虑高低起伏。海上测量要求测量船走直线，来来回回，用单波束、多波束、声呐等海洋环境测量设备，探知船与海底的距离，由此掌握海底的形貌。在测量过程中，如果海面保持稳定，那是再理想不过，测量可以轻松完成。但遇到风急浪涌，要让无人艇走成一条直线就十分困难了，没有技术手段的创新，断难完成任务。

就受环境影响而言，无人艇相比无人车甚至无人机，在操控难度上有过之而无不及。至少无人车一刹车，就停下了，无人机如果是旋翼机，也能在空中停稳，但无人艇要在海里刹车停住，绝非易事，即便二维空间里实现了动态定位，在第三维空间里，即上下颠簸，是无论如何没法停稳的，除非离开水面，而一旦离开水面，那就不是无人艇，而成无人机了。一句话，要让波涛中的无人艇走直了，不被浪涌所左右，除了舰身以及机械和动力部分必须过关之外，算法的合理性和先进性是关键的关键。无论"大数据"还是"人工智能"，最后都体现在算法上。

要让船在海上走直线，有经验的船老大会根据浪涛的大小和涌来的方向，调整船头，迎着浪头而行，来化解波浪冲击，保持船只和航向稳定。但这个办法只有在船与波浪处于小偏角的情况下有效，偏角大了，比如大浪横着过来，就没用了，船只可能直接被打翻。

无人艇要像船老大一样，也能顶浪而行，需要安装传感器，在浪涌到达前，感知信息，传送给控制系统，调整发动机，改变船头指向，顶着浪头冲过去。这个过程说起来简单，做起来绝对不简单。

无人艇不仅需要一套测量系统，还需要一套维护测量准确性的系统，因为浪涌是随机的，什么时候来，不知道。而一旦来了，再进行计算，指挥船体调整就晚了。所以，工程师们采用了一系列办法，把浪涌带来的扰动当成通信中的"噪声"，来实现随机控制。

浪涌过来时，通过船上安装的"姿态传感器"，可以获知船体的姿态信息，比如俯仰、横滚、偏航和所有角度及其方位量，包括幅度和频率等，借助这些量值，计算机可以算出浪涌的数据。不过，这些量值只能反映已经发生的浪涌，下一个浪涌还没发生，传感器测不出来，没法估算。这就需要用到算法统计,才能精准预见浪涌可能的方向和大小,让船体及时调整到位。

为此,需要建立关于浪涌的数学模型,通过积累大量的浪涌及其对船体姿态影响的数据并对其进行计算后,预先判断未来浪涌可能对船体姿态产生的影响。这个过程说起来只需要几句话,做起来极其复杂,属于地地道道"大数据"的范畴。其实只要想一想,浪涌发生时,并不是一个一个排好队,规规矩矩出现的,而是在海上此起彼伏不断涌现,就足够让人头晕的了。而且无人艇在水中惯性大,不像陆地上的无人车可以通过地面摩擦减速。浪涌过来,冲击不是一下子过去的,而会拖延一段时间,所以对船体影响更大,也更难预见和控制。要把所有相关浪涌的方向、大小以及对船体姿态可能造成的时空影响都判断清楚,需要什么样的仪器和算法,外行人即便不懂,也尽可放飞想象。

其实,光为了预测随机的浪涌信息,团队层层递进,先后采用了卡尔曼滤波、扩展卡尔曼滤波、无损卡尔曼滤波、双无损卡尔曼滤波等统计技术。

无人艇的技术含量既体现在船体及其稳定性必须经受得了海上环境的考验,也体现在测量和测量准确性必须有充分保障。只有借助科学合理的测量工具、精准可靠的数据和精妙有效的算法,对瞬息万变的环境作出细致分析,找到应对办法,才能让怒涛汹涌大海中的一叶扁舟"稳坐钓鱼台"。

经过多年研究和创新,现在"精海号"走直线能达到偏航距 1 米左右的精度。这是个什么概念?打个比方,同样海况下,人驾驶舰船要走到这个水平,非得"老船长"不能。"精海号"在青岛验收时,当地海事局和海洋局专门找了一个船长,四十几岁,有多年驾驶经验,堪称年富力强,驾驶技术在当地相当了得,也经常跑测线。船长知道要同无人艇比试,特别在意"人不能输给机器",山东大汉是要面子的,但最后还是机器赢了。因为无人艇感官比人灵敏,计算比人精确,反应比人快捷,测线走偏到一定程度,就会迅速调整回来。

无人艇不但能对可能遭遇的水流状况提前作出判断,不至于措手不及,而且能够准确拿捏分寸。浪头过来时,需要调整船头顶一下,这个劲不能过大,否则矫枉过正,船头偏向了另一边,也影响走直。无人艇的控制系统要提前对干扰进行估计,传感器像人的感知一样,把干扰的量值估算出来,然后根据环境信息和船只运动的状态,判断可能发生的"矫枉过正",提前把方向纠正过来。

一艘能独立作业的无人艇必须具备感知能力、判断能力、计算能力和执行能力。人可以依靠经验和直觉,进行判断,作出决策,机器人不行,它需要量化数值,比如速度偏差、位置偏差、加速度偏差,再运用正确算法,调节机械包括发动机,让所有偏差趋向于零,才能保证航线走直。

无人艇需要精确的数据,所有数据都是人提供的,从有人驾驶到无人驾驶,一个关键环节是将有人驾驶的过程数字化,转化为无人艇"听得懂"的量值。

为此,工程师常常利用乘船出海调试无人艇的机会,观察船长是如何驾驶的,没完没了地提问题:"如果我们要走一条直线,或者要转90度弯,该怎么走?"船长会说怎么开,但很少能精确到多少度、多少转速,因为他凭的是经验。这有点像中国的厨师,"加盐若干"或"根据火候",从来不会说加几克盐或烧到多少摄氏度。这就需要工程师去观察，把船长的操作用量化的数字固定下来，转化为无人艇的自动操作。

船长靠经验操作，思维是跳跃的、不连贯的，从这里自然滑到那里。一个浪头过来，船长就会下意识地看船头是否偏了，接下来再看其他什么，动作是连续的，应对完全属于"意识流"，最后船行效果根本说不清哪个环节的量值是多少。

人工智能不能这样做，机器人必须获得一条条精确的信息输入，才会有反应。比如，油门推一挡大概是多少，需要工程师拟合后，转化成发动机的转速，再看航行轨迹是否与预期要求相符，通过不断实验，让无人艇的传感器实现精确感应，再把信息传输给控制系统，调整机械部分的运行方式，达到避障、走直等航行要求。

"精海号"曾赴东海测量礁盘岸线，一起去的有东海勘测院院长，他搞了多年测绘，深知礁潭素来被列为传统航线禁地。船要从两个岛礁中间穿过去，十分危险，里面涌流变化非常大，一会儿从这方向来，一会又从那个方向来，无法预见，船只很难控制，连富有经验的船长也不敢驶进这片海域，但无人艇硬是闯了进去。

当时，海面雾气导致能见度下降到只有几十米，无人艇驰进礁盘后，就消失在浪涛中，肉眼根本看不见船走到了哪里，只有发过来的电子信号表明船在正常航行。从雷达显示屏上，可以看到无人艇按照设定的航迹一路测量过去，中间遇到涌流，自动调整，遇到礁石自动避让。当时船满载吃水是 0.4 米，礁潭里从海面到海底最近处只有 0.87 米，也就是说，留给船底只有 0.47 米的余量，而且船只距离岛礁边沿也就几米左右，上下前后都贴得这么近，是普通海测船想也不敢想的。但无人艇测得了完整数据，冲破浪涛，成功返回。

六、小有小的难处

常言道:"大有大的难处。"其实小也有小的难处。无人艇因为吨位小,轻巧灵便,所以在许多方面,其能力令大吨位海测船望尘莫及。不要说进岛礁浅滩,就是从效率上说,一艘载重几吨的小艇在作业时,远比数百吨的大船效率高,还省燃料。但反过来,也正因为轻巧,所以在大海中必然遭遇种种不便。要知道,无人艇进行海测作业时,一半以上的时间需要面对 4 级海况,这时,海浪高度在 2 米以上,大大超过船只的高度,一个浪头足以把无人艇打翻。

无人艇下海还有许多让宅在家里的人想不到的问题。比如,无人艇一般不太大,携带燃料有限,跑不远,这是小艇的先天局限。所以,要去远洋,只能让大船捎上,带到目标区域后,释放出去独立作业,这没问题。可是作业完成后,要把无人艇收回来,难题就出现了。遇到浪涌大的时候,无人艇能自主返回吗?回到大船边上,能成功吊上来吗?小船在晃动,大船也在晃动,控制不好,大小船彼此来一个拥抱,那真叫"两败俱伤"。

这时候,一方面可以采用抗涌流技术,引导小船返回,找到相对大船的最佳位置,方便吊装;另一方面,可以采用"炮弹"的方式,由无人艇将缆绳射上大船,就像船靠岸时水手抛缆绳一样。这看起来好像和无人艇本身的控制不是很相关,但在无人艇实际使用中,又是一个不可缺少的环节,否则贸然把无人艇放下海去,说不定成了"肉包子打狗,有去无回"。所以,无人艇试制始终围绕"走得准、避得开、看得见、收得回"这四个功能性目标展开。

一艘小小无人艇,里面满满的都是机关,一个个功能模块,一条条技术链,共同构成一个复杂系统。要实现某种功能,必须配上相应的结构。比如无人艇动力源不是螺旋桨,而是喷泵,从船底吸水后喷出去,驱动船身前行。因为螺旋桨必须淹没在水下,否则便会形成空转,产生不了推动力,所以不能去浅水地方作业,如此一来,无人艇最大优势便体现不出来。而一旦采用喷泵,技术链又不一样了。

无人艇要独立出海执行任务,来去自如,必须有能力感知周边环境,这需要用到各种传感器,其中主要有声学传感器、雷达传感器、光学传感器、红外传感器、水下声呐传感器等。因为海面不同于地面,没有车道线等相关标记作为参照目标;也不同于空域,海面上方与天空相连一望无际,而海面下方礁石林立,参差不齐,触礁沉船随时可能发生。

即便安装了各类传感器,因为特殊作业环境,传感器本身也还会遇到一系列难题。比如,海面有盐雾腐蚀、镜面反射、朝雾缭绕、波涛汹涌,这些都会对各类传感器造成干扰。如何克服激光在迷雾中散射,如何利用激光雷达区分是海浪等虚假障碍还是船只等真实障碍,如何克服海面镜面反射对摄像机造成的视盲,尤其是如何感知周边浪涌,提前预测下一刻浪涌及其给无人艇带来的干扰大小,等等,都需要不断延展设备、技术和功能。

所有专为无人艇配置的设备或技术会构成一条条新的技术链。如何把每一条技术链做到最佳,再把所有技术链彼此连接起来,最终形成一条有效、可靠而且超长的技术链,离不开工程师的集成创新能力。无人艇不简单,很大程度上就在于这条技术链的复杂性和整合的难度。

经过整个团队多年的潜心钻研，精海无人艇项目取得了一项又一项重大成果，其中主要有：

针对岛礁海域复杂扰动，特别是突发扰动，会使无人艇模型参数失效，控制模型不适用的技术难题，提出了主辅双无色卡尔曼滤波在线主动建模方法，实时估计模型参数，建立无人艇实时动态模型，准确反映岛礁海域无序扰动和无人艇自身能力状态。

针对高分辨声呐成像视场小，难以探测水下大目标，提出了基于特征点映射的位置—姿态—声呐图像无缝融合拼接方法。根据云台姿态、位置信息，将实时声呐图像映射到同一拼接平面，分别采用SURF算法和基于相位相关的拼接方法，实现特征突出和稀疏探测图像的无缝拼接。

针对岛礁海域障碍林立，水流紊乱、变化快，障碍航向和形状估计值波动幅度大，并需遵循海事避障规则，提出了附加矢量碰撞锥推演和不确定集约束避障导航方法，以及附加代价函数的势场蚁群避障规划方法。

通过这一系列发明和创新，团队攻克了高海况涌流冲击下航迹精准跟踪控制、复杂噪声环境下声呐图像稳定拼接、复杂背景下立体组合避障等难题，确保精海无人艇于惊涛骇浪之中，一往无前！

前不久，上海大学无人艇团队的"复杂岛礁水域无人自主测量关键技术及装备"获"2016年国家技术发明二等奖"。

七、"小白"与"精海爸爸"

在世界上，相比无人机，无人艇是"后起之秀"。在上海大学，无人艇团队也称得上"后起之秀",不仅因为团队组建时间不长,还因为团队成员以年轻人居多。整个团队有三十多名教师,加上硕士、博士研究生,一共有一百多人,其中年龄最大的是"70后",大部分是"80后",有八个是"90后"的导师。"70后"算元老级,足见这个团队正处"当打的年龄",完全是"朝阳产业"的形象。

无人艇名为"精海号",团队则自诩为"精海人"。"精海"既有精卫填海的意思,体现上海大学工匠矢志维护国家海洋权益的情怀,也有精确执行海上作业的意思。面对集中了团队心血和智慧的无人艇,小伙子们爱心满满,戏称自己为"精海爸爸"。生活中还没有做爸爸,技术创新上先做了爸爸,年轻人和同样年轻的无人艇一起成长。

好多人觉得机器人冷冰冰的,其实无人艇是一个有血有肉的灵物,人类的创新转化成了机器的灵性。随着机器人自行解决问题的能力越来越强,大家不知不觉地就把它当成孩子,慢慢融合在一起了。跟教育培养孩子不同,人的能力有限,孩子做不到,父母也没有办法,但想让机器人具备什么能力,只要工程师有能耐,机器人都可以做到,所以"精海爸爸"不但名副其实,而且比生活中的爸爸更有成就感。

无人艇需要技术创新,这已属不易,而要从技术成功进一步实现工程应用,还有遥远距离需要克服。用团队成员的话来说,科研成果最后成功实现工程化运用,大概相当于最后10%的路程却花了90%的精力。

"精海爸爸"一年在海上考察的时间大概有六个月。船厂的人很感慨,说团队真不容易,虽然是硕士或博士,但干的是民工的活。工程师不是科学家,要在最贴近实际的状态下,真刀真枪地解决问题。海上作业危险性大,各种情况不可预知,还要带着贵重仪器进行调试,压力之大可想而知,但年轻的工程师乐在其中,因为创新最能体现个人的价值。

朝阳行业就应该由年轻人主导,上大无人艇团队的年龄结构具有明显的创新优势。"70后"领衔的最大好处是有经验,判断基本方向有把握,在团队中的作用既像船舵,又像压仓石,发挥着稳定军心、鼓舞士气的作用。一旦需要别出心裁的想法时,"80后"尤其是"90后"的长处就发挥出来了,课程学得多,视野开阔,顾虑少,能想"70后"所未想、所不敢想。取长补短,相得益彰,让上海大学无人艇团队既敢想敢干,又少走弯路,这才有了"精海号"系列相继驶向大海。

最能反映年轻人心态和情趣的是双体无人艇"小白",模样呆萌可爱,几乎全由"90后"承担设计,外形出自学校工业设计专业在读本科生的创意,先后经过七十多份手稿,一百多份电子稿排版,才实现同机械、控制、制作工艺等方面的平衡,满足了精度、测试、时间等要求。

"小白"正式立项是2015年6月,但必须在11月工博会上展出,这是极大的挑战。做"小白",团队有动力,因为美国有双体无人艇,长度2.4米,排水量350千克,同"小白"差不多,荷载能力也相近,最高速度八节不到,而"小白"要超过八节,续航里程也比它高。有对手,创新者更有动力。

"小白"特色之一是外形时尚靓丽,那是"90后"女孩子给的灵感。为了确保"小白"如期完成,团队全体后期人员包括设计和制作人员,都窝在船厂里。研发人员干着木模工的活,因为只有知道工艺,才能有更好的设计思路。"70后"以自己的经验,予以完全的信任和支持,并帮助协调各方,为"90后"实现创意,提供最大空间。团队齐心协力,终于赶在预定时间内让"小白"登上展台,驶入海洋。

经过多年不懈的努力,年轻的上大团队已经书写了无人艇领域的多个"中国第一":

第一艘无人艇赴南海岛礁测绘;

第一艘无人艇到南极进行科考,为"雪龙号"寻找锚地;

第一艘特殊用途无人艇;

第一个无人艇国家技术发明奖;

第一个无人艇国家杰出青年科学基金;

第一个主持制定中国无人艇出海检验标准,如此等等。

从"精海1号"到"精海7号",上海大学无人艇团队破浪而行!

八、青春在创新中激荡

上海大学无人艇团队中的"90后"具有鲜明的时代特征。"精海爸爸"们开会时,不喜欢像"70后"或"80后"那样,坐在会议室里,四平八稳地讨论,而愿意找一个条件简陋的地方去闹腾。为一个技术问题,争论个半天,而创意和发现往往就在头脑风暴中诞生。时常因为过于投入,争得面红耳赤,甚至动了气。好在年轻人有着超越年龄的涵养,门里吵得再凶,出门仍是好兄弟。

无人艇技术链比较长,每个环节遇到难题,都需要临时召开"分会议",其实也就是几个人聚在一起讨论,所以争论机会多多。用讨论解决问题,在诘难中达成共识,是"90后"的工作风格,而这个习惯来自上海大学的一个鼓励创新的机制。

上海大学设有一个主要面向研究生的奖项,名为"校长奖学金"。全校一共有20个名额,目的是给学生提供一个共同研究的平台,喜欢技术的学生可以依托"校长奖学金"形成圈子,一起讨论有关的研发课题。圈子不分专业,只要有兴趣,都可以参加,有些圈子的成员分别来自全校多个学院。他们专业背景不同,却有共同兴趣,自然有说不完的话,讨论起来更加热烈,最后成果也更有意想不到之妙。"校长奖学金"促成了不同专业的大融合,跨学科的兴趣组合对于像无人艇这样涉及学科专业众多、技术链较长的项目尤其合适。"校长奖学金"并非针对无人艇的一项创设,却在无人艇研发上结出了硕果。

研发需要专业基础,但同时专业也可能成为局限。遇到问题时,专业人员可能觉得高不可攀,但对其他领域的人来说,有可能唾手而得。比如,在工艺的创新方面,工业设计专业同学的一个建议,就让开模成本下降几倍。因为尝到了跨学科的好处,所以,现在参与无人艇研发的学生专业背景相当复杂,且文理结合,经管、数码艺术、影视、计算机、材料、通信都有,当然少不了机电工程和自动化,师生彼此取长补短、相得益彰。

九、瞄准国际先进水平,走自己的路

原来国际上高度关注无人机,不看重无人艇,现在不一样了,无人艇得到越来越多的国家的重视。目前世界上从事无人艇研发和制造的国家不少,其中以美国和以色列最先进,典型的技术代表。日本、英国、挪威、加拿大等国也在制造,但水平没那么高。从实际运用角度讲,中国目前排在第三位。

以色列制造无人艇水平高,因为有紧迫的实际需要。以色列地处中东,巴以关系没有完全正常化,恐怖袭击频频发生,需要无人艇用于河道海岸的巡逻。

美国研究无人艇则出于对未来无人化、自动化战争的战略构想。2012年年底美国海军接受无人艇列装，这意味着继无人机、地面无人战车之后，水面和水下机器人也开始进入实战。美国的水下机器人，经常闯入中国领海，还很难探测到。有的水下机器人很强悍，带了导弹等武器，可以用于直接打击。现在，空中、地上、水面、水下都有了武装机器人，一旦发生军事冲突，无人化战争可能成为现实。

以人与机器相对抗，至少在兵员补充上，人存在明显弱势。人不是生下来就能上战场的，成长需要时间，训练需要时间，积累经验更需要时间，而机器人可以批量生产，统一安装程序，能力达到高度标准化，两者完全不可比较。历史将证明，无人系统的普遍采用，可能从根本上改变战争形式。

仅就无人艇而论，其优势也十分明显。无人艇去掉了载人所需要的整个模块，尺寸大为缩小，在雷达屏幕上的截面积很小，本来就不易发现，加上灵活性大为增强，贴着海面航行，雷达容易出现死角，再加上隐身功能和海浪掩护，可以在光天化日之下如入无人之境，占据高度的战场主动。

美国已研制成功ACTUV，即"反潜战持续跟踪无人艇"，其核心战略是让低成本的无人艇和高成本的有人艇，比如核动力潜艇，进行不对称博弈。核动力潜艇只有浮起后，才会被人看到，但要是无人艇具备实时监控能力，而且续航里程数又同核动力潜艇相匹配，那么理论上可以全程跟随，直到核潜艇回到基地。这么一来，就可以完全掌握对方核潜艇战略布局，而己方的投入仅仅是对方的十分之一、百分之一、甚至更低。无人艇和无人艇战术所具有的无比巨大的战略意义,由此可见一斑。

2012年,美国对无人系统的定位发生重大转变,原来作为辅助作战系统,现在调整为主力作战系统,所看重的是无人系统作战时,在信息交互方面的优势。说得简单些,机器之间的交互不需要通过语义理解就能达成,不像人与人之间对于对方的意图,必须先搞明白"你说的是什么意思",否则容易发生误解。信息传递到位固然重要,但要是解读出现问题,一样会前功尽弃。

当所有机器人像工蚁听从蚁后一样,统一接受一个人类大脑发出的指令,百分百地理解和同步工作时,就会形成非常可观的战斗力。2014年年底,美国演练"蜂群战术",总共13艘无人艇。5艘全自主的和8艘半自主的无人艇协同作战,完成护航、拦截、保卫港口等战时任务,其成效远远超过指挥机关的预期。

用人工智能武装起来的无人作战系统越来越成为人类可怕的竞争对手,还在于人类个体往往存在与生俱来的弱点,比如人的运算速度有极限,生理和心理上会产生疲劳,关注力也会随时间下降,但在机器人身上,所有这些弱点都可以克服,科学家和工程师可以造就真正的"超人"来战胜人类。

为了国家安全,中国在开发无人系统方面不能落后,必须走出自己独特的发展道路。无人艇是创新创造的前沿,上海大学无人艇团队正行进在风口浪尖上。

十、从中国机器人到机器中国人

今天,机器人概念和思路主要来自西方,中国奋起直追,不但要把中国机器人做到世界一流，还要把更多中国元素加入进去，实现从中国机器人到机器中国人的转变。

上海大学无人艇团队有个专家，主要从事机构设计，在美国工作时，曾参加过"大狗"的研发。"大狗"是机器人，模仿猎豹的肌肉运动原理，用机械实现仿生机器人的动作，主要用于躲避障碍物。猎豹跑起来非常漂亮，肌肉伸展、收缩的幅度很大，"大狗"现在还办不到。这位工程师在上海大学团队里，主攻机械结构设计，但用的不是连杆之类的构件，他的灵感不是来自仿生，而是来自中国古代的折纸。一张纸能折成那么多形态，如果加上传感器，会不会有意想不到的功能？尽管技术上是否能成功，现在尚难断言，但如此别开生面的思路有巨大价值，包括技术上和文化上的价值。

设想一下，现在用西医的方法诊断疾病的机器人越来越多，医术越来越精，但没有一个机器人能用中医的"望闻问切"来诊断。如果承认中医确实能治病，那么研发出一台"老中医"，然后批量生产，岂非大好事？不但可以治病救人，而且可以让中医真正走向世界，让中国机器人真正走到世界前沿。

做无人艇需要开阔的眼界，更需要不受羁绊的想象，因为这个领域涉及太多的学科，机械、电、计算机、信息、材料、通信、力学、生物学，甚至社会学、伦理学都可以找到用武之地。比如，一个人做事和多个人做事不一样，一个机器人和一群机器人做事也不一样，从这个区别中，可以设计制造出能彼此互动的"社会机器人"。

再比如，基于人机互动的机器人伦理研究也开始出现。用人工智能武装起来的机器人，运算能力强于人类，而且人类高强度思考状态下，关注力很难长期维持，会疲劳，会有波动，思维效率也会下降，但用人工智能武装的机器人能够基本维持恒量。这样竞争下去，人类总有一天会完全输给机器人。所以研发机器人不能不给人留后路，这就是机器人伦理思考的问题了。日本人做了一个高考机器人，目标是到2020年考进东京大学。中国也有人在做高考机器人，目标是到2025年考进北京大学。哪天考取名牌大学的都是机器人，叫人类情何以堪？2017年年初传来消息，人工智能Master横扫全球围棋高手，最厉害之处是竟然发现了人类顶级高手也从来没有想到过的新招，足以令人重新解读围棋的内涵。未来围棋是人与人、人与机器，还是机器与机器的博弈？由此进一步提出了一个重大的伦理问题：让人工智能毁了围棋这门古老棋艺，值得吗？如果人类价值被机器人一个个攻陷了，那么发展机器人的目的到底是什么？

十一、年轻工程师创新的动力在哪里？

活跃在创新第一线的上海大学无人艇团队的年轻人，对创新有自己的看法：

"创新不能空来空去，没有一个实实在在的东西让人看得见，创新者就没有存在感。创新的乐趣是在创新过程中，可以发现很多之前从来没有想到过的问题，把问题解决掉，最让人有成就感。"

"创新不是跟任何人较劲，而是跟自己较劲。工程师老问：'这个问题怎么来的？这个东西为什么不能做？那个东西为什么做不成？'如此等等。问题不是别人强加给工程师的，而是工程师自己发现并且给自己提出的。解决了问题，才安心。"

"创新就是天马行空，把思想打开，好玩也好，解决问题也好，只有把思想打开了，才有可能去创造新的东西，如果被限定在已有的思维中，就很难跳出原有的技术思路，也很难有真正的创新。"

"就无人艇研发而言，创新就是把来自不同领域的很多元素，按照不同方式重新组合起来，让自然的、人为的和工业批量生产的元素组合在一起。"

作者简介：

罗　均　上海交通大学机器人研究所工学博士，加拿大多伦多大学机械与工业工程系博士后。研究领域：机器人，仿生视觉和无人艇控制技术，机械电子工程专业。现为上海大学机械电子工程国家重点学科研究员，博士生导师，上海机器人研究所所长，上海大学机电工程与自动化学院副院长，上海市机器人重点实验室副主任，中国微米纳米技术学会微纳机器人分会副理事长。获得国家杰出青年科学基金、国家科技部中青年科技创新领军人才、上海市领军人才、上海市优秀学术带头人、上海市曙光学者、上海市科技启明星计划及其跟踪计划等学术和荣誉称号。获得国家技术发明二等奖、上海市技术发明一等奖、上海市科技进步一等奖、中国航海学会科学技术特等奖和一等奖等。

第三章
大数据需要大思想

上海大学计算机工程与科学学院　英国帝国理工学院　郭毅可

今天，大数据已经成为公众耳熟能详的概念，但生活的荒诞之处在于，越是熟悉的词语，最后大家越是不知道到底是什么意思。对于大数据，普通人最搞不明白的地方是，"大数据"究竟只是一个数量概念，数据多而且全面，包罗万象、巨细无遗就叫大数据？还是数据在人类生活中的地位和作用发生了本质变化之后，才出现"大数据"这种新思想、新事物乃至新资源，以至人类的生存方式甚至人类未来都可能被其彻底改变？在一个大数据专家看来，更有可能的是后者。这里，我想来谈谈大数据时代的创新。

一、创新就是好玩

何谓创新？不同的人有不同的理解，因为他们对创新有不同的动力。李克强总理说创新，是为了拉动中国经济，科学家要创新，则是本能。创新者根本上有两类：一类探索自然规律的，叫科学家。他们对自然好奇,要搞清楚自然的奥秘,搞清楚上帝的逻辑,所以要创新。还有一类搞技术的,像爱迪生,唯一的动机是新奇,想做出别人做不出、想不到的东西。对于科学技术创新而论,就这样两类人:探索自然秘密的科学家和解决技术问题的工程师。

科学家创新志在探索永恒的未知,人类好奇的本能集中在科学家身上,让他们乐此不疲。他们视工作为赏心的游戏。真正做学问的,都是很有意思的人。国人对英国人有刻板印象,好像他们就知道赚钱,即所谓的"商业民族"。其实,英国人毕业后找工作,最好的学生未必去银行,主要还是在大学里。在大学任教,挣钱并不多,各国差不多都如此,但在英国,人们几乎已经形成共识:在大学里搞研究,不但好玩,而且是"世界上唯一的别人付钱我来玩的职业"。

在大学里做学问要好玩,必须允许教授有不同的治学方向和风格,让个人随自己兴趣,发挥想象力,没有标准,不求统一。当然,现在英国大学里也有诸如 KPI 指标。跟着全世界首先是美国的风向,教授们也需要在 SCI 上发表论文。但至少在理念上,大学教授和管理者都不认为这些指标是必不可少的,"你付了钱,我来玩"的心态是创新最好的基础,允许这样的心态存在乃至占主导,就是最好的创新环境。

英国社会对大学的认识,同欧洲传统有关。在中世纪,艺术家、科学家等从事文化活动的人,得到贵族或教会资助,不用考虑作品或成果"赚不赚钱"的问题,而贵族对人类创造抱有尊重的态度,不以"稻粱谋"为念。因此,在欧洲对科学家的定义同美国和中国关于科学家的定义完全不一样。在中国,科学家是文人,"学而优则仕",有所成就后,就去当官了。在英国,科学代表一种 craft(手艺),科学家就是所谓"工匠",跟画家、作曲家、诗人、木工同属一类人。诗歌要写得漂亮,画面也要漂亮,科学家发现或制作好玩的东西,也要漂亮,爱因斯坦称自己的相对论方程式 $E=mc^2$"很漂亮",就是这个道理。创新是人的本能,也是科学家和其他一切工匠或"手艺人"的本能。

套用中国话来说,创新是创新者的命。英语 intellecture 指的正是这样的科学家,生性好玩。问一个科学家"做了什么创新",就是在问他或她,"做出了什么最酷的东西"。

现代世界有一项同创新有关的制度性安排,叫"专利"。专利看似由美国人发明,其实也是英国人发明的。这个商业民族把好玩的东西转化为生产力,然后再保护起来,以维护其价值实现,促进进一步的创新。这种安排同样很巧妙、"很好玩"。但是,专利只是对创新结果的承认,不是创新的动力。爱因斯坦根据相对论,提出"引力波"的假想,确为伟大创新。但显然不是为了获取专利,因为引力波要成为专利,不知道要等到猴年马月,1916 年提出概念,100 年后才得到证明,技术应用更不知道什么时候才能实现,爱因斯坦不可能活到这一天。可为什么爱因斯坦还要干这样的事?因为这是一种探索,"好玩"。

就创新而论,"好玩"就是对新奇的渴望。好玩的科学家心情舒畅,放飞想象力,达到极致,就是做学问的境界。欧洲之所以有那么多诺贝尔奖获得者,正是因为他们不是把创新作为工作,而是作为游戏;不是被外在事物所左右,而是为内在冲动所驱使。英国物理学家霍金是一位"渐冻人"。人患了这种病,通常活不长,他却活了这么久。原因之一可能就是因为他一直在玩,心情舒畅,生活充满动力。所以,科学家有共性,就是爱玩,爱玩才能创新。

二、创新、创意、创业,原来是这样的关系

在英国大学里,博士生写学位论文,凡是通过看文献想出题目来的,多半属于较差的学生。好学生是在酒吧里聊天中形成研究方向和题目的。比方说,有一个同大数据有关且特别好玩的题目:"怎样才能让生命永存?"这个题目讨论的不是古代中国人服食丹药,长生不老,不是印度瑜伽修行,也不是现代西方医学"抗衰老",而是用大数据来实现。

有位朋友去世三年多了,我都不知道。因为每回发微信,都能收到回复,彼此聊得很好,给她发什么,她都回复。后来知道是她老公在帮她回微信,而她本人已经离世多年。这件事让人挺遗憾的,但人不在了,信息交流还在,如此就引出一个好玩的概念:人的生命是一种信息化存在,人存在于一个信息系统之中。在中国传统文化的语境中,就是"三不朽":立德、立言、立功。只要一个人的道德、文章或功业在,人就在;肉体在不在,没关系。因为只要有东西留下来,传递你的信息,你就在。

通常见到一个多年未曾谋面的熟人,人们会喜出望外,"好长时间没见了"。但如果这段时间里彼此一直有信息往来,则无论对方作为生命实体是否存在,对另一方来说,再见面时,情绪波动就不会那么大。从这里,我们可以发掘出一个重要概念:生命可以虚拟化,仅仅采用信息的形式存在。既然生命可以虚拟化,那永存就有办法了,这办法要实现比制造赢了围棋冠军的"阿尔法狗"要简单。

众所周知,基因是一个信息表达,其容量之大,足可把整个世界

的图书馆或者人的一生编码出来，包括一个人每天的日记、所讲的话直至整个一生。如果用ACGT编码，就是"核糖核酸编码"，编完之后再做一个"分子合成"，那人的一生信息就变成一个DNA大分子。然后，把这个DNA植到一个植物细胞里，比如说，放到橄榄树上让它生长，多少年后，把橄榄树基因取出来，测序一遍，这个人的一生就恢复了——这个人的实体不在了，但他一生信息全在。如果需要表达所有这些信息的话，再去找一个实体性载体就是。这意味着，多少年以后，如果能从植物的细胞中重新读出某个人的基因，那人就"转世成功"，至于它长成什么模样，就看所借用的载体是什么，不用太在乎。这有点像人类正在探索的大脑移植。换上新的大脑后，身体听大脑的，人的行为会跟着大脑改变。所以，只需要考虑大脑，不用管借用的是谁的身体。

进一步想下去，就会有更多的创新概念，坟墓也不要了。

坟墓是件麻烦事。人类可以控制人口增长，但没法让人不死，人类的肉体死亡永远是个单调递增函数。如果每人一座坟，总有一天，中国山山水水全是坟墓了，想起来让人不寒而栗。过去，这问题不好解决，现在简单了，人死之后，只要把他一生的信息用DNA编码，植入到植物体内，于是，他就存在于一棵树中。只要树在，他就永远在。于是，一片公墓变成一棵橄榄树，或者好一点，每人变成一棵橄榄树，死一个人种一棵树，足可绿化中国。

橄榄树的生命期有800年，适合"长期保存"，如果搞不清某一棵树的位置，可以给它做一个GPS定位。某人要悼念先祖，可以查寻这棵树，清楚而且精准，不会出现失误。看看，一个简单概念能引出多少创新，思路再开阔些，还可以创业。

先要说明,创新与创业是两码事,浑身不搭界。创业是把创新中的某一部分实体化与产业化。创业是一个单体,每一样东西都可以创业。举例来说,根据上述思路,可以开个公司,专门提供服务,为客户储存一生数据,这就是 Facebook 的下一代,不只是储存照片,而且储存生活,植入橄榄树,并对其定位。这样,不就有一个新行业、新公司诞生了吗?

如果买下一座山,建成橄榄树园,对外经营,于是,又出来一家企业。

由此延伸开去,可以把中国的每一棵树个性化,而不仅限于"生命之树",比方说,把这个概念卖给企业家,他给黄山迎客松做定位,供客户查询,如此等等。

这叫创业。

所有这些创业中,核心是创新,有了创新才有创意,创意投向市场,最后创业成功,完成整个"产业链"。

三、概念创新如何直接提升国家实力?

我什么也没有做,没有挖一分钱的土,没有占用任何一点资源,却创造出那么大一个经济概念,许多企业和经营活动无缘无故地出来了。一个创新概念可能带来几千亿元的产值,却不用从事一分钱的制造,这个想法本身不又是一种创新吗?这就是英国人正在做的事情。

现在全世界表述一个国家或地区的经济体量都采用 GDP 指标,其实这是一个过时的概念。

三年前我跟一个英国学者聊天时，就提出 GDP 是一个过时的经济指标，太陈旧，不能衡量如我上面描绘的创新经济。2016 年 3 月，英国国家统计局宣布，政府将投巨资研究新的经济指标，因为从数据经济的角度来看，GDP 概念极大地干扰了对经济发展的导向，英国的 GDP 如果按照新的指标来计算，实际增长率或许不低于中国。

GDP 作为经济指标，最大的毛病在于它测量的是物料的成本与产出，是衡量实体经济的手段。所谓"实体经济"，专指那部分看得见、摸得着的经济活动。数据运行不涉及材料，看不见摸不着，但照样带来巨大的经济效益。提出新的经济指数，这本身也是创新。

创新者天马行空，创业者脚踏实地。这两种人社会都需要，但不同的概念不应混为一谈，谋道与谋事还是有区别的。古人说过，"君子谋道不谋食"，还说"君子不器"，创新者谋道，试图发现天道，所以未必成器，而创业者谋食或者谋事，必须成器，也就是专业化，才能让设想成为现实。

创新在英语中是 innovation、creativity，指的就是"新奇"，而创业 entrepreneur，是赚钱 making money，两者相去甚远。一个创业大国可以没有任何创新，只是把别人的创新做成特定的产品，销售出去。

至于创意，那只是创新的一部分，创意中可以有创新，也可以没有。俏江南的发展就没有任何创新，只是创意，而滴滴打车、Uber 等就有创新，不只是技术运用的创新，还有经济模式的创新，并有可能推动中心型经济模式的转型，影响巨大。不久的将来，医院也会去中心化，许多行业都会去中心化，这才是创新，经济模式的创新。

四、创新怎么玩？

既然创新是"好玩"，那再引申一步，要建设创新文化，就必须让研究者玩起来，而不能限制他玩。玩，不能有指标。规定怎么玩，玩出什么结果，还考核，那就不是玩，而成劳作了。劳作有产出，但不好玩，所以只能制造产品，不能产生创新或者创意。要鼓励创新，就要激励研究者玩，让他们玩得痛快。

世界上有许多现成的案例，剑桥、谷歌都这样。谷歌公司里有咖啡吧，这是创新平台，体现自由文化。研究人员坐在那里天马行空，神侃胡聊，聊着聊着，创新的概念出来了，解决问题的办法出来了。剑桥也如此，博士、教授进来，没有论文指标，更不会要求学院多少年必须拿一个诺贝尔奖，这根本做不到。只要一个学者有好的想法，学校就跟你签约，然后，由你自己玩，玩出来的成果属于学校。

爱玩的人都具有竞技性格，是骨子里的运动员。玩就是比赛，比赛就是玩。创新的真正驱动是竞争，我比你强，不是说比你钱多，而是智力上超过你。在中国是"煮酒论英雄"，在西方就是角斗场上竞技。要创新，先得创造激励智力竞争的文化，形成智力竞赛的氛围。

许多人看《三国演义》，看到"煮酒论英雄"时，曹操跟刘备说"天下英雄唯使君与操耳"，他们就想不明白了："既然知道对方是英雄、是对手，为什么不现在就除掉他，以绝后患？"这是从战术或现实政治的角度看问题。从玩的角度、智力游戏的角度来看，曹操不杀刘备就另有解释了。因为你我现在玩不起来，你在我手掌心里，杀你太容易，不好玩，哪天你我势均力敌，我能把你干掉，那就好玩了。指标、考核之类的驱动方式是行政管理的有效工具,但要用于激励创新,就不行了,所以,要科学地看待这些工具,智慧地使用它们。

五、给彭丽媛的礼物:创新和创意如何走到一起?

1. 创意灵感从何而来?

2015年10月21日,英国伦敦,中国国家主席习近平夫妇参观帝国理工学院。来到数据科学研究所,作为研究所所长,我给习近平介绍了有关运用大数据分析研究中国人口流动、"一带一路"建设对沿线国家影响、个性医疗、城市地铁管理等情况,演示了大数据对中国未来发展的重大价值。介绍完之后,我代表数据科学研究所,送给彭丽媛教授一件披风作为礼物。衣服很简单,但衣服的制作不简单,因为这是大数据方法的产物,其设计元素和衣服尺寸是通过分析彭丽媛教授照片而获得的。

这件披风体现了大数据研发的思路,严格说来,属于技术的创新运用范畴,其中创意的成分更多些。在参观数据科学研究所这样专业的场合,给贵宾送礼肯定要同数据相关,才显得贴切。但数据或研究成果没法送,过于专业,看不见、用不上,不成其为礼物。既然科学的灵魂是由观察而作出判断,由判断而作出预测,那么,从数据科学自身特性出发,送一样通过数据化观察而获得的成果,应该是最合适的礼物。

此前某一天,我正好跟一位服装设计师聊天,她是英国古装设计专家,设计英国传统服饰,非常漂亮。谈话中,我想到了一个好主意,就送彭丽媛教授一件衣服。不需要现场测量,不需要反复试穿,有了大数据，一切可以简化。现在，原本不可见的大数据思路及其成果，可以做成一个看得见的东西，让每个人都会感兴趣，觉得有意思。

创意不错，但外交场合还得小心，不能失礼。在英国，就得按英国人的思维考虑。英国人认为，送女性礼物是一种极大尊重，理解上没有问题，而且，在正式场合送"接地气"的礼物，既有现代感，又不失亲和幽默，更能吸引公众关注。为此，我征询了英国外交部礼宾司和中国大使馆意见，都说没问题。于是，就决定制作一件披风，创意可以付诸实施了。

2. 大数据如何让创意成为现实？

我们找了不少彭丽媛教授的照片，有照片就可以观察，有数据就可以判断，最后披风是否合体，就体现出科学预测是否准确。当然，从观察到结果，不可能一步跨越，需要一个中间环节，那就是在观察所得的数据基础上，建立一个数学模型。我们观察的是二维照片，做出来的是三维衣服，从二维到三维的转变需要依靠大数据分析。

要制作这件衣服，先要用大数据来建立一个数学模型，简单地说，就是按照从二维照片所采集到的数据，建立一个三维模型，然后通过运算，生成新的二维数据，去跟另外不同角度的照片比对，再根据比对效果，调整三维模型，通过运算，生成新的数据。如此逐张比对，循环往复，一直到三维模型能与任何一张二维照片彼此吻合为止。这个过程采用了统计分析方法，所谓"贝叶斯方法"。先验算模型，再看后验概率，考虑进一步匹配，整个过程看似简单，其实几乎包含了数据科学理论的全部内容。

3. 大数据也有不能的时候?

现在已经有成熟的软件,能完成相关计算,但有几个关键地方还得靠人的经验。比如,建模时,如果照片中人物穿了很多衣服,就需要考虑制作衣服的合适性,电脑不知道如何判断。还有,照片中人的姿势各不相同,坐的、站的、正面的、侧面的都有,哪些照片更有代表性,能表达更多信息,需要仔细确定。

相对而言,色彩比较简单,多看几张照片就可以找出来,但也不是机器能找对的,怎样搭配还得靠服装设计师。再比如,衣服上有两个肩章,这不是计算机决定的,而是设计师放上去的,因为设计师看了彭丽媛教授的简历,知道她是军人,通过对平时着装习惯的分析,发现彭丽媛教授喜欢穿有军人风格的衣服,就做了两个肩章,这是根据职业,而不是照片数据决定的。

这是创新和创意相结合的一个典型案例,反映了一种追求新意的文化,整个过程既新颖,又得体,既抽象,又形象,既有实用功能,又充满象征意义,所以才引起媒体和公众的广泛关注,为大数据在现实生活中的应用做了一次很好的诠释。

六、全球大数据走到哪里了?

数据是资源,这是当下全球大数据技术的最新理念。

我们要正确认识大数据,它不是一个技术概念,而是关于人类资源的新观念。其实,所有工业革命乃至所有社会进步,本质上都源自新能源的发现,以前的煤、油、电、核,现在的数据,莫不如此。数据是生产资料,将来的产品就是加入数据和人工智能的产品,滴滴打车是最好例子。

不用担心大数据会过时,作为新能源,它不会过时,但现在世界上主要国家在大数据研发上,已形成了各自的定位和相应优势。美国人踏踏实实地创业,把一个个技术产品做出来,而英国人则重在观念创新,要为这种新能源定规矩。

英国民族最伟大的地方就是掌握话语权。前面说过,就在2016年3月,英国宣布要制定新的经济衡量体系,GDP不再适用。这个规矩一旦确立,全世界都得变,所以,英国和美国完全是两种不同玩法。

假定数据真被认定为新资源,世界经济就会发生相应变化,这个新的经济社会形态,需要什么样的规矩?什么样的法律?

英国的国家实力,按照可见的GDP,似乎在走下坡路,但要是按照"数据是资源"的观念确定新的经济总量的话,英国又走上坡路了。不仅如此,英国还有更大企图,如果它制定的游戏规则被全世界采纳,数据应该怎么交换,采用什么交易手段,等等,全听它的,岂非英国的又一大成功?经济中心的地位能不稳固?

在大数据研发上,美国虽然很强大,但美国只是制造事实,英国则在安排市场。美国发明事实产物,也就是技术,等各国参与进来了,英国人出来说话,开口就要定义市场,写书,出思想,定规则。这是典型的英国思维,规则重于一切。

七、中国处于大数据产业链哪一环?

概而言之,今日大数据研发中,美国的定位是创新,德国、日本是利用技术改进产品制造,中国则是利用规模,完善和发展技术,而英国扮演的基本角色是制定规则,安排市场,规范各国参与的数据交易。

在这个国际分工中,中国以规模取胜,但规模不仅限于技术运用。一项技术原来给五个人使用,但到中国变成了五千万人使用,规模促成"量变到质变"的转化。这个质变还不只是技术的经济可行性,而是促使技术本身发生进一步的发展,因此也是一种创新。

目前,中国在大数据研发的产业链中,大致处于中游的位置。美国是上游,是源头,德国、日本处于上游偏下的一些地方,中国是中游,通过诸如华为这样的企业,辐射更多的地区与发展中国家,如东欧和越南、巴西、埃及等国家,中国有规模优势,能向这些国家推广。这就是大数据整个产业链的大致格局。

其中最为独特的是英国的地位。英国的重要性不体现在产业链的任何一个环节中,而体现在整个产业链的整合中,方法就是为产业链制定规则、维持秩序。这个规则对美国、德国、日本都适用,但到了中国,英国的规则遇到了难题。

中国从来没有为世界制定过规则,但中国常常也不遵守其他国家制定的规则。比方说互联网,中国有自己的管理规则,跟国际规则不一样。中国在国际规则的大框架里,有自己的小变化。如果说英国的规则更侧重于基本架构和核心理念,那么中国的规则更强调基本规则运用于不同情境时,需要保持的灵活性。打个不恰当的比方,英国的规则更接近于法律,而中国的规则更接近于政策,为了保留一定弹性,法律上你说了算,但是我有一定的变通权力。

对中国来说,要想在这条产业链上溯源而上,面临相当的挑战。

如果中国能真正发展出创业精神，就有可能走到美国的位置上去，甚至走到美国前面去。但要走到英国的位置上去就难了，因为到现在为止，世界上很多事情还是英国人以前安排的。英国的位置需要思想家，美国的位置只需要科学家，这是两个完全不同的概念。

一个民族有自己的命运，英国是一个给人类做规矩的民族。2012年伦敦奥运会开幕式，英国人清楚地表达了一个意思：英国为人类开创了一个时代——工业革命，英国还将为人类指引未来，那就是国民医疗体系。相比之下，北京奥运会开幕式基本上是把家里的东西清点之后，展示给人看。中国说，我们过去很辉煌，今天很强大。英国说，我们今天在创造明天。

对于美国，如果有创新文化和自由空间，中国可以部分地替代它，但不大可能完全取而代之。对于英国，中国可以用"政策"来弥补之，而对德国、日本，那些手艺不是一天能学会的，别人家族企业一代一代传下来的东西，中国一时半会学不来，还得积累。相对来说，取代美国最容易，德、日次之，要取代英国最难。因为取代美国只需要科学家和创业精神，中国人本来就有这些素质，没问题。取代德国和日本，需要民族精神，需要细致、团结与一丝不苟，这些中国在唐宋时期有，现在明显不足，不过费点劲，还有可能。要取代英国很难，英国的情形相当于中国战国时期，百家争鸣，孔子、老子、墨子、庄子那群人，现在上哪儿找去？所以，对中国的高等教育来说，培养我们的思想家是一个历史的使命。

以中国历史不同时期作比，英国在先秦，德、日在唐宋，美国与现在差不多，所以，取代美国最容易。

有人说英国没落，但到英国一看，一点都不没落，朝气蓬勃，还在为明天制定规则。在中国历史上,秦朝既是最有活力的,也是为后世制定规矩的,这最难得。用规矩把人全都管死,不难,太有活力,全部乱套,也容易。唯有一边循规蹈矩,一边创意无限,用规矩保护创意,维护自由思考,这才是最难的。

某种程度上,现在的英国有些像中国的秦朝和唐朝。秦始皇为天下定规矩,"车同轨,书同文",统一度量衡等,为的是统一江山,不再分裂。现在制定大数据的规则,也是这个道理,让各国有章可循。在唐朝,中国向周边国家输出制度和规则,例如日本的"遣唐使"就是专门来向中国学习制度文化的。在人类各个历史阶段中,建制度、定规则,永远是最难的,也是最有价值的。

八、中国能否"安安稳稳做中游"?

中国身处中游,这只是一种说法,甚至只是一个不太恰当的比喻。大数据是一个整体,不能割裂开来讲,所有产业都是整体,称之为"产业链"就是这意思。中国在农业产业领域中的地位也一样,也有一个从创新到生产、到规模的格局。目前中国在世界上的经济地位就是规模角色,要从规模转为领先,还得按照次序一步步来做,先做美国吧。

客观地说,中国学美国,已学得相当漂亮,中国民营经济的发展模式同硅谷差得也不多。中国人厉害,跑美国去创业,用美国的资源成长起来,再回来,发展得很快,有钱,人也聪明。其实,美国人也不是全部自己想出来的,"阿尔法狗"就不是谷歌做的,而是英国的Deepmind公司发明的。这家公司就在帝国理工学院边上,谷歌把它买下来，它就成了美国企业，创新成果也属于美国了。美国有很多创意都是这样来的，因为美国有能耐，善于做市场推广，像《哈利·波特》就是英国作家写的小说，美国推广之后成为畅销书，还开发出许多衍生产品。

中国可以如法炮制，中国的市场和市场推广也很好，现在的主要问题是在意识形态和全球利益上，美国和中国是竞争对手，美国必定卡着中国，不让买。除此之外，中国完全可以同美国一样，要是自己创新不了，不用紧张，去买就是。在全球化的背景下，尤其是在数据成为资源的情况下，好多东西有所有权，但已经没有国界了。

所谓"中国创新"根本上指的是中国社会提倡创新，大家愿意创新，也能接纳创新的过程和结果，包括成功和失败。至于某个特定的东西是不是中国创造，不重要。当年白求恩来中国给八路军治病，最后打赢的还是中国的抗日战争，不会因为一个外国人，战争胜利就同中国无关了。现在华为生产的产品中，确实里面有几十万个中国专利，但华为的大多数研究所在国外。华为生产的智能手表非常漂亮，却是法国人设计的，但世界上说起来，都说华为的手表漂亮，谁管到底是哪国人设计的？

我们需要颠覆许多传统的"创新观念"，为什么不能从请外国人到上海来办大学分部，变成上海的大学到外国去办分部、聘请外国教授，为中国进行研究和教学？"创新中国"不能变成完全由中国人自己来创新，把中国与世界的关系分得这么清楚，没有必要，反而会阻碍中国科技创新。美国人从来不说"这个创新是美国的，那个不是"，谷歌买下来的公司创造的，就是谷歌创造的。

秦国在统一六国之前，别国人来秦国，做"客卿"，为秦国出主意、办事情，秦国才不管你是哪国人。后来有人要国君撵走"客卿"，怕他们有二心。但有人上书说撵不得，不能集天下英才而用之，秦国就不会强大。今天同样如此，无论在中国还是在外国聘请外国专家，只要知识产权属于中国，结果都是一样的。数据成为资源已经说明，原来的看法有许多已不符合今日世界的基本常识。

九、中国在数据科学领域如何再上一步？

在人工智能上寻求突破，这是最重要的。

人工智能是大数据技术的关键，数据输入进来，需要经过处理，否则说明不了任何问题，更不可能用来预测未来。大数据是生产要素，人工智能和移动通信是生产工具，而制造产品的是人本身。

人工智能就是要合成人的智慧，"阿尔法狗"就是用人工合成的智慧同人博弈，这样的产品不仅体现了人的智慧，而且就是智慧本身。现在人类生活已经离不开数据，离不开人工智能。

人工智能的研发方向是机器学习，总的来说，就是机器越来越像人了，能像人那样，根据外部反应，不断调整和改善自己的思考和应对方式，所谓"深度学习"大致就是这个意思。

过去讲机器学习，基本上是一个逻辑问题，因为人教给机器的只有逻辑，非逻辑部分机器学不会，但有了深度学习以后，机器的思维开始往前走了。

其实，人的智力有好几个层次，逻辑推理只是人的智能的一个层次。另一个层次是模式识别，现在机器人加强的就是模式识别能力。人的思维可以分为逻辑思维和形象思维（或顿悟式思维、非逻辑思维、直觉、下意识,等等),模式识别就是非逻辑思维的典型案例。增加了模式识别能力以后,机器人就能以每个模式及其胜算的概率建立一个模型。

模式识别的机理是把观察到的数据,建构成模式或结构,然后识别、判断出它的状态,再作出推理,有点像高手下棋讲究的全局感。人下棋时同时用到模式和推理,每下一步都会思考,走这步怎样,走那步怎样,有时用到推理,有时用到模式。简单地说,在有利局势下,继续拓展,就用到推理;在不利形势下,要重新构建局面,就会用到模式。

从技术上说,现在让机器人记住各种模式,能自己判断,进而调整自己,已经不算难题,困难的地方在于如何让机器人遗忘,不要什么东西都"过目不忘",多余的东西会干扰思维,增加运算负担。应该忘时就忘,需要时又想得起来!

人的大脑会忘记,也就是有筛选功能。人类肉眼观察到的景物同照相机拍下的照片,往往不一样,因为照相机没有筛选功能,而人在观看时,大脑会自动把不必要的细节筛选掉。遗忘的机理与此差不多,机器人现在还做不到。

十、如何让机器更像人?

现在,我正在做一项研究,让机器人学唱歌,很好玩。我和学生一起学唱歌,他听两遍就会,还唱得很准,而我听了20遍,还是不会。所以,我想做一个机器人,像我一样,听一遍唱个大概,再听一遍,改进一点,再听一遍,再改进一点,让它模拟我的思维过程,自己来改进，这就是所谓的"模拟记忆"。用这种方法可以研究什么叫记忆。

或许机器人开始要听 100 遍才能学会，后来可以降到 80 遍，降到 70 遍，最后降到 2 遍。观察和了解这个过程，可以搞清楚记忆的机理。

这项研究的目的是把人的过去视为自然而然的过程，对其不断地切片，像做 CT 一样，然后把每一片都模拟出来，将片与片的关系动态化，最终搞清楚它们相互间的关系。其实，所谓"自然而然"源于人类对事物的不了解，只有充分认识了，才可能加以模拟，造出人工智能。机器人或人工智能就是要把人"自在的思维"转变为自觉的思维乃至自为的思维，这很难，但也因为难，所以好玩。

作者简介：

  郭毅可 现任上海大学计算机工程与科学学院院长，英国帝国理工学院计算机系教授、数据科学研究所所长。1985 年在清华大学计算机系获工学学士学位，1993 年在英国帝国理工学院获计算机博士学位，2002 年获英国帝国理工学院正教授，2011 年作为上海市引进海外高层次人才引进上海大学，2012 年成为首批上海市"千人计划"入选者。2015 年 4 月起被聘任为上海大学计算机工程与科学学院院长。为 CCF 大数据专家委员会首批委员、上海特聘专家，上海市产业研究院大数据首席科学家等。在数据科学及其应用研究方面取得了重要的研究成果。领导的帝国理工学院数据科学研究所成果突出，已成为英国数据科学研究的重要中心；作为 CEO/CIO/CTO 领导的创业公司绩效斐然，已成为国际科学大数据的一流企业。

第四章
材料基因自有创新密码

上海大学　罗宏杰

中国古人相信"无中生有","道生一,一生二,二生三,三生万物";现代西方科学相信"宇宙大爆炸",一个"原点"轰然炸出个无边无际的宇宙,至少眼下还看不到膨胀的极限。中西方两种宇宙起源的假设,都离不开一个根本性的转折点,那就是作为"有"之体现的实体的出现,而用在工程上,实体概念更为大家熟悉的说法是"材料"。

科学技术的原点是材料,没有材料,工程师贵为"巧妇",也"难为无米之炊"。建筑学界有一个说法:"材料决定建筑。"因为中国古人主要采用木材作为建筑材料,所以留下了榫卯、斗拱、飞檐等独具匠心的构件和形态,而西方因为主要使用石材,才形成了穹顶、尖顶、拱形等多变的建筑样式。至于现代建筑如"大裤衩",没有钢材则是完全不可想象的。其实,在各行各业的发展中,材料从来就是一个重要的影响因素,区别只在于从哪个角度来认识。

材料决定世界,那材料又由谁决定?新材料又是如何设计出来的?

第四章
材料基因自有创新密码

最早材料不是发明,而是发现的,误打误撞之下,人类一步步创造出造物主不曾造出的物料。

一、中国如何赢得"瓷国"美名?

在国际上,一个国家某个产业特别发达,独树一帜,往往会被尊称为"××之国",比如发明汽车的美国被称为"轮子上的国家";养羊业发达的澳大利亚,被称为"羊背上的国家";而名表之乡的瑞士则不妨称为"指针上的国家",如此等等。中国也有别名,而且自古就已得到世界公认,那就是"CHINA",意译为"瓷国"。

陶是严格意义上人类发明的第一种材料,而瓷是人类所创造的所有材料中称得上最美丽的种类。陶瓷伴随人类历经沧桑,不但没有衰落,还一天比一天展现出更强悍的资质。现代陶瓷在许多方向上都得到了运用,大名鼎鼎的"3D打印"所用的材料中有陶瓷的身影,而上海大学材料研究的专业方向之一就是古陶瓷。

中国被尊以"瓷国",因为中国发明了瓷器,而中国发明瓷器的过程既是偶然的,又是必然的。之所以说是"偶然的",因为中国古人发明瓷器过程中的若干关键环节,是全世界几乎所有民族或部落可能都曾经历过的,但他们没有发现,唯独中国人发现了,所以其中自有偶然性。反过来,因为其他民族都没有发现,而中国人却发现了的案例,在工业化席卷全球之前,实在是太多了,所以由中国人来发现似乎完全顺理成章。读者只要看一下本书的最后一章,就会发自内心相信这没错。

"陶瓷"这个说法容易造成误解,因为"陶"和"瓷",借用生物学术语来说,是"同类不同种"的材料。陶和瓷的相同之处是两者都是"先成型,后烧成"的无机材料,不同于金属、玻璃甚至塑料等材料,通常是在硬化过程中成型的。

陶和瓷不相同的地方是两者在成分和物理性能上有很大不同。相对于瓷,陶的组成中含有更多的熔剂性物质,促使陶胎在较低的温度下就能形成玻璃相,而具有一定的强度。体现在物理性能上,瓷比陶的吸水率小,硬度高,强度大,胎质更为细腻、半透明,美学价值高,击打之下,清脆悦耳。

陶的发明遍布世界,不同文明程度的人群几乎都会制陶,可以说,陶是人类驯服火之后的必然伴生物。而瓷则未必,最早发明瓷器的确确实实是中国,而且在中国,能找到古瓷器及其生产场所的地方不止一个。

二、由陶而至瓷的转变是如何发生的?

在江西吴城等地出土的古陶瓷中,有一种业内称作"硬陶"的物品。顾名思义,"硬陶"就是硬度比通常的陶器高,而又没有达到瓷器那么高,表现出明显的陶向瓷的"过渡状态"。正是以介于陶和瓷之间的状态,硬陶为研究瓷器的发明提供了样本。

更有意思的是,这部分硬陶碎片还呈现出另一种"过渡形态",那就是部分区域像上了釉一样,表现出光亮的形态。

陶的吸水率比较大,绝大多数没有釉,而吴城硬陶表面带釉,虽然只是极薄的一层釉,说明当时釉还处于刚刚发明的时期。以古代的技术水平,釉不可能是在某种理论指导下,人类自觉探索的结果,只能是在生产过程中无意发现的基础上,不断总结、实验和证明的成果。

按照现在的解释,古代烧窑用的燃料是木材,而木材在燃烧过程中,火在窑内会跟随热空气,从烟囱排出去,而木材燃烧产生的灰烬也跟随火进入窑里。古时候,烧一次窑会装很多陶器,层层叠叠,当火夹杂着灰从陶器中经过时,部分木灰受到陶器的阻力而停留在陶器表面,经过高温烘烤,便在陶器表面形成最初的釉。所以,最初釉是自然形成的,而不是人类发明的。

但是这个自然过程在周而复始的烧陶过程中周而复始地发生,终于引起了吴城等地陶工的注意。美丽永远不会被长久忽视,釉彩的光亮不但吸引了窑工们赞美的目光,还激发了他们以自己的力量再造美丽的愿望。窑里没有别的东西,只有火与灰,有火不一定有亮斑,有灰则时常有亮斑,难道亮斑来自木灰?要想知道对不对,只要放点木灰在陶瓷表面,然后再去烧,烧成了,不就证明了吗?

创新有多重形态,其中之一是"无中生有",创造出自然界里原本没有的东西。这听起来很有成就感,但也会带来一个困惑:既然从未存在过,人类怎么会想到呢?因为"从来没有存在过"意味着在人类头脑中也不曾出现过,那人类又是如何想到的?

其实,创新往往不是想到,而是在实践中碰到或者说偶遇的。一个人如果足够敏锐,能够捕捉到习以为常的行为中重复发生的某些意外后果,并予以足够重视,想一想其产生原因,那就有可能从中得到启发,通过设计方案,人为创造特定条件,让意外后果成为预期效果,新发明、新创造说不定就由此诞生。所谓"幸运眷顾有准备的头脑",创新同样如此。这样的发现逻辑越是在人类早期发明中,占据的地位越重要。

在吴城,窑工发明了用木灰来制造釉的方法和技术后,自然会进一步尝试将釉做得更漂亮,人类追求美的动力是永远不会枯竭的,就像大自然创造出那么多美丽的生物,特别是羽毛和花朵一样。

窑工发现,釉质量的好坏同窑内温度有关。古时候,建窑技术比较原始,窑炉质量不高,造成窑内温度不均衡,不同部位温差较大,而这对烧制出来的陶器和釉的效果影响很大。陶器表面同样涂敷木灰,在窑温高的地方烧出来的硬陶,釉面比较细腻光亮,而在温度低的地方烧出来的就显得粗糙黯淡。这好办,要想获得光亮的釉面,放到高温区域烧制不就行了?

事情没有那么简单。

陶瓷的制作工艺是"先成型,后烧成",烧制是一个重要的环节。高温确实能让釉彩更漂亮,但高温之下,陶器的胎体不耐火,易出现变形。于是,从制备更好的釉出发,窑工转向了一个新问题:如何找到既能使釉光亮,又不使陶胎在高温下变形的陶胎材料?

人类在总结前人创新经验时,常常容易犯"无心之过",就是把明明是被偶然性问题引导的逐步解决过程,简化为被自身设置的目的所指引的过程,如同将暴雨造成的洪水所冲刷出来的蜿蜒河道,人工拉成笔直的大运河。在某种程度上,还原过去人们的创新过程,必须首先还原当时生产和生活的原生态,尽可能保留其中每一个相关细节,而不能一厢情愿地替古人做主。

高火位上的釉烧成了,晶莹剔透,但作为试验的载体——胎体却烧塌了。这看上去是一场失败，其实不然。

釉的成功烧制驱使古代陶工们去进一步选择原料，制备耐火度更高的胎料，以实现"釉亮而胎又不变形"的目标。一点灵动，大脑开窍，人类从此走上了寻找比陶器能耐受更高温度的原料的道路。双重目标的"压迫"下，瓷器就这样一步步被发现了，"瓷国"由此诞生。

当然，这个瓷器诞生的故事只是古陶瓷研究专家还原出来的，毕竟人类不可能穿越到古代，完全按照当时的情景加以复原。但由于坚持了实践本位和生活逻辑，这是一种"唯物主义"的观点，而不是凭空想象的杜撰。古陶瓷研究尤其是现代实验室考古已经判定，这至少是釉进而发现瓷器的发明路径之一，尽管未必是唯一的路径。

三、创新也需要讲原则？

"创新驱动，转型发展"。上海已经确定了下一步发展的战略，市民对此也耳熟能详。但就科技创新的历史来说，始终需要回答一个问题：创新固然可以驱动发展，但前提是创新本身靠什么驱动？古人为什么会不断创新，创新又遵循什么逻辑？

从中国古人发明瓷器的过程，可以发现古代创新遵循两个原则：一是问题取向，有问题才有创新的空间；二是成本最小化，如何提高投入产出的效率。

古代的发现在许多场合是因为好奇心的驱动。这么说吧，科学家都是好奇之人，只不过不同时代，好奇心的表现形态不完全一样。

今天，普通人掌握了大量知识，对熟知的东西往往提不起多少好奇心。其实，无论大自然，还是社会，仍有很多人类尚未认知的事物，如果不满足于书本知识，亲身接触一下，还是能发现许多让人产生兴趣的东西，就跟古人弄不明白釉是如何形成的一样。

因为不明白，所以好奇，因为好奇，所以探究，因为探究，所以发现。所以，创新驱动发展，好奇驱动创新，问题驱动好奇，最终就是问题驱动创新。

所谓"问题驱动"，就是生产或生活中遇到了问题，阻碍了我实现自己的目标，怎么办？得把它解决了。但能不能解决呢？这里就与好奇心有关。有些人见到问题就躲开了，只会走顺风顺水的路，这样的人很难成为工程师。

工程师需要解决别人看到的问题，更需要解决别人没有看到甚至没有想到的问题。病人去医生那里就诊，说身体哪部分不舒服，医生需要找到造成不舒服的原因，才算找到了问题，才能开出药方或提出手术方案，最后消除不舒服。能够想到问题、发现问题是创新者必须具备的能力，否则创新就没有方向。当然，病因一时找不到，或找到之后一时难以处理，给病人吃点止痛片、镇痛剂，也是需要的，无论医生还是工程师，有时也得解决一下眼前不得过的问题，发明止痛片也是创新。

一旦看到问题，工程师就会兴奋，因为问题带来挑战，激发工程师最大的好奇心："看我有没有能耐解决掉这个问题。"好的工程师具有运动员性格，喜欢比赛，只不过与运动员主要同别人竞技不一样，工程师常常是同自己过不去，面对问题不能认输，必须解决掉。

常人听说工程师或科学家为了解决一个问题而没日没夜地辛苦工作，会"深表同情"。其实，不要说问题解决时工程师有多少成就感，就是为好奇心所驱动的努力过程本身也能给人带来不少"多巴胺"的分泌。"玩性大发"时，甚至不管解决问题可以带来什么好处、多大好处，只要有问题需要解决，工程师或科学家都会来劲。没有这种不计功利的"好奇"乃至"好玩"，让人绞尽脑汁的创新，怎么会降临人世？

工程师不仅要解决技术问题，还要解决一个根本性的非技术问题，那就是如何用最有效、简单、便宜的办法让这项技术获得应用的问题。中国古人创新中的第二个原则就是由此而来的。工程师奋战在生产第一线，只有把成本问题解决好，投入减少了，而产出增加了，也就是效率提高了，发明的技术才能找到真正的用武之地，否则再好的技术也只能束之高阁。

四、从发现到发明，创新经过了怎样的转变？

古代的发明基本上都是基于经验的发现，"人类不能自由选择生产力"，以当时的制作水平，人类不可能一步到位，做得更好。何况，当时的知识体系乃至知识框架都还没有形成，不像现在有教材，没有做过瓷器的人也能通过听课，了解瓷器制作的原理。

头脑中没有概念，手上没有技术，人类能做的只有观察，再对观察所得进行梳理、归纳、概括和推理，建立假设，据此设计实验方案，开发实验手段，验证或证伪假设，如果成功，就是发明，如果失败，就从头开始，重复进行以上步骤，循环往复，直到成功。在这个过程中，逐渐形成经验，提炼知识，不断积累，形成抽象解释体系，也就是理论。有了理论，往后的发现和发明，才开始走出"误打误撞"的原始状态，进入理论指导下的创新之路，成功率因此大大提升。

到了这个阶段，人类又遇到一个大问题：实验验证是创新的重要环节，只有得到验证的方法才可能作为创新成果被固定下来，但验证过程不可能每次都成功。如果必须等到每一次验证结果出来之后，才能设计下一次方案，不就会让整个创新过程变得旷日持久吗？如何缩短验证过程，让实验做到又快又准，实现最大的效率？材料基因的思路和方法由此而来。

五、材料何以也要讲基因？

生物体有基因，这是大家都知道的，材料尤其是无机材料哪里来的基因？当然，材料基因只是一种带有比喻性质的说法，这里的关键不是有没有材料基因，而是采用基因的说法对我们理解材料研发可以带来什么方便。

中国古人不但发明了瓷器，还发明了许多合金材料，考古发掘现场出土的古代宝剑，稍经擦拭，就光亮如新，剑刃锋利，能划破纸张。其中有些宝剑所含金属元素直到近代才被发现。不同金属配比之合理，更让人惊讶。古人如何找到这些金属，如何想到配伍比例，至今仍是一个谜。但有一点可以确认，那就是古人肯定是通过"试错法"，不断尝试，不断调整，逐渐逼近最合理的元素配比和冶炼工艺。这个过程极其艰难，所以有"十年磨一剑"之说。其实，与其说"十年磨一剑",毋宁说"十年铸一剑"。花费时间最多的不会是打磨,肯定是配方设计、冶炼实验、方案调整,直到成功的全过程。

今人感佩古人超常的智慧和坚忍不拔的精神,但不会因袭古人走过的路。以理论指导配方,一次完成多项测试,已经成为发现新材料的基本思路,被称为"材料基因"的新工艺,以其有效、高效,突破了"十年磨一剑"的瓶颈。

"材料基因",顾名思义就是在设计新材料配伍时,彻底摆脱了随机混合不同成分,从材料合成之后的理化属性来决定取舍的原始方式。今天,科学家已经积累了大量知识,即不同材料有不同性格,不同性格的材料配在一起会产生具有新的性格的材料。这意味着,未来新材料试制可以处于"有的放矢"的状态。

整个试制过程可以分作三步:第一步是根据材料的性能进行材料的结构设计;第二步是按照所需的结构,寻找合适的元素,设计不同元素的搭配;第三步则是通过工艺设计去实验元素搭配的实际结果。

粗看之下,这好像同古人没有什么区别,深入探究的话,就可以看出种种不同之处。简单来说,就是古人一次仅做一个试样,但材料基因可以一次做一批。比如,过去一个尺寸为3厘米×3厘米见方的试样,只能测试一个材料设计方案,而一次试制就成功的概率非常小,新材料所有性能指标要一次达标几乎不可能。按照这种单一模式进行新材料开发,做完一次才能做第二次,那真叫旷日持久。如果采用这种模式又要加快速度,只能同时做多个测试,那又意味着用料增加、设备增加和人员增加,成本也会同步增加,显然又不合算。

材料基因的思路简单地说，就是在同样大小的样品上，集中尽可能多的试样，也就是把多个配方的试样同时放到一个样品上，同时制成后，通过高通量测试技术快速测定不同区域组分材料的性能，进而将性能与目标值进行比较，快速确定材料的最佳配方、最佳工艺。用这样的方法可以大大提高材料试制的速度。

材料基因说起来简单，其实并不简单。打一个比方，从电路到集成电路，研究人员遇到了大量技术上的困难，这么多线路怎么安排，相互怎么连接，彼此如何隔离，采用什么手段，使用什么设备，如此等等，不胜枚举。材料基因要集中那么多试样于一个样品上，其难度同样可想而知，微小试样如何制备，如何表征，如何安排，数据如何获得，又如何分析，如此等等，涉及的技术范围远远超出"一次试验一个"的模式。

从"一次试验一个"到"一次试验一批"，材料基因作为方法或策略，体现的不只是数量的变化，其核心首先是方式方法和思维模式的转变、科研组织形式的优化和相关手段的创新。其中至关重要的是对材料本身"基因"的掌握：不了解材料的"基因"，仍然像古人那样"试错"，靠"偶遇"发现最佳配比，那一次测试的方案再多，要找到理想的新材料，仍会像大海捞针一样，遥不可及。所以，材料基因的真正问题归结于：基因是如何发现的？有关材料基因的知识和理论如何指导新材料的设计？

六、如何找到材料的基因？

寻找材料基因如同给人类基因"测序"，只有搞清楚人类基因如何构成、如何排列，不同人种的基因排序有什么特点，导致遗传疾病的差错发生在哪里，等等，才有可能设计出基因治疗的方案。材料基因只有把各种材料的"基因"，即决定材料性能的内部结构和不同结构的关联搞清楚，才能为开发新材料提供方向性指导。

要找到材料的基因，主要有两个步骤：第一个步骤是"数据挖掘"。不同材料具有不同性能，通过大量采集不同材料的性质数据，经过比照之后，可以发现不同结构对应着不同的性能。在数据足够大的情况下，可以知道哪一种结构会具有什么样的性能，哪几种成分复合会具有什么样的结构，所谓"基因"由此而来，设计新材料的思路就是奠基于对材料基因的掌握之上。概而言之，数据挖掘是对已知材料的基因收集和整理，属于基础性工作，能为下一步工作提供条件，而数据挖掘的前提是掌握大量有关材料结构和性能的数据。

第二个步骤是"结构剪裁"。既然不同的结构有不同的性能，那么把这个结构和那个结构加以"剪裁"，再重新"拼装"在一起，不就可以得到新的结构，获得新的性能？这个新的结构及其新的性能，相当于一种新的材料基因，"剪裁"和"拼装"成新结构也就相当于创造出一种新的材料基因。如果有效，新的基因就可以用于开发新的材料。

无论数据挖掘还是结构剪裁，都需要通过大量实验才能实现目的，所以材料基因研究具有"大数据"的性质，不掌握海量的基础数据，不能最大限度地穷尽材料及其组合可能具有的结构构型和性能特点，就无法找到最适合工程目的的材料或新材料。正是在这个"大数据"的关键环节上，"一次试验一批"的材料基因方法有了自己的用武之地,数量优势带来了质量的提升。

七、材料基因,中国在世界上占据什么地位?

材料基因研究作为新材料的开发方法,在世界上属于前沿领域,各国都刚刚开始。对于单一结构和单一材料性能的关系,人类早就有不少认识,但采用"基因"的思路,一次试验一批,一次表征一批,一次发掘一批,最后得到一个"大数据",进而再对其加以挖掘,则才刚刚起步。

开发复合材料,总少不了这么几个环节,发现最佳配比、找到最佳合成工艺,最后得到最佳的性能。我们的先人曾经发明许多合金,有些组分和配比的科学合理,至今让人叹为观止。今天科学家做的工作,首先不体现在结果上,而体现在过程中,尤其体现在设计复合材料时,古人带有一定的"盲目性",因为缺乏理论指导,也缺乏合理的方法,而材料基因作为研究思路和方法,方向更加明确,方法更加有效,找到这个"最佳"点位的概率和效率都更高。

目前,中国在材料基因领域中与世界的距离主要不表现为技术层面,上海大学材料基因课题组与先进国家基本上能并驾齐驱,而且有自己的长处和优势。真正的距离在基础研究方面,比如关于材料的理论认识,中国同世界就存在不小距离。用一个形象的说法,在材料基因这个方向上,中国同世界并驾齐驱,但在材料基因作为创新的思路和策略之发现上,中国还需要跟着先进国家的节奏走,还没有成为新的方向或路径的领跑者,因为我们对材料的理论认识还不够,发展新材料,中国同样任重道远。

八、再现自然过程也是创新吗？

中国古人做学问，讲究融会贯通、举一反三，工程师同样如此，不过不是简单地将某项知识到处套用，而是把思维逻辑"活学活用"。上海大学材料基因课题组新接了一个课题，如何对敦煌壁画实施保护。敦煌壁画是中华民族的文化瑰宝，也是人类文明的组成部分，但因为年代久远，长期缺乏有效保护，老化乃至衰坏日趋严重，需要抓紧保护，否则后人将没有机会目睹历史馈赠的精彩，今天的人也难逃被后人责怪的命运。

壁画相当于人，有自己的年龄，时间久了，就会生病。同医人一样，"是药三分毒"，怎么才能治好壁画的"老年病"，又不影响壁画本身呢？

壁画保护很好玩，有许多问题需要解决，符合工程师好奇心驱动下解决问题的脾性。壁画保护属于多学科交叉研究范畴，上海大学材料基因课题组主要研究材料，做壁画保护属于"跨学科研究"。让做材料的专家来研究壁画保护，自然就会从自己熟悉的"盐"入手。

这里说的"盐"，不是厨师烹饪时用的盐，而是广义上的盐，在化学上，由酸碱反应所生成化合物都可以归入"盐"一类。这个"盐"在壁画毁坏的过程起了主要作用。

敦煌壁画所处的窑洞内，往往湿度很高，但不是外面空气所致，因为沙漠地区，降雨量稀少，空气干燥，湿度高主要由地下水迁徙而来。水是绝佳的化学反应催化剂，盐能溶解于水中，所以随着富含各种盐的地下水侵入窑洞,并沿着洞壁向上渗入壁画,盐也跟着进入壁画之中。随着水分在壁画表面慢慢地蒸发,壁画表面盐溶液的浓度逐渐提高,达到饱和之后,产生结晶。一旦因下雨或其他原因,空气湿度大了,壁画表面已经结晶的盐又会吸收空气中的水分而溶解。结晶——溶解——结晶……就是这个循环往复的过程所产生的应力逐渐导致壁画被破坏。

上海大学材料基因课题组及其合作伙伴不承担复原壁画的任务,只负责如何让现存的壁画不再被破坏。为了搞清楚壁画被破坏的机理,课题组先要设法还原整个过程,以便在显微镜下观察盐结晶或者盐遇到水汽之后的溶解过程。

我们在电镜下,用极其细小的灯丝给壁画样品加热,水分蒸发后,盐水很快达到饱和,析出了结晶,随即又给样品接进水汽,盐分重新溶解。通过交叉使用两种方法,我们就观察到了结晶过程、溶解过程和结晶—溶解过程对周边黏土颗粒的"微作用力"以及由此带来的宏观效应。原本类似自然界"风化过程"那样,需要历时数百年乃至数千年的周而复始的结晶和溶解过程,在实验室里,很快就能看到。

摸清楚壁画被破坏的全过程,找到其中规律性东西之后,我们就能提出针对性的保护方案。从这个意义上说,认识乃至再现自然过程虽然没有直接提出创新设想,但确实为进一步创新创造了基础和条件。

九、如何做一个"既能又巧"的大工匠?

人们在说到"工程师"时,都明显带着传统流传下来的"能工巧匠"的意思。确实,工程师必须既能且巧。"能"就是能耐,做别人做不出的东西;"巧"就是脑子活,办法多,解决别人解决不了的问题。

"能"与"巧"既有所区别,又彼此联系。不善于动脑的人,掌握不了高水平的手艺,反过来,没有高水平的手艺,头脑灵活的程度也有限,人类进化过程本来就是手与脑相互促进、相得益彰。所以,工程师一定要直接动手参加问题的解决,深入工程或实验的第一线,切身感受面对的难题,不能关起门苦思冥想。对难题越有体会(中文"体会"这个词太有震撼力了),也就是说,越是对难题有像长在身体上的器官或疾病那样"深入骨髓"的感受,越能产生有助于解决问题的"灵机一动"。灵感如同机会一样,永远只眷顾有准备的头脑,而这个准备不是在学校里课堂上完成的,而是需要在实践中不断磨炼、不断积累。灵感不是完全从读书中来,这不等于说大学时打下的基础就不重要。大学无论基础课还是专业课,能直接拿来用的很少,课程的目的主要是培养基本素质,让人知道从哪些角度去思考,按照什么逻辑思维。说得形象些,大学里学的东西犹如炸药包,等着实践中遇到问题来"引爆",所谓"灵感"就是"引爆"的那一刻。但如果炸药包是空的,那再好的机会,再好的"导火线",也引爆不了一个空盒子。所以,打好基础很重要,亲自动手很重要,两者结合更重要。

作者简介:

罗宏杰 教授,博士生导师。现任上海大学党委书记,中国硅酸盐学会副理事长,国务院学位委员会学科评议组成员,国家自然科学基金委员会专家评审组成员,上海市第十四届人大代表、上海市第十四届人大常委会委员兼教育科学文化卫生委员会委员。国家杰出青年科学基金获得者,国家重点基础研究发展计划(973计划)项目首席科学家,国务院政府特殊津贴获得者,中国科学院"百人计划"入选者。研究内容包括文化遗产保护、节能材料及功能陶瓷粉体合成等,曾获"十二五"国家文物保护科学和技术创新奖一等奖,中国科学院自然科学奖和陕西省科技进步奖等奖项。

第五章
补心更需别出心裁

上海大学生命科学学院　肖俊杰

心血管疾病是全球范围的重大疾病,中国有近3亿名心血管疾病患者,作为我国居民首位死因,心血管疾病导致的死亡人数占比高达40%以上。随着人口老龄化进程的加速,我国心血管疾病患者的人数将持续增加,目前正处于心血管疾病大爆发的窗口期。

心力衰竭是所有心血管疾病终末期的共同表现。随着我国进入老龄化社会,中国心力衰竭患者的数量将占全球心衰患者数量的四分之一。但我国研发的心力衰竭药物普遍处于跟踪仿制阶段,没有真正意义上拥有自主知识产权、具有大规模临床循证医学证据的Ⅰ类新药。

目前,心力衰竭的五年生存率仍然较低,据世界卫生组织(WHO)统计,65岁以上人群心力衰竭五年死亡率可达67%,与恶性肿瘤相当。在心力衰竭终末期,心脏移植是目前唯一的选择,但是供体极度不足,迫切需要再造"心脏"。

事实上,人类创新的最高境界是创造自己,而创造自己中,难度最大的课题之一,就是"创造"心脏。

人类一切创造最终都是再创造自己。直接的有:手臂不够长,人类创造了长矛、箭弩、枪械、导弹、激光;行动不够快,人类发明了车辆、船只、飞机、航天器。间接的有:为了看清楚,人类发明了火把;为了力气更大,人类发明了各种能源;思维不够敏捷,人类创造了算盘、计算机、人工智能,如此等等。

人类创新走得越远就越是接近自身,因为能创新的人类只有直接创新了自己,才是走到创新的极限,才有可能成为自己的"造物主"。

人类创新自己的过程在进行中,科学家正在攀登创造自己路途上的两座高山。

人身体中有两个最重要的器官,一个是大脑,另一个是心脏。大脑重要是因为大脑不工作,人类便不成其为人类,所谓"植物人"其实比植物还不如,植物通常只是不能自主行动而已,甚至有的植物还能有限地动一下,如含羞草、猪笼草、捕蝇草等,而植物人失去自我意识和思维能力之后,机体虽然存活,却已完全没有意义。

心脏重要不是因为心脏停止跳动人类就会死亡,人身上还有其他器官也有决定人类生死存亡的重要性,而是因为心脏跳动是其他脏器存在的基础,心脏一旦停跳,其他器官将迅速衰竭、死亡。

相比其他脏器,心脏的另一个特点在于,它是一个存活于运动状态的器官,跳动就是它的生命形态。独特的功能需要独特的资质,让心脏得以跳动的肌肉,因此成为人类拥有的三种肌肉中,最为独特的肌肉,在身体多个部位都可以发现横纹肌、平滑肌,但心肌是仅见于心脏的一种肌肉类型。

心脏的特殊性使之成为人类生命研究的一个前沿或高地,心脏的复杂性使这一研究具有举足轻重的地位,生命研究必须面对生命的发动机:心脏及其跳动。在心血管疾病成为人类主要杀手的今天,攻克心脏病成为各国科研人员共同竞技的舞台,大国工匠在这个领域里同样当仁不让,大显身手正当其时。

一、如何让跳不动的心脏复苏?

电影中,经常可以看到这样一幕:一个人心脏停止了跳动,医生用电流击打心脏,使之重新起跳,挽回了生命。看多了,给人的印象好像恢复心脏跳动,只需电击一下就行。事实远非这么简单。电击心脏往往是抢救患者的最后一招,是一个治标不一定治本的方法。如果心脏本身有器质性病变,电击未必就能解决问题。遇到心脏跳动骤停,可以用胸外按压和电击的方法,强行恢复心脏的跳动,但由于心脏本身问题仍在,心跳可能再次骤停。临床治疗上面临最多、最常见的病症是,心脏还能跳动,但力度大不如前。用开车打比方,不是发生撞车事故,发动机无法起动,而是汽车使用久了,发动机磨损,走还能走,但走得越来越慢,说不定什么时候就熄火了。

说得更专业些,心脏活动可以分为两种类型:一是机械活动,就是人们平常在科教片中看到的心脏跳动,这容易理解;二是电活动,包括电流传导,这是肉眼看不见的,但电击激活心脏时,如果拍下来,就可以看到在电流刺激之下,心脏机械活动恢复了。电击主要同电活动有关。

电活动是维持心脏正常功能的起始因子,通过协调心脏内部的电信号活动,心脏不同部位依次接到和传递信号,发生有规律的机械活动,这个过程称为心脏兴奋收缩耦联。"耦联"说明不是"齐步走",而是"接力赛"。

心脏分为左右心房和心室,正常心脏的电信号主要从窦房结发出,经右心房、左心房,经过房室交界区、房室束、左右束支和末梢浦肯野纤维,传递到左、右心室,引起心房和心室先后有序的节律性兴奋、收缩和舒张,保证心脏的泵血功能。这里难度最大的地方不在于让心脏跳起来,心脏不跳,人会死亡,心脏乱跳,人也会难受得"要死"。人要活得好好的,心脏各部分必须按照先后次序,逐个跳动,或者开启,或者关闭,相互配合,这样血液才能从一个个心房、心室定向流过,不至于发生回流或对冲。在这个健康心脏井然有序的跳动中,电信号起着绝对的主导或指挥作用,心肌能否跳动,如何跳动,都依赖于电信号的正常传递。

有趣的是,接受窦房结电信号的心脏其他部位,其实都有能力发出电信号,也确实在持续发出电信号,但这些电信号的频率远比作为司令部的窦房结发出的电信号慢,因此完全被窦房结的信号抢先并压制了。每个人心脏中发生的复杂信号传递,有点像住在同一栋楼里的人,不断从楼上向楼下打电话。区别之处在于这栋楼信号传递下来时,在不同楼层之间会依次发生扩散,如果扩散不能正常进行,该接收的信号接收不到,有问题的楼层自作主张发出的信号就会混入其中,一旦出现电活动紊乱,心脏的律动便会失序,人就会觉得难受,"心口堵得慌"或者"心悸"都来了。

在正常的心脏里,信号传递一路畅通,通过精密的信号控制系统,确保心跳速度平稳、力度均匀、快慢适度,在生理上就表现为正常而有力的心跳频率。比如健康成年人的心脏一般在每分钟60—100

次的频率范围内跳动,不会忽快忽慢。而一旦心脏组织受损,破损的地方就会出现信号传递异常。比如心脏跳动时,在司令部命令之外,还出现了某个下级机构的要求,人就会"内心大乱",比如提前跳动一下,这个现象的生理效应就是所谓"心悸"。

当心脏电活动完全紊乱、相互干扰、心脏各部位无法形成整体行动时,医生只好采用电击来复苏心脏。这就像会场中说话人太多,彼此听不清楚时,演讲者用高音喇叭,压倒了所有杂音。强大的电击压制了杂乱的电信号,统一而且唯一的电信号在心脏中畅通无阻,心脏各部位得到召唤,一起恢复有序跳动。

这就是说,治疗心脏病在一定程度上,既要解决破损的地方,也要解决信号传递出现的问题。心脏修复无论从思路还是操作上看,都给人强烈的"工程感",由此也为这个领域的研究者赢得了"心脏工程师"的美誉。

二、心脏修复有何妙招?

汽车发动机坏了,可以修,换个活塞、磨下缸,等等。心脏受损了,也能修,修的方法各有不同,但总的来说有两种:第一种是人工造一个"零部件",给心脏受损的地方补上一块,实现心脏再生。传统的心脏修复采取的就是这种思路和方法,现在虽然还在使用,但新的构想和技术已经出现,其中最先进的是"人工心脏学说"。

今天研究者已经有能力先在体外人工构造一个心脏,再植入受体,替代受损心脏履行功能。在3D打印技术和巨额科研经费的支持下,人类已经在实验室里制造出小鼠的人工心脏,同自然心脏的质地完全相同，并能成功起跳，受体植入之后，还保持了一段时间的存活，成功曙光就在眼前。不过，对人类来说，人工心脏及其植入还有点远，现在实体已经做出来了，启动尚未成功，移植更需时日，有待克服的困难不小。

人工心脏制造之难不仅在于体外制造技术尚未成熟，更在于人体心脏自身的复杂性。心脏是生物体的一个特殊器官，需要始终保持跳动。跳动属于机械活动，而为了保持跳动频率的稳定，心脏还有着电生理活动。作为心脏中至关重要的两个因素，机械运动与电生理活动彼此构成复杂的关系，体外构建的人工心脏要想达到如同自然心脏中两种活动之间"天衣无缝"的对接，极为困难。

除了整体再造一个心脏之外，外源性修复是一个思路，可以利用骨髓间充质干细胞或者心脏干细胞治疗来修复心脏缺损。但是这些细胞在到达心脏、存活、分化成心肌细胞、同原有的心肌细胞建立完美连接等方面还存在各种问题，目前正在深入研究中。

相比之下，内源性修复的思路听起来简单些，就是在人类身体内部，利用自己的生物学材料，接受特定的信号，促使心肌细胞生长，积累到一定数量，就可以用来修复受损的心脏组织。具体路径有三条：

一是利用原来存在于心脏中的心肌细胞，扩增后来修复心脏。

二是利用心脏中的干细胞分化而成的心肌细胞来修复心脏。

三是利用作为非心肌细胞的成纤维细胞转化而成的心肌细胞来修复心脏。

这三条路径说起来简单，做起来都不容易，技术上相当复杂。

另外还有一条兼具内源性和外源性双重性质的心脏修复路径，放在最后讨论。

三、"心脏修复"的活好干吗？

就通过细胞生长来修复受损部位而言，心脏与皮肤的修复过程有相似之处，也有明显的不同。皮肤细胞生长迅速，很快就能让伤口收口长好，但心脏不一样。心脏的自身修复能力很弱，心脏细胞虽然已被发现可以增殖，但增殖能力非常微弱，而且新生成的能够用于修复损伤心脏组织的心肌细胞广泛分布在心脏的各个部位，要让可贵的"生力军"定向来到受损部位，还需要一些驱化因子，新生的心肌细胞才会"招之即来"。生命本身是一种"智慧"，自我修复能力是"躯体智慧"的一部分。心脏是最为重要也最具智慧的器官之一，心脏受损后会自动发出信号，告诉新生的心肌细胞到哪里"集合"，就好像船漏水了，船员会听从命令前往破口处进行堵漏作业。

心脏某个部位受损了，而边上的组织是完好的，那么完好组织中有一部分细胞就会再生。这对从事心脏修复的医生来说，是最大的福音。在理想状态下，通过心肌细胞自身的增殖，一个变两个，两个变四个，源源不断地予以补充，最后将破损处填补完成，心脏得到修复。现在，"心脏工程师"要做的第一步是，让有再生能力的心肌细胞增殖得更快些，用于修复的"原材料"多到一定数量时，再把它们转移到受损部位去。

在这个过程中，"心脏工程师"既要利用心脏自己发布的"召集令"，让受损的部位得到修复，又要对心脏自我修复进行干预，让好的，即符合要求的心脏修复加快，争取效果更好，让不好的心脏修复不要发生。所谓"不好的心脏修复"指的是心脏的成纤维细胞大量增殖并向心脏的肌成纤维细胞转化，心脏受损处虽然堵上了，但瘢痕会影响心脏跳动和血液流动，照样让人"心里堵得慌"。

一个正常的心脏不但需要大量细胞，还需要细胞之间合理分工。除了心肌细胞这个基本类别之外，其余细胞可以称为"非心肌细胞"。在功能上，负责跳动的是心肌细胞，非心肌细胞主要间充在心肌细胞周围，负责心脏整体结构的形成。虽然非心肌细胞不直接承担心脏跳动的功能，但没有它们，心脏根本不可能跳起来，因为心脏都没法成型。

在非心肌细胞中占比最大的是成纤维细胞，它们在心脏的构造中好似一个"网袋"，构成心脏的基本模样。心肌细胞就长在这个"网袋"上，填满了"网袋"的所有空洞。相对心肌细胞，成纤维细胞的增殖能力强大得多，因为受损地方先得补好"网袋"，然后原来的心肌细胞才不会继续丢失，新的心肌细胞才能长上去。问题是，正常情况下，当心脏受损时，成纤维细胞反应速度快，大量向受损区域生长。结果受损区域的细胞虽然补齐了，但补上的非心肌细胞太多，挤占了心肌细胞的空间，从而导致所谓"心脏纤维化"，"网袋"的密度太大，心肌细胞数量少了，心脏的刚度就会加强，也就是通常说的变硬。这同皮肤破了之后，容易留下瘢痕，是一个道理。皮肤纤维化之后，会失去弹性，心脏纤维化后，跳动就困难了。

所以，既要让受损部位长好，又不能留下瘢痕，这在皮肤修复上也不是一件好办的事，看看烫伤病人的模样就可以明白。对于"心脏工程师"来说，难度更大。要达到这个目的，就必须让心肌细胞大量增殖，集合到受损部位，才能真正修复心脏。

然而，心肌细胞光有数量还不够，还得有"质量"。利用新生产的心脏细胞,填补了受损部位,看上去问题好像解决了。其实还不行,因为替换进去的细胞虽然填补了机械损伤的漏洞,却无法填补电信号传递的漏洞,替换进去的细胞与该部位原有细胞交流出现了问题。借用前面的那个比喻,现在楼上与楼下打电话,线路通了,彼此能听到对方的声音,但双方讲的不是同一种语言,你讲中文,他讲英语,还是无法交流。所以,既要解决心脏机械问题,还要解决电生理问题。抢救过程中使用的电击信号就是一种超越任何"心脏方言"的"普通话",所有心脏细胞都能"听懂"这条绝对命令,所以能够强制心脏重新起跳。

四、内源性修复之一:中国发明的路径?

长久以来,心脏学教科书中有一个根深蒂固的观念,即成熟的心肌细胞属于"终末期分化的细胞",这类细胞因为已经处于分化末期,所以不具有增殖能力。每个人都是从一个细胞不断分化过来的,没有分化,就不会有完整的人。但细胞分化不会无限制进行,否则,人最后会变成什么,谁都没办法预料。细胞分化到一定时候,就停止了,是什么细胞就是什么细胞,甚至数量也不增加了,只有死去,没有新生。

过去主流观点认为,心肌细胞不会自我增殖,一旦丢失或受损了,机体自身无法补救。近年来的研究发现,人类心脏具有一定的再生能力,事实上,在人的一生当中,有一半的心肌细胞被替换了。这种替换不是来自心脏干细胞,而是来自心肌细胞本身。也就是说,心肌细胞仍保有一定的再生能力,但确实比较弱,而且只有特定的对缺氧敏感的心肌细胞才有一定的增殖能力。平原地区的居民移居到高原之后，心脏会扩大，就是因为在缺氧条件下，心脏会增加容量和强度，提高血液中的溶氧量。运动员去高原训练，为的正是这个目的。

上海大学的"心脏工程师"发现，运动能诱导心肌细胞增殖，还发现了起诱导作用的分子，研究成果发表于《细胞代谢》。这一具有原创性的工作和相关成果，在国际一流杂志《新英格兰医学杂志》得到评论，心脏学界的同行予以高度认可。

基础理论的重大突破为进一步研究明确了方向。上海大学的"心脏工程师"遂把研究重心放在寻找某种化学物质上，它能在人体内在条件改善的情况下，提升心肌细胞增殖能力。比如说，原来具有增殖能力的心肌细胞一个变两个、两个变四个，需要一天时间，现在通过这些化学物质的诱导作用，可以加速生长。因为心脏对人实在过于重要，"时间就是生命"，这个道理在心脏疾病的治疗中可能比任何一个医疗领域都更加现实、更加可感。

这一研究取径的大致思路是这样的：按照运动会刺激心肌细胞增殖的原理，对小鼠进行游泳和跑步训练，再从小鼠运动后心肌细胞数量明显增多这一现象入手，挖掘诱导心肌细胞增多的化学分子。一旦获得这些分子，搞清楚其诱导心肌细胞增多的机理后，"按图索骥"，复制心肌细胞增殖的路径，找到干预这些分子的化学材料，进而开发出新的药物，再通过与其他学科合作，成系列地开发衍生药物、药品等。未来，存在心脏损伤的患者有望通过服用药物来加速心脏修复的过程，达到治愈效果。将运动与心血管再生修复紧密联系在一起，在国内心血管研究领域，上海大学课题组处于领先地位。

五、内源性修复之二：上海大学还有企图？

第二条内源性心脏修复的路径，其研究重点不在心肌细胞的增殖，而是利用心脏内原来存在的心脏干细胞，经分化后，形成心肌细胞，再来进行修复。这两条路径的目标是一样的，都希望通过增加心肌细胞以修复受损心脏，但从哪里获得新的心肌细胞，路径不一样，所以是典型的"殊途同归"。上海大学课题组已经启动这一方向的研究，成功分离了人体心脏干细胞，并对人体心脏干细胞增殖和调控的分子密码进行了初步解析。

在基于运动训练的动物模型中，研究人员发现，运动同样也能促进心脏干细胞增殖。干细胞可以理解为是一种有着能够向多种细胞分化潜能的细胞。比如心脏干细胞可以分化成心肌细胞，也就是我们所希望得到的功能细胞。但是，它也具备了向非心肌细胞分化的能力。研究人员聚焦于那些与运动相关的分子如何促进心脏干细胞的增多，进而如何促进心脏干细胞向心肌细胞分化这两个具体环节。

基于心肌细胞和心脏干细胞增殖的内源性修复途径的优势，同前面讲的心脏电活动问题有关。通过自身增殖而来的心肌细胞和由心脏干细胞分化而来的心肌细胞，与原有的心肌细胞之间存在"母子关系"，用的是同一套电信号"语言"，不会造成细胞间交流的"盲区"，所以，按照电信号指令，修复后的心脏机械活动完全正常。

然而，当使用外源性干细胞如骨髓间充质干细胞治疗心脏损伤时，分化而来的心肌细胞同原有心肌细胞之间是"邻国关系"，使用不同的电信号"语言",细胞间交流存在"盲区",所以,电信号指令会出现混乱,修复后的心脏在机械活动和电活动上都会存在异常。事实上,心脏中本身就存在一部分保留了分化能力的心脏干细胞,遇到心脏受损,就可以用于修复。这好比建房子时,专门储备了一些材料,遇到墙塌了、屋顶漏了可以修补,而且不是定型的砖头或瓦片,而是水泥,需要砖头就做成砖头,需要瓦片就做成瓦片。心脏干细胞可以分化为多种细胞,如何精确调控其向心肌细胞分化是一个重大而艰巨的课题。

上海大学的"心脏工程师"选择的两个方向,都是当下世界心脏再生修复领域最尖端的前沿研究,尤其是内源性心肌细胞再生修复心脏损伤更为先进,而且为中国原创。通过内源性心肌细胞增殖,来治疗心脏损伤,意义更大,因为难度虽大,但可以避免很多不良后果。而心脏干细胞治疗难度虽然小一点,但问题相对会多些。

六、内源性修复之三:上海大学专家还有涉猎?

近年来国际上还流行一种通过转化心脏成纤维细胞为心肌细胞来修复心脏的理论和方法。心脏受损时,心脏成纤维细胞会大量涌向心脏受损部位,这一过程最初是心脏适应性的反应,但是大量的心脏成纤维细胞增殖和肌成纤维细胞转化,会导致心脏发生重构不良。针对这一现象,研究人员提出促使成纤维细胞转变为心肌细胞,达成心脏修复的理论和方案。

这里涉及一个专业概念——转分化,即将分化完成的细胞,通过生物学手段转变成另一种细胞。打个比方,如果现在有办法将皮肤伤口愈合后形成的瘢痕，转化为正常皮肤，同样柔软而富有弹性，一定会大受伤员欢迎。成纤维细胞增殖速度快，转化模型如能取得成功，既能大大增加心肌细胞的供应，还能化解心脏变硬的威胁，真正是扬长避短，自然为心脏学界所青睐。

上海大学课题组虽然聚焦自己的强项，即心肌细胞增殖的方向，但也开始着手这一方向的探索，而采取的方式主要是与化学系合作，由研究分子的专家牵头，完成转分化实验，鉴定和筛选出若干影响转分化的小分子化合物，再由化学研究人员去合成这个分子的类似物，最后借助化合物来促成转分化过程。

由于心脏学研究具有专业特殊性，各国研究人员的实验内容都是相对公开的。比如，如何转化成纤维细胞为心肌细胞，有 A 分子、B 分子、C 分子。有关这些分子的信息可以通过公开发表的论文所获取。作为不同团队的重要创新能力之一，就是如何找到更好的分子。上海大学课题组依据成纤维细胞转化理论，设计 D 分子作为研究对象，并将 D 分子与别人已经发现的 A、B、C 分子进行功能比对，D 分子及其生物学特性鉴定和描述就属于上海大学课题组的创新。在这里，发现新型分子是一个研究难点。重要的是，虽然已经有 A、B、C 分子被发现，甚至干预 A、B、C 分子的化合物或产品也已经被知晓。但是这些分子化合物的合成方法受专利法保护，无法直接获得，因此，必须通过原创的理论构想和实验手段，来获得全新的 D 分子化合物。

这意味着，中国的研究人员是按照已有的理论范式，自己找到一条研究路径，一条不同于其他研究者走过的路径，这也属于一种学科交叉性创新，需要不同学科的研究者读懂彼此的语言。

七、外源型心脏修复：国外在干什么？

人类在创新自己的过程中，始终没有忘记，人是一个整体，就像我们可以在流水线上分工合作一样，当个人自身修复能力即便在人为干预下也不足以实现目标时，我们会向其他人类个体"商借"部分原材料，从搀扶、输血到移植，都是这个道理。同样，在心脏修复中，"工程师"们也会考虑借用别人的细胞，来增加患者修复心脏损伤的可能性，这就引出"体外再生心肌细胞"这条创新路径，相比用人自身细胞修复心脏，体外再生工程难度更大，因为体内细胞彼此使用同一种语言，而从体外引入的细胞同人自有细胞之间交流需要翻译，至少还有个学习对方语言、融入对方文化的问题。

目前，国际上有许多团队正在研究如何在体外寻找治疗心脏损伤的方法。由于简单拿别人的心肌细胞用来修补病人的心脏并不可行，因为无法获得那么多心肌细胞，所以现在的主流方法是选用干细胞进行修补工作。人类对外源性细胞修复的认识有一个进化过程。最早采用的是其他脏器的干细胞，比如骨髓间充质干细胞、脂肪干细胞。目前多采用心脏中本身存在的心脏干细胞。

人们最早认识的是存在于骨髓中的干细胞，量大，且容易采集，扩增后可用于治疗疾病。人们最先通过动物实验，发现干细胞治疗受损心脏组织的效果不错，以为干细胞进入心脏后直接变成了心肌细胞。如果真有这么回事，那心脏修复一下子就变简单了。

随着研究的深入，发现问题没那么简单，这些骨髓间充质干细胞事实上并不能分化为心肌细胞，以往研究结论是受研究方法与条件所限而导致的误解。使用干细胞治疗修复心脏仅仅在一些小规模临床试验上表现为统计学意义上的有效性,也就是做比不做好,但为什么好,不知道,而用于大规模临床试验时,治疗效果并不明显。无论是骨髓间充质干细胞还是脂肪干细胞的治疗,目前都还处于这种"不明不白"的状态。

坏消息反过来看往往就是好消息。体外干细胞治疗的不成功,恰恰让"心脏工程师"在"山重水复疑无路"时,看到了"柳暗花明又一村"。既然干细胞不能完全转化成心肌细胞对心脏进行修复,那么统计出来的改善效果又来源于哪里?这就是干细胞治疗给心脏修复、心脏再生领域留下的一个问题,一个给人希望而不是令人沮丧的问题。

骨髓间充质干细胞不仅在治疗原理上存在偏差,研究者提出的改善机理同实际情况不相吻合,而且在治疗方法上也遭遇一系列困难。这又刺激了"心脏工程师"进一步创新的热情。

研究人员要输入体外干细胞,但不能打开受体胸腔,直接给心脏注射干细胞,只能通过输液的途径,将体外干细胞植入人体。由此带来一系列问题:通过注射进入的干细胞怎样才能到达心脏?要是到达不了或者去了别的地方,那输入干细胞还有效果吗?就算有部分到达心脏,这部分到底占总输入量的多少?要是数量太少的话,不就浪费太大了?

研究发现,注射后的干细胞最后往往都到达肝和脾脏,能够到达心脏的干细胞大约只有1%。最后的结论是,干细胞注射方法只能让很少的干细胞到达心脏,而且令人难以接受的是,这少量干细胞还不能变成心肌细胞。另辟蹊径因此成为必要。

第二种干细胞治疗是使用心脏干细胞进行治疗。因为植入的干细胞来源于异体心脏,心脏与心脏好像不同国家的同行,虽然也有不同语言带来的沟通问题,但毕竟好说话多了,体外植入的心脏干细胞在受体心脏内能够实现一定数量的转换。不过,好消息往往同时又是坏消息。虽然心脏干细胞的治疗效果好于取自其他部位的干细胞,但心脏干细胞来源极其有限,这本身成了最大的问题。

还有更大的坏消息。心脏干细胞极其宝贵,而采用注射进入体内的心脏干细胞最后能到达心脏并成功转化为心肌细胞的比例同样不高,"暴殄天物"让"心脏工程师"欲进不能,欲罢也不能。

于是,有研究人员想出"定点植入"技术,就是将心脏干细胞直接注射到受体心脏里,效果有所提升,浪费明显减少,但副作用巨大,对心脏这么娇嫩的器官进行"有创治疗",难免带来较为严重的损伤,后果难以控制。

因此,体外心脏干细胞植入,需要面临四个技术难题:第一是干细胞能不能到达心脏;第二是到达了能不能留下来;第三是留下来后能不能存活;第四是存活了能不能变成心肌细胞。四个环节环环相扣,少了一个就没有最后的效果。此外,外源性心脏修复技术链的各个环节都涉及大量信号调控问题,要让体外干细胞听从人类的指令,难度异常之大。

八、癌细胞还能提供心脏修复的灵感?

外源性心脏修复除了面临技术难题之外,还遇到材料的挑战。体外采集的干细胞主要有两大类:一类是"远房"干细胞,一类是"近亲"干细胞,也就是心脏干细胞。"远房"的非心脏干细胞虽然植入后带来的麻烦比较多,但至少有一个好处,那就是数量多,可谓源源不断,永不枯竭。

而心脏干细胞虽好,数量实在有限,没有那么多的供体。如何解决心脏干细胞的数量,比如说能否人工培养心脏干细胞,提高其生长速度,遂成为"近亲"取代"远房"的关键一役。

目前上海大学课题组不但在体外培养人类心脏干细胞,而且还找到了加快人类心脏干细胞培养速度的"秘诀"。

众所周知,正常细胞长得慢,而不正常的肿瘤细胞长得快。那么是什么因素让癌细胞成为"细胞生长中的战斗机"?上海大学课题组从这里找到灵感:如果能对心脏干细胞中调控增殖的基因进行修饰,心脏干细胞会不会也像癌细胞那样不但可以无限增殖,还能从慢跑变冲刺?

灵感有了,这是创新的胚胎,要变成现实,还需要"工程师"们在实验室里加倍努力。这项工程相当于基因调控,让心脏干细胞不断分裂、变多。肿瘤细胞增殖很快,其自身的基因调控也比较特殊,我们要破解自然的智慧,模仿这些特殊的调控机制,对人工培养的心脏干细胞的基因进行特异性修饰,来提高其生长速度。

不过,经过基因修饰后,"跑得快"、增殖多的心脏干细胞进入受体心脏之后,还需要让它分化成心肌细胞,这里面就涉及启动心脏干细胞往心肌细胞定向分化的程序调控。"心脏工程师"们现在变成了基因工程师,开始进行基因编辑工作。当前全世界都在做的一件事情,就是怎么增加体外移植心脏干细胞数量,防止其老化,以免增殖速度降下来。"巧妇难为无米之炊"等数量问题解决了,再考虑和攻克其他问题。

九、上天真会眷顾有心的创新者？

外源性心脏修复的路径越来越明朗了,看似好事情,其实明朗带来了确定性,而过于确定之后,继续探索的道路就会有穷尽之感。科学创新的动力来自不确定,来自问题,来自猜想。在心脏修复领域,现在还留有一个问题,误打误撞之下,"心脏工程师"发现似乎还存在一条有探索价值的未知道路。

前面谈过,骨髓间充质干细胞注射进人体之后,并不能使得心肌细胞增殖,损伤没有得到修补,为什么还会有效果?虽然只是统计学意义上的有效性,但效果毕竟存在,而且可以用检测手段在心功能指标上体现出来,在动物身上甚至可以找到器质性改善的实验证据。这就给研究者带来了新的思考和研究方向。

研究发现,外源性干细胞到达心脏后,会通过"旁分泌"作用分泌出一些物质,挽救濒临死亡的心肌细胞。这些外源性干细胞,虽然没有如预想的那样,直接增加心肌细胞的数量,但改善了原有心肌细胞的状态,比如使本来不健康甚至将会死亡的心肌细胞,变得健康或者避免死亡,从而改善了病人的体征和感受。心肌少坏死一点,对患者也是一件好事。

在旁分泌的物质中起着关键治疗效应的是外泌体。这些外源性干细胞能有治疗效果,就是因为外泌体的作用。这些外泌体内包含有蛋白、微小 RNA、长链非编码 RNA 等功能分子,这些不同的功能分子通过外泌体这个传递介质被释放,作用于心肌细胞,产生了治疗功能。

这个发现的价值在于，既然植入的外源性干细胞主要通过外泌体发挥作用，那为什么不搞清楚它们分泌出的外泌体本身的化学构成，然后人工合成外泌体？这不就意味着不用注射干细胞，直接注射外泌体就可以起到治疗效果？这种外泌体一旦被找到并可以人工合成，不就发明了一种治疗心脏病的新药了？

国内这方面的研究刚刚起步，国外则有研究者从正常人的血清里面提取外泌体，通过激活 ERK－HSP27 信号通路来治疗心肌梗死。有趣的是，上海大学课题组独辟蹊径，紧锣密鼓地开展内源性心脏修复，其基本思路也正是借助运动的方式来促进外泌体增加，从而制备出"超级外泌体"，以收促进心肌细胞增殖之效，而且疗效更好。上海大学课题组与众不同之处、创新之处就在这里。

十、创新者如何定义创新？

要创新必须在一个大的领域里找到自己看重的空白点，而且必须是整个领域的尖峰，别人还没有切入，一旦突破能带来全局改观，足以让研究者为之自豪。找到空白点是最大的创新，余下的只是精心设计如何实现这个创新的技术问题了。

在这层意义上，创新就转化为如何掌握发现学科或者研究领域的空白点及其前沿性的眼光。创新者必须用心去思考，以反思的态度看待自己遇到的任何东西。

我刚到美国时，导师 Anthony Rosenzweig 教授因为我会一些电生理方面的实验技术，就安排我做心律失常方面的研究，给了我五个方向。一个月后，我跟他说，五个方向我一个都不喜欢。说这句话需要勇气，我不愿意在哈佛做的事情跟我在中国做的完全一样，否则我来这里干吗？我不能失去实现自我的机会。

当然光说是不够的，我精心设计了一个完整的方案，导师看后说："行，我支持你做这件事情。"从此，我开始做我喜欢做的事情，一直到现在。当然中间遇到过很多困难，有的已经克服，有的还有待克服。

创新需要克服困难，但最大的困难不是学科和研究领域里的问题，而是对自己的创新。五个方向对我来说都不具有创新的意义，因为我已做过类似研究，无非是换一个分子重复同样的实验，对我而言没有太大的挑战性，无法激发我内心的热情，我要挑战自我，做新东西。对创新者来说，创新是一种自我更新，不是简单否定，创新一定具有某种建设性，能给人类的认识、实践和生活带来建设性结果。所以，我否定的不是五个方向，而是找到我的方向，其中包含我自己认定的问题和我对这个学科及研究领域的独特理解，创新就在其中。

对于创新者来说，挑战和突破自己固然重要，但在全球化的背景下，在心脏科学的学术界里，任何人都不能脱离领域的潮流和前沿，了解国内外同行在干些什么，从他们的思维、视野、经验和教训中获得启迪，是创新取之不竭的资源，创新必须"站在巨人的肩上"。

十一、心脏修复，中国与世界先进水平有多大距离？

心脏修复的研究路径不一样，各个发达国家各有所长，中国与一些先进国家的差别，主要在应用或产业化的水平上。国内研究机构现在掌握的资料大多停留在研发阶段,真正将研究成果转化为市场价值的很少。相比之下,德国的大学,如汉诺威大学的 Thomas Thuma 教授等的实验室的转化工作做得好得多。实验室发明的技术足以吸引企业,企业有资金足以"买下"实验室,双方的合作乃至相互渗透程度非常高,研究因此得到良好且有效的支持。

生命研究本身十分专业,同时又需要其他许多学科的帮助和支持,"产学研"一条龙做得好的国家,学科群关系都非常好。生命科学研究可以从多种角度展开,蛋白、转录因子、非编码 RNA 等,都是很好的研究路径,而每一条路径上,都需要找到战略合作伙伴。中国在生命领域的创新不仅要致力于寻找新的路径,确定路径后,还要致力于建立与其他学科的合作关系。

上海大学课题组找到促进心肌细胞增殖的新分子后,就联手化学系,按照实验发现的方向,制备新的化合物,成功之后,交给实验室进行功能测定,加以筛选、改进,等等。心脏研究"下订单",其他学科在心脏研究中找到自己的"用武之地"。

不同学科有不同学科的语言和思考方式,学科的交叉可以带来新的思考方式和意外的收获。在生命与化学学科的合作中,我们在最初的八个化合物中发现两个化合物的效果特别好,生命学科的思考方式是这两个化合物都影响了同一个受体,更多考虑的是特异性的问题,而化学学科的思考方式是这两个效果好的化合物与其他六个相比在结构上有什么特别之处,基于两个化合物的基本骨架,进行更多的修饰,通过不断突破自我,达到最优的创新效果。

在全球范围内,干细胞转化及其产业化进程正快速发展,欧美许多大型制药企业包括诺华等,都投入巨额资金在干细胞转化及其产业化的研究领域。日本、韩国和我国台湾地区也是如此。我国的干细胞研究是少数几个在国际上居于一线地位的研究领域，在干细胞及其产品转化领域，我国科学家也取得了巨大的进展。但是目前我国在治疗心脏疾病方面多采用造血干细胞、骨髓间充质干细胞等，这些是属于外源性修复中的"远房"干细胞途径，其产业化发展后劲略显不足，在临床研究及转化方面则缺乏技术标准体系。目前国家已成立国家干细胞临床研究专家委员会，相信这将极大推动相关研究的进展。

目前我国多数研究采取的还是一个相对简单的外源性修复中的"远亲"模式。由于人类心脏干细胞分离和培养困难，目前尚没有在我国大规模开展研究和产业化，也缺乏与产业界的完美结合，难以得到产业界的实质性支持，主要依赖国家纵向科研经费的投入。我们上海大学的课题组准备从促进内源性心肌细胞增殖入手，结合综合性大学多学科优势，进行心脏修复方面的关键技术研究，并积极研发可以促进内源性心肌细胞增殖的化合物和人工合成"超级外泌体"，一旦成功，就可以申请专利，制备新药，打通产学研，走产业化之路。

作者简介：

  肖俊杰 上海大学生命科学学院"心脏再生与衰老"实验室 PI，副教授，硕士研究生导师。在 *Cell Metab*、*Circulation*、*Annual Review of Genomics & Human Genetics* 等杂志发表 SCI 论文 50 篇，其中最高单篇影响因子 17.565 分。担任 *BMC Medicine* 杂志（影响因子 8 分）编委、*Cell Transplant* 杂志（影响因子 3.427 分）编委、*BMC Sports Science，Medicine and Rehabilitation* 杂志副主编。担任美国 2015 年基础心脏病年会组委会委员、中国心胸血管麻醉学会围术期基础与转化医学分会常务委员、中国康复医学会心血管专业委员会青年委员和中国病理生理学会心血管专业委员会青年工作委员会委员。主持国家自然基金3项、上海市教委创新项目1项,获得2016年度上海人才发展资金资助,获上海市青年岗位能手称号。

第六章
为"云"底下私密与开放的悖论解方程

上海大学通信与信息工程学院　张新鹏

人是靠创造来满足自己的动物,任何对原有需要的满足,只会带来更多有待满足的需要,所以,永不满足的人类永远在创新的路上。

互联网技术的普及造就了人类从未有过的自由度,释放出从未有过的生存空间。但人类的欲望膨胀速度显然大大快于技术的发展速度,仅仅一个数据扩张,就让人不得不加紧发明新技术、创造新事物。密文域数据处理试图回答的不是技术问题,而是哲学问题,触及的不只是信息问题,还有心灵问题。

一、私密与开放可以得兼乎?

密文域数据处理,说得简单些,就是对经过加密的文件进行处理。众所周知,加密是为了保护数据内容,加密之所以有效,是因为打乱数据之后,外人完全看不懂,只有掌握密钥的合法用户,才能够解密,然后看明白。

按照传统方法，文件加密之后，是无法进行处理的，如果想从数据里提取关键词，探知图像内容，或者做点照片增强，只能要么在加密前，要么在解密后，否则面对一堆乱码，根本无从着手。有没有办法对加密文件进行处理呢？这就涉及一个新的专业领域——密文域数据处理。

密文域数据处理成为重要研究领域，直接肇因于"信息爆炸"。假设有个人喜欢拍照，日积月累，数量庞大，本机硬盘放不下，存入移动硬盘，而硬盘一多，查找就麻烦了。幸好现在有了"云"，文件都可以储存在那里，需要什么服务，云会提供，一下子方便了。可是，将大量照片放在公共场所，难免不放心，万一被人看到，隐私没了。所以，存放到云里去之前，人们又对照片作了加密，别人看不到，这下高枕无忧了吧？

可是，问题又来了。加密之后，照片成为一堆乱码，服务器看不懂，如果用户要求云帮忙处理，服务器就无能为力。打个比方，照片中有许多海边镜头，现在这个人想把同海景相关的照片取出来，如果没加密，这事好办，服务器电脑一运算，凡是有大海背景的，统统自动归位就是。可是经过加密后，服务器看不懂了，不管是大海还是高山，一概都成了乱码，没法进行处理。于是，只好怎么放进去，再怎么取出来，用户自己在电脑上一张张地找，这是哪个年代的效率？

《孟子》曰："鱼，我所欲也，熊掌，亦我所欲也，二者不可得兼。"今天的电脑用户说："安全，我所欲也，服务，亦我所欲也，二者可以得兼吗？"既要让用户可以通过加密来保护隐私，又要开放给服务器提供服务，这两全其美的梦想，能实现吗？

说到底，云就提供两种基本服务：一是存储，二是帮用户计算。用户存储时，为了安全而加密，但对密文，采用传统手段的服务器就没法计算，云的两项基本功能被活生生地割裂开来，"鱼与熊掌"因此不能得兼。只有打破这个瓶颈，云的功能才能全部释放出来。

密文域数据处理追求的目标是，即便用户对文件作了加密，服务器看不懂文件内容，但照样能按用户要求，进行文件处理，比如仍能把所有在海边拍的照片找出来。

从用户的角度，密文域数据处理采取了两种基本策略：

第一种策略是在加密的时候，只破坏一部分重要数据，让他人看不出图像的关键内容，同时保留一部分无关的内容。放进云里的就是部分被破坏、部分得到保留的文件，其中破坏的是不希望人看到的，保留的是让服务器可以辨认的，等需要对文件进行处理时，就可以针对保留部分，按图索骥，把相关文件找出来。

第二种策略是在加密的时候，提供一些检索的标签。这好比在把照片放到云里去之前，先做一个关于照片内容的索引，比如在海边还是山里拍的，里面是单人还是多人，肖像还是风景，如此等等，每张照片都加上一个简短标注，需要时，服务器自动就能找出来。

如此简单的策略要是能够见效当然好，但对用户有额外要求，并不符合人类发展的逻辑。历史进步的总趋势是：一部分聪明而勤快的人拼命工作，为的是让其余的人可以越来越懒、越来越傻，完成这个物种从体力分工到智力分工的升级。这么说不好听，但实际上就是这么一回事。采用第二种策略必定要求用户在图像上传之前，先对文件做预处理。在现实生活中，有的用户比较专业，自己处理没问题。有的用户会嫌烦："我什么都不懂，我就是个傻瓜用户，我什么都不愿意做,就得让云来做。"互联网推崇用户本位,强调正面体验,必须满足用户任何合法需求。

过去,人们并不关注这个问题,那是因为同数据有关的事情都在本地完成,人手一台电脑,数据存储在本机硬盘上,加密者就是处理者,不存在私密与开放的冲突。现在有了移动互联网、云计算,数据资源就像自来水一样,完全由网络来提供,每个终端用户需要做的事情越来越少、越来越傻,"一键解决"成为主流,稍稍麻烦点的事情统统交给网络出做。于是,私密与开放、安全与服务这一对彼此矛盾的需要,撞到了一起,密文域数据处理应运而生。

二、搭建跨越私密和开放的桥梁

密文域数据处理的技术策略既可以为普通用户服务,也可以为专门的部门服务。比方说,国家有机密,如果等级不太高,可以加密之后在公网上传输,一般情况下不会泄露,即便泄露也不是核心机密,损失不大。如果属于绝密级别的信息,即便经过加密处理,也只允许在内网中传输,不得进入公网。但保不定会被人误操作甚至有意为之,溜进公网,而管理员或者不知道文件的等级,或者出现疏忽,让不该通过的文件通过了。这时,如果被对手发现并成功破解,问题就大了。

要避免这种情况发生,需要用到前面讲的策略。简单点说,对于一份绝密文件,可以在加密之后,再加以标注,所谓"密文域的隐藏",表明文件的绝密性质,不允许在公网上传输。随后,这段数据经过的各道路由、网关,都能自动检测出来,马上截断,并且还可以进一步查到是从哪里出来的。确保重要信息不会随便上传云服务器进而失密,属于密文域数据处理的工作范围。

然而,这样一种技术创新却代表着对互联网内在悖论的某种突破。众所周知,开放性是互联网的根本属性,因为信息公开,用户才能互联、互动、互融,关上各自的家门,就没有互联网。问题在于,信息一旦公开,安全性的隐患就来了。人们在最初构建互联网的时候,并没有考虑到安全问题,能连起来就好,所以,各种信息都在互联网上公开。加上互联网交往相对现实生活交往,具有匿名特点,好像觉得信息即便给人知道了,只要不知道信息背后是谁,问题也不大,"网线的那头谁知道是人还是一条狗"。

然而,随着越来越多的个人加入"互联互通",网上信息的匿名保护很快被攻陷,"人肉搜索"让个人原形毕露,网站在黑客面前不堪一击,个人私密在网上成为"不设防的城市"。到这时,开放性、便利性与私密性、安全性的矛盾就凸显出来,如何解决这对矛盾,同时满足互联网交往的双重要求,成为技术创新的推动力。密文域数据处理既对数据保密,这是保护的一面,又让加密数据可以同样进行处理,这是开放的一面,两者有机统一起来了。

以前研究加密的人,根本不关心用户后面需要做什么处理,只管让人看不懂。同样,研究数据处理的人,则不关心加密,用户的数据或照片拿来,按要求处理就是。密文域数据处理意味着,现在搞加密的人,必须考虑后面可能进行的数据处理,在技术上,确保彼此兼容,不能只顾自己。反过来,搞数据处理的人,则需要研究如何确保后续处理不影响加密的安全性。密文域数据处理的创新之处在于,原来两个领域不搭界,各管各,现在用户同时向两者提出需求,形象点说,就是要求在两个领域之间架一座桥。

三、道理简单，用途不简单

密文域数据处理是对加密的保护性突破，但不仅限于这一个用途。事实上在更广泛的领域里，密文域数据处理也有用武之地。自从发明了云，解决了用户的储存空间问题，这无疑是件好事。但把图像和其他数据都放到云上面，是要付钱的，就像租用银行保险箱一样，越大越贵。即便对于普通用户，云不收取费用，但给的空间小了，不可能想占多少给多少。所以，云的运营商希望把用户数据压缩，以减少空间占用。

这个压缩要求对明文来说，十分简单，因为文件总有冗余，如果能把不必要的数据去掉，整个文件所占用的空间自然就小了。这样的操作在技术上早就成熟了。现在的问题是，用户放进云里去的是密文，云要进行压缩，如果采用传统做法，就不可能了，因为连内容都不知道，哪是关键内容，哪是冗余，去掉什么，保留什么，统统不知道，胡乱压缩将导致数据被破坏，解密之后只剩一堆乱码。压缩不成，降低文件占用的空间，自然也办不到。

密文域数据处理的办法是，既然不知道文件内容，就不管是否冗余，一视同仁，统统加以压缩。比如通过数据运算，无论重要不重要，只管将数据叠加起来，一对折，总量就减少了。就好比一张纸，摊开来很大，对折之后面积就小了。用户取回文件时，只得到一半数据的量，经过解压，数据重新分成两部分的和，恢复原来的数量和结构，再经过用户自己解密，原始文件就完整回来了。

四、创新就是先想到

世界上许多创新发明都有点像魔术,不知底细时,怎么看都觉得奇妙,一说穿,人人明白。密文域数据处理给人的感觉与此相似,好像思路上没有特别"引人入胜"之处,尽管真要把密文数据叠加、对折和展开,绝对不像手工折纸那么简单,需要精心设计算法,否则加压容易解压难,把用户的数据搞丢,那就失败了。

反过来说,这种叠加、对折然后再展开的方法,在思路上真没有太大的创新,说得透彻些,只看谁先想到,有了概念,再寻求技术支持,事情就搞成了。这里的关键是"想到",在某种程度上,创新比的就是谁先想到,所谓"×××之父",往往不是最终完善方案的设计者,而是最早提出想法的人,具有未来的想法,给了所有后来者以方向,然后才有前仆后继的研发和历经磨难的成功。在数学领域里,提出猜想的人永远比证明猜想的人更伟大,就是这个道理。没有猜想,何来证明?

要能先想到,必须保持对领域前沿的高度敏感。数据处理领域的专家以前不关注私密与开放的冲突问题,因为没到云时代,没到大数据时代,这个问题不会露出水面。我之所以会想到,是因为我意识到,"人类数据公共仓库"即云计算的到来,将使安全性和便利性形成"不可得兼"的矛盾。当中国所有数据都存入云之中,而云又处于某个互联网强国的掌控之下的时候,私密性或安全性需要就会凸显出来,并具有国家安全的性质。所以,这个问题是有意义的,这方面技术是有前途的,未来的生活方式和工作方式,必定要求开放环境下的安全性,把握住时代的问题,提供解决方案,是科研工作者的使命,也是乐趣所在。

坦率地说，密文域数据处理在学术界已经形成比较大的影响，但还没有真正产业级的应用，因为商业需求尚未形成规模。现在普通用户的隐私保护意识还不够强，随便把照片直接放云里了。一旦人们的隐私保护意识提高了，慢慢会接受这样的观念：在大数据时代，不做隐私保护，就相当于在裸奔。

未来最先使用密文域数据处理的客户，可能是云存储的服务商，还有移动通信的运营商。比方说，用户有照片要通过移动通信传输给朋友，又不想传输过程中让任何人看到照片，就加了密。但运营商看到数据这么大，不想被占用太多通信资源，为了减轻网络负担，就会对加密文件进行压缩，这时候，密文域数据处理专家就会被邀请提供技术支持。

五、创新是共同体的事业

密文域数据处理已经形成技术成果，要做成产品销售也可以，但我并没有申请专利，因为科技创新根本上是为了造福全人类，所以现在的成果发布方式以论文为主，完全公开。当然，如果采用专利的形式，可以为后续研究建立"造血机制"，不是没有价值的。但在目前阶段，火候还没到，市场不成熟，无须急于将研究成果变现。我们不怕被别人拿去，因为未来我们肯定会有更好的思路和算法。

把目光放远些，今天密文域数据处理只是有了一个开端，在大千世界里，只能算是局部。除了特定场合和用途之外，密文域数据处理有没有更广阔的应用空间、更有纵深感的技术创新空间，这才是我们真正关注的。不要只看到某项技术或算法这一个点，要把握这个点背后实质性、根本性的问题,即开放与安全的矛盾。这是一个大问题,需要一系列关键技术群或关键技术池,才能把问题从头到尾完全打通。这项任务不是某一个团队或者少数几个团队所能承担的。系统安全、网络安全、内容安全、数据安全,所有这些问题在大数据时代或"云时代"都面临新要求,要想通盘筹划、全面解决,绝不是一朝一夕之功,创新者不能"贪多嚼不烂"。

在密文域数据处理方面,上海大学起步比较早,占得了先机,现在不光我们在研究,国际上也有很多人在研究,其中不乏跟随我们思路开展工作的,学者、专家甚至企业都在关注。目前大家主要致力于在技术上跨过这个门槛,市场开发还没有提到议事日程上来。

密文域数据处理是一个广义概念,目前就技术而论,比如压缩、检索等常规处理都可以做,我们期望找到一个通式,凡是明文能做的处理,密文域都能做,这才是我们真正的目标,某个特定的算法或技术,只是通向最终成果的"小目标"。

密文域数据处理不只是一个技术命题,还具有哲学意味。技术从来都是双刃剑,有其利必有其弊,得与失永远不可分割地联系在一起。加密不只是对我的私密的保护,也是对你的服务的屏蔽。现在密文域数据处理给用户提供的却是,可以获得安全,却不用牺牲便利,可以保证私密,还照样得到服务。这就像屋子上锁了,人虽然进不来,但照样能帮你把屋子里面打扫干净,多带劲。

六、密文域数据处理双向发力

要实现对密文的处理,需要借助技术手段,现在已经有了许多方法。比方说,有一种方式叫同态加密,就是加密之后,原来数据之间的结构还在,在明文上做对应处理,相当于对密文做另外一种不同处理,比如明文做加法,密文域就做乘法,最后效果是一样的。当然这里又需要用到算法了。

其实无论加密不加密,从处理的角度来说,都是一大堆数字,区别只是加密后数据被搞乱了。密文域数据处理只需要解决一个问题,用户搞得再乱,经服务器处理过了,取回一看,不但那一大堆数字恢复了原来结构,而且处理效果也实实在在在那里。比方说用户有一个图像,加密后放到云里,点了一个程序来增强层次感。处理完毕,一解密,发现照片的层次、色彩更好了。完成这个过程,需要强大的计算能力,但完全由服务器承担,用户只管加密和点开处理程序,其他什么都不用干。对用户来说,还有比这更方便、更偷懒、更傻瓜的事情?

举个例子,用户传上云里的照片中,树是绿的,花是红的,现在想处理成花是绿的,树是红的,加密后,云根本分不清树在哪里、花在哪里。等用户取回一看,树真成红的,花真成绿的了。喜欢捣鼓技术的用户会问:"既然云看不懂照片的内容,接触到的只是一堆乱码,那又是如何分辨哪是树、哪是花的呢?"

密文域数据处理有个很简单的方法:即使整幅照片的内容结构被完全打乱了,但对应绿色或者红色的数据点还在,于是,服务器找到红的地方就改成绿色,绿的地方就改成红色。等用户要用照片了,一解密,结构恢复了,树和花也回来了,但颜色被彼此互换了。

这样的处理并不难,用简单技术就可以做到,但安全性不够高,而且容易出错。要完全符合要求,需要更加复杂的技术,难度就大了。比如，以大树为背景，放一个同样颜色的塑料垃圾桶，现在要求把树从绿色变成红色，但垃圾桶的绿色不能变，这就不容易了。在不知道结构，而色彩点完全被打乱的情况下，要识别这是树，那是垃圾桶，难度很大，需要提取特征元素。这时候不能单纯从处理这一方面考虑，还需要在加密环节有所调整，不能用扰乱数据次序的方式进行加密，得换一种方式。

这就是说，搭建安全与共享的桥梁时，密文域数据处理不仅要考虑云计算的那一端，还要兼顾加密的这一端。没有加密方式相应的创新，云计算密文处理的创新空间有限，充分发挥云具有的存储和计算两项基本功能的目标，也很难完全实现。以加密端技术改进来为密文处理提供方便，涉及双向创新。

简单地说，加密端要留下能够识别这是树、那是垃圾桶的接口。通常的做法是提取 SIFT 特征或角点特征，通过形态元素来判断，这片区域是什么，那片区域是什么，然后再修改目标区域的颜色。这个难度比较高，涉及高层理解，需要用类似于人的智能去理解。人类发明迷彩服就是运用了打乱轮廓线的原理。现在加密打乱了大树和垃圾桶的轮廓线，物体和背景在色彩上混成了一片，密文处理时，容易出现意外，必须有相应的技术和算法，才能克服难题，完成任务。

七、密文域数据处理，中国处于什么位置？

在密文域数据处理领域，中国在某些方面比如压缩和隐藏方面，是领先于世界的。以中美之间的竞争关系为例，10 年前我们是跟跑，5 年前开始并跑，即便仍有落后，也差不太远，美国一不小心落在了中国后面，也是有的。在 5 年或者 10 年后，中国将会领跑，这是可以肯定的。未来中国领跑的底气来自我们拥有新观念、新应用和新场景。

新观念最重要，因为它决定了科研的方向，决定今天的努力能否有未来的成果，成果有多大。举例来说，我现在提出一个信息隐藏新观念，可能隐藏着未来趋势的萌芽。

第一代信息隐藏，主要通过在图像、声音和视频里，对载体数据加以修改，来实现信息隐蔽传输。前面说的中国跟跑或者并跑，指的就是在第一代信息隐藏的原理下，谁做得更好。中国要领跑，需要提出第二代信息隐藏的原理，完全改变隐藏的方式，实现弯道超车。

我的一个小目标是让互联网上任何数据都可以作为隐藏载体，不光图像、语音、视频，随便点个赞，都可以秘密传递数据。不是将点赞本身作为暗号，那属于工业时代甚至农耕时代的间谍手法，而是将某个人的所有行为都视为信息载体。比如，一个人下班回家时，不像往常那样从 A 楼前门出去，却到 B 楼兜了一圈，这里就有文章可做。现在个人有手机可供定位，走过的路径都可用于隐藏相关信息。这就是大数据时代的信息传递，只要是数据都可以传递信息，为我所用。不过，区别于工业时代接头暗号的是，这里同样需要用到算法。

比如要传递一个文件，不可能挨个儿地"扫楼"，但可以在摄像头视域范围内，摸摸头，像赌博时出"老千"，再特意从前门出去，加上点个赞、转发一个帖子，所有这些行为林林总总拼合在一起，信息就丰富而且复杂了。如果说，第一代信息隐藏是在互联网背景下进行的，那么大数据时代的信息隐藏又是什么样的呢？

第二代信息隐藏容易给人一个印象，好像返璞归真，回到人类最原始的行为暗号上去了，其实不然。按照第二代信息隐藏的思路，所有的东西都可以作为数据载体，一旦成功，大千世界，数据载体像一根针放入汪洋大海一样，上哪里找？传统的数据传递方式是发文字、照片或图像，但要是天天大量发送，必定引起怀疑。现在整个大数据都可以作为数据载体，这就要求我们改变观念，改变行为方式。

举例来说，一个很长的文件需要转化成个人行为，比如点个赞，下班时到哪里绕一圈，去卖场买个什么东西，如此等等。所有这些行为看似同平时行为方式没有区别，其实别有深意在。由于对平时行为事先已有统计，现在按常规应从 A 楼离开的，今天却到 B 楼转了一圈才走，这就可疑了。通过算法，把今天走过的轨迹看作一张路径图，有节点、有边界，用算法一分析，什么都有了。

具体说来，可以先建一个数学模型，比方说 B 楼有三道门，中间那道门通行的概率是二分之一，两侧门各四分之一。出了这道门，前面有分叉，又出现一个概率，每过一个路口是一个概率，最终汇集到家门口。通过量化描述，个人要传递的信息就转化成从哪个门走出去后引发的一系列概率变化。

有了这个模型之后，就可以将今天采取的不寻常路径的每个节点的概率与之比对，在一定约束条件下去解这个系列方程，进而得出个人试图传递的数据，比如 0 101。如果找不到解析解，就求数值解，反正有一套数学方法在里面，这里只能点到为止，太复杂了。

在密文域数据处理领域，就第一代信息隐藏而言，所谓"并驾齐驱"主要指中国技术与西方技术在性能上接近，按照同样的原理，采取不同的方法，达到同样的效果。奠基性工作和主流方法都是美国学者创造的，中国学者在此基础之上有所改进和优化，成果水平相差不多。

在第二代信息隐藏的研发中,中国学者可以走一条新路,在新的方向上立出一个范式,让别人跟着我们走。所以,这个"并驾齐驱"指的是中国在发现路径上,相对美国,各有所长。现在,我们进入了一个新阶段,无论是否成功,至少中国学者在独立寻找路径,并有成果发表。

这其实也反映了中国科技发展的整体状态。一开始总是别人走前面,我们跟随。到水平差不多的时候,我们开始想到要走自己的路,要定自己的规则。现在,中国人走新路的意识和定规则意识觉醒了,这是一件好事情。

八、算法也是创新吗?

第二代信息隐藏听起来十分有趣,好像个人相当于一个角色,照着剧本演一场"真人秀",就可以把信息隐藏好,传递出去。实际上会遇到许多意想不到的情况,"把戏演砸了"。比如,能不能保证所有按照剧本表演的动作都被观察到?对着摄像头理下头发,作为信息表达,一点不难办到,可要是碰巧摄像头坏了,怎么办?或者摄像头没问题,可是突然头皮痒了,不该摸头的时候却摸头了,又不能对着摄像头说:"这不算。"那又怎么办?原本生活中的小事情,在信息隐藏时,却成了大问题。信号序列里出现断点,必须补上,出现噪声,必须去掉。但要分辨是否出现断点或噪声,又得用算法。

人类行为具有不确定性,这是一个哲学命题,但在应用上,哲学家不会来解决问题,数学家可以,看家本领是算法。

算法的奇妙之处在于，如果两个水平差不多的人想解决同一个问题，最后找到的方程式是一样的。彼此无须交流沟通，背靠背，自然殊途同归。就像《三国演义》中，周瑜和孔明分头考虑用什么办法击败曹操庞大船队时，不约而同地在手上写了一个"火"字。做同样的事情，就会想出同样的方程，这才对头。某种程度上，数学规定了解决方案的唯一性。

于是，新的问题又来了。如果承认数学规定了唯一性，那人类创新又体现在哪里？这就引出人类创新究竟是发明还是发现的问题。数学方程式是不是存在于人类思考之外，只不过碰巧有人把它写出来而已？所谓"文章天成，妙手偶得"。万有引力静静地在那里，方程式在那里，牛顿写出来了，就是牛顿的伟大贡献。数学，不管人想没想出来，那一套东西就在那里，人不能改变它。

我在大学本科时学的是数学专业，当时就有一个感觉，人类的思想都是数学和客观规律借用我们的头脑在思考，个人无非客观事物的宿主，自然借我的头脑来完成它自己，绝对理念用我的理性在自我认识、自我完善。

有许多东西是自然界无法产生的，必须借人的头脑和双手来表达。这样的东西到底算人类的发明，还是冥冥之中已经在那里，人类只不过为其"助产"而已？这一点在数学上特别明显。

数学是不能创造的，这才有许多数学猜想。其实，提出猜想的时候，数学家并不知道命题是否存在，直觉告诉他应该有。以此观之，世界上没有创造，只有发现，一切创造都是自然界允许其存在，所以才被人想出来或者造出来的，自然不允许存在的东西，人类是创造不了的。

如此说法与决定论庶几相近，即主张一切都是冥冥之中注定的。这种哲学观点由来已久，不能说毫无道理，但自从有了量子力学，决定论观念被极大地动摇了。

现在有两个不同的视角。一个视角认为，冥冥之中有可能性，人把它实现了；另外一个视角是，事物本身无所谓存在与不存在，人把它创造出来了。在后面这个创造概念中，人基本上与上帝相等同，事物之前绝对不存在，发明了才存在。或许这两个视角得出的观点都能成立。

今天的世界，哲学家极其匮乏，而哲学评论家则大为过剩，他们善于评论前人的哲学观点，却没有自己原创的想法，原因是对人类未来的发展，头脑中没有明确的场景，缺乏想象力。哲学家应该思考如何看待这个世界、如何看待自己、如何确定一种新的方式，哲学思考要重新回到人是什么、世界是什么、人与世界的关系是什么等基本问题上来。互联网诞生之后，人的生存状态被完全改变了，哲学思考明显跟不上科技带来的世界变化。虽说哲学是猫头鹰，总要到黄昏，才慢慢起飞，但现在的问题到底是哲学尚未追上现代科技的变化，还是哲学的翅膀没了，所以，只能寄生在前人的思想材料上，没有了自己的创造力？

九、创新算法，超越算法

至少在密文域数据处理领域，算法是创新的重要组成部分。虽然说同一个问题会引出同样的算法，但毕竟还有先后之分。没有算法不行，算法领先也重要，然而算法的突破对国家科学技术创新的根本意义是什么？有没有可能养一大批数学家就能获得重大突破？华为可是聘用了大量俄罗斯数学家的。算法究竟是个工具，还是已经变成创新本身？

创新有不同种类，算法也是一种。但由算法带来的创新比较容易被人追上，这也是实情。中国之所以在算法领域很快就从跟跑转变为领跑，就因为这个领域的门槛不那么高，不需要太多高端的设备，主要凭脑子。就像当年陈景润，在中国科学技术许多领域进展迟缓的时候，他却可以取得重大的数学成就。中国人的智商绝对没问题，一个人加一支笔、一张纸，足矣。

算法是全人类的财富，因为一旦发现，马上被人学去。要发现算法千难万难，一旦发现，懂数学的人一看就会，拿去就用。所以，创新者的劳动成果很容易为别人所共享，以此为基础，学习者把它可以发展得更好。在一定程度上，算法创新天然具有互惠性质。别人在我的基础上做得更好，他的成果反过来会促进我进一步研究。

其实，算法是关键，但不是根本，算法只是用来解决问题的。如果找不到问题，或者找到问题却想不出合理的解决方案，光靠算法什么都做不成。之所以两个懂算法的人会想到一起去，提出完全一样的算法，还是因为双方想到一起去了。登山不止一条道，到了山顶不可能不碰头。没有这个共同点，数学能力再强，不要说问题解决不了，连想出同样的算法都不可能。列夫·托尔斯泰的名言"幸福家庭总是相似的，不幸的家庭各有各的不幸"用在这里同样合适。说到底，算法跟着思想走，思想到了，问题有了，算法才能水到渠成。钱伟长校长说过，一流的工作是用新方法解决新问题，这是真正的经验之谈。创新就是用新思想去找到新问题，再用新方法来解决新问题。

十、创新动力来自自我实现

科研的最终动力是什么？有人说动力在于科学家好玩,有人说在于工程师愿意解决问题,两种说法都有道理。但在我看来,科研有乐趣,没乐趣的事,干它干吗？但这种乐趣不是简单的好玩,而是深层次的自我实现。创新不仅仅是为了完成一项漂亮的工作,而是为了感受生命境界的不断提升。这是创新者的最大享受、最大快感。

生命境界的提升不在于解决具体的技术问题,更不在于发现一个新的算法,而是对天地之间的"道"的开悟。在解决问题的过程中,体验"道"的存在,体验自己对"道"的把握,因为有所把握,才解决了问题。解决问题在这里只是把握"道"的证明。中国古人讲"道"是世界本源,何等缥缈,似在似不在。"道可道,非常道。""道"孕育了一切,内在于一切,凡人所把握的一切中都有"道",却都不是"道"本身。

科技创新就是一场"道"的"捉迷藏"。通过发现问题,找到方案,最后解决问题,完完全全的一场"悟道"游戏。通过不断突破自身的局限,首先是思维的局限,打开内在的小世界,同外部的大世界对流、互融,实现两个世界的彼此通达。在这个过程中,发现无处不在的"天道",转化为工作成果中的"道理",证明了自己在求索"道"的征程上有所进展,进而发现内在于自我的"道",这才是生命境界提升的真正含义所在。

作者简介：

张新鹏　上海大学通信与信息工程学院教授,国家杰出青年科学基金获得者。入选上海市优秀学术带头人、上海市曙光学者、上海市东方学者(跟踪)、上海市"浦江人才"计划、上海市青年科技启明星(跟踪)、上海市新长征突击手。主要研究多媒体信息安全,发表论文200余篇,被引7 000余次,连续两次入选"中国高被引学者榜单",以第一完成人获上海市自然科学二等奖。现任IEEE T-IFS的AE。

第七章
在意外中享受化合而成的乐趣

上海大学理学院　许　斌

人类面对的世界整体上属于物理范畴,大到宇宙,小到基本粒子,都是物理学家的世袭领地,其中只有从原子到分子的部分,属于化学,而恰恰在这个极为有限的空间里,世界展示了其最大的多样性!没有原子的结合,就没有生命的产生,世界将极其单调。

原子或分子只有化合而成新的东西,才有事物的发生和变化,这个过程被称为化学反应。人体内有上亿个化学反应,而正是不同的化学反应造就了独立的个体和个人的独特性,复杂如人的思想和情感,也无非化学反应的表现!

人类探索外星球有没有生命,其实就在寻找有没有那些特殊的化学变化及其生成的化学物质。太阳里发生的是物理变化,提供的能量启动了地球上的化学反应之链,导致生命和生命的最高形式——人类呱呱坠地。所以,完全可以说,大千世界是由于化学变化而存在的!

在"谈化学而色变"的当下中国社会,对化学学科就该有如此正面的认知!

一、药物是怎么炼成的?

人生病了,很自然会想到用药。无论是身体内部发生的病变,极端如癌症,还是遭到外部细菌或病毒的侵入,普通如感冒,用药几乎是现代人的本能反应。药为什么能治病?能治病的药从哪里来?许多事情不想没问题,一问就问出了大问题。

讲得简单点,用药治病是一场有导演的化学反应过程。化学家针对病变原因,找到对应的化合物,让两者进行互动,从而影响身体内的病灶或遏制入侵的细菌或病毒,扭转了局势,疾病就治好了。这是普通人习以为常的治病过程。但为什么只有用某种或某几种药才能治好某种病,许多人仍不明白。问医生,医生告诉说"对症下药"。什么叫"对症下药"?回答最多是"杀掉了癌细胞或细菌"。还要追问"如何杀死",等病好了,有时间自己去思考。真正能回答这个问题的是化学家,也就是研发药物的工程师。

在化学家眼里,用药治病就是让药物和生物体,包括人类细胞和危害人类的细菌等,相互发生化学反应,影响致病生物体的生物化学过程,使之恢复正常功能,或者使其内部混乱、失去活力直至死亡。因此,治病无非是一系列化学反应或者某种化学反应的终止。

要让医生预期的化学反应得以发生,前提是药物有活性,生物体有靶点。有活性说明药物有能力同生物体发生预期的反应,而靶点则是药物攻击生物体的"弹着点"。化学家称之为"靶点",十分形象,形同打仗时，一枪毙命效果最好的那个部位，比如头部、前胸和脊柱。而药物则形如击中敌人的那颗子弹，必须具有穿透头盔或防弹衣的能力——活性。但真要歼灭敌人，还必须枪法好，子弹击中了致命的部位，专业上这叫"生物活性与靶点的匹配"。

药物没有活性，不会有疗效；找不到靶点，活性再好，无处下手；活性和靶点彼此不匹配，则是徒劳。脚趾头疼痛却拔掉一颗牙齿，脚趾头没医好，牙齿却受罪，医不对症便为庸医。

生物体的靶点在哪里？要问生物学家；化合物的生物活性体现在哪个方面？要问化学家；活性和靶点是否匹配？那是医生最关心的。所以，创制新药不是一个学科或专业的职责，需要多方协同才能成功。

二、化学家在新药创制中干什么？

药物按种类大致可以分为生物药物和化学药物两种。生物药物是一些直接由生物获得的、可用于预防、治疗和诊断的制品，包括我们常见的胰岛素、抗体、血液制品、诊断试剂以及疫苗等；而化学药物普遍被认为是指从天然动植物中提取或经过化学合成而得到的有机化合物。目前药物市场上主要是小分子化学药物。

在新药研制方面，我是化学方面的代表，目前主要从事两个方向的研究：第一是反应方法学研究。要找到新药，也就是新的化学合成物，必须先找到新的反应方法，才能更快、更有效地构建一些具有药物活性的含氮杂环骨架，为研发更多的新药提供方法和基础材料。第二是新型药物分子的设计和合成，对实验室里合成的各种含氮杂环化合物进行生物活性测试,看看同生物体的"靶点"能不能产生预期的化学反应,如果能,机理是什么？不能,换一个再来。第一部分工作属于化学基础研究,第二部分工作属于合成化合物的应用研究。

合成方法学作为我的主要研究方向,从 2005 年 9 月进上海大学到现在,不曾间断。而对合成的含氮杂环化合物进行生物活性测试工作,则开始得更早。2000 年,我去美国国立卫生研究院(National Institutes of Health,NIH)做博士后,主要进行与医药有关的 G-蛋白偶联受体中嘌呤受体 P2Y 方面的研究,如果成功,可以应用于心血管、血小板聚集等方面疾病的治疗。NIH 是美国最高水平的医学与行为学研究及资助机构,也是世界上最具影响的医学研究中心之一,位于美国马里兰州贝塞斯达(Bethesda),靠近华盛顿特区,周边还有美国国立海军医学研究中心等医学研究机构。NIH 的任务是探索生命本质和行为学方面的基础知识,并运用知识,延长人类寿命,预防、诊断和治疗各种疾病与残障。

由于上海大学至今缺少医学院和药学院,我回国后一段时间内主要从事合成方法学方面的研究,近几年才恢复药物研制方面的工作。之所以双管齐下,两条腿走路,根本上是因为两者之间存在紧密联系,没有合成方法学,无法高效获得新的合成物,活性测试难免有"巧妇无米"之憾；而缺乏活性测试的一线体验,合成方法学研究难以形成明确而清晰的方向感。为了让两个方向的研究相得益彰,我走上了一条基础研究和应用研究相结合的科研道路,并开始构建化合物分子库。

我的化合物分子库主要储存已合成的化合物分子,可随时取用，也收集了可根据筛选要求，利用各种合成方法，在短时间内快速高效合成的化合物分子。如果说前者是"真实存在"的化合物分子，那么后者就类似于"虚拟"的化合物分子。两者价值不同在哪里，后面再介绍。

有别于运用生物学原料而研发的生物药物，利用化学方法开发一种化学新药费时费力费钱，原因是在找到合适的生物活性类型之前，往往需要在种类和数目都足够多的化合物中进行筛选，以获得理想的合成物。为此，化学家既需要效率高、选择性好的合成方法，也需要能简洁、快速地构建理想化合物的基础——化合物骨架库存。

化合物分子库有大用，但仓库再大也不能包罗万象，为研制药物服务的化合物库需要有自己的定位。"对症下药"，不但适合医生，也同样适合化学家。鉴于之前的药物研发背景，我侧重研究针对某些含氮杂环化合物的合成策略和有机合成方法，以供药物活性筛选时使用。所以，在我的化合物库里，主要库存是"化合物骨架"，也就是可作进一步加工之用的化合物。

打个比方，一家汽车修理工厂，需要面对不同品牌和型号的汽车，如果仓库里有现成模块，改改就能用在不同车辆上面，效率就提高了。如果模块允许改动很大，适用于很多汽车，用处就更大了。如果仓库里这样的模块很多，生产效率就更高了。同样道理，有了存量充沛的化合物库，研制新药就不需要耗费几个星期、几个月甚至更长时间，特意去合成一个个化合物，而只要在库存中找到合适的备用化合物骨架，修改成不同模样，一起测试，看看行不行，行，留下；不行，淘汰，效率自然大大提高。

三、药物是如何产生疗效的？

在药物研究领域，化学家比较关注的是那类被称为"含氮杂环化合物"的骨架。按照专业定义，杂环指的是环状化合物中构成环的原子除碳原子外，还至少含有一个杂原子，例如，氮原子、硫原子以及氧原子等。相对于杂环化合物的是"环状化合物"。苯是典型的环状化合物，不能称之为杂环，因为它的结构中除了碳、氢原子外，没有其他的杂原子存在。

含有氮原子的杂环化合物之所以得到特别关注，因为其普遍存在于药物分子结构之中，是一类十分常见的药效基团，能同许多生物体的靶点发生具有治疗效果的化学反应。目前世界医药市场上前200种最畅销的药物大都为含氮杂环类化合物。"万变不离其宗"，含氮杂环化合物差不多可以称为"药之宗"。

生命起源于蛋白质，蛋白质必定含有氮原子，所以，一般来说含氮化合物的生物活性比较高，容易同生物体的靶点相匹配，发生化学反应。但从药物的角度来说，这只是必要条件，不是充分必要条件。一方面，含氮化合物更有可能具有较高的生物活性，另一方面，有些生物活性较高的化合物中并不含有氮原子。简单地说，药物在生物体内能够发挥各种生理作用产生活性，本质在于药物能够与生物体内的各种靶点产生结合。化学界将药物与受体之间的关系，比喻为钥匙与锁的关系，两者之间匹配度越好，生物活性越高，用作药物，疗效可能越好。

大多数临床应用的药物具有特别的结构，特别结构带来特别的生物活性，容易同特别的生物大分子直接产生相互作用。说得专业一点，"含氮杂环化合物"之所以有助于治愈疾病，是因为氮原子与生物体内的靶点在某种微观力量的作用下，形成结合，例如氢键，从而干预了其生物化学过程。在这个意义上，设计药物也就是设计药物的化学结构，使之具有预期的生物活性。当然，这中间还需要考虑很多因素。一般来说，药物分子的药效基团、化学反应性、极性、立体效应、溶解性、电荷分布以及同受体结合的作用模式等，都会对活性产生不同程度的影响。在药物分子中引入氮原子，通过改变其化学结构，能大大改变化合物的理化性质。

四、化合物设计有哪些基本环节？

设计药物的化学家嘴巴上永远挂着两个术语：骨架和修饰。骨架代表对某种疾病有相当作用的基本药物分子结构，为了让它更好、更有效地发挥作用，避免副作用，需要加上或者减去一些东西，这叫修饰。对同一个骨架进行不同修饰，可以获得不同化合物，测试下生物活性，选取其中具有药用潜力的化合物，再根据需要，作进一步调整，重新测试，如此循环往复，如果运气足够好，新药就有望脱颖而出。如果一个化合物骨架足够好，允许做不同的修饰并且产生既有相同药效，又有不同特点的药物，那就可以研制出系列药物，这样，新药研制的效率可以大大提高。

日常生活中，一个人受细菌感染出现炎症，如果不能自愈，医生会开出抗生素系列药物，比如头孢类药物中有头孢拉定、头孢氨苄以及头孢克洛，等等。这些冠以"头孢"又拖着不同后缀的药物，就是基于同样的母体骨架"8-氧代-5-硫杂-1-氮杂双环[4.2.0]辛-2-烯",经过不同修饰之后形成的系列药物。

　　从设计到最后成药,整个过程需要克服许多困难,而且非常耗时,经常长达5至10年。新药物必须经过多次测试,获得完整而系统的数据,如药效、药理、毒理等,这本身是一个漫长的过程,其中还有许多不可预知的情况发生。有些药物在一期临床试验中效果非常不错,却可能因毒性、副作用大等不利因素,而在二期临床试验时被淘汰。经过一期、二期临床试验,而到达三期临床试验,测试药物已所剩无几。一旦进入三期,接受试药的人群扩大了,不但临床试验本身需要花费大量的人力和物力去进行跟踪调查,还因为试验用药的数量成倍增加,生产规模相应扩大,而造成品质控制风险环生,需要加强过程监控和抽样分析等环节,来确保产品的质量,尤其是药性稳定。如果无法通过三期临床试验,前面所有努力都将付诸东流。所以,药物研制的前期投资风险极高,能顺利通过三期临床试验的寥寥可数。当然,风险与利润同在,一旦成功,获得的投资回报收益也高。就像山间筑路,后期投资方能看到前期所有的过程,而前期投资方面对的只有方向,看不到可行的路径。

　　由于在同一个骨架上修饰出来的化合物分子越多,化合物库存越大,可供筛选的面越广,成功的概率也越高。因此,尽快确定活性药效基团,快速构建出数目足够多的化合物分子库供活性筛选,是加快新药研制的必然之选。

　　要保证足够庞大的化合物库存,必须拥有新颖、高效的合成方法,一旦需要时,才能有的放矢,把合适的化合物库快速、高效地构建出来。要达成这个目标,需要解决两个技术问题:一是如何确定化合物的骨架？没有骨架或者没有理想的骨架，修饰无从谈起；二是如何基于特定骨架快速获得大量不同的化合物分子？也就是采用什么方法，能在同一个骨架上修饰出尽可能多的新颖化合物，从而扩充化合物库存？

五、化学家如何修饰药物骨架？

骨架修饰说到底，主要就是三个工作环节：第一，充分认识生物靶点的化学结构。从生物医学的角度讲，药物作用就是对生物体内靶点的作用，只有掌握生物靶点本身的特性，才能判断合成药物可能的影响。第二，发现新型有效的分子骨架，用于对付靶点。第三，针对靶点，修饰骨架，提高生物活性，强化药效，减轻副作用。

修饰主要着眼的是药物的具体特性，比如活性、吸收性、溶解性、排泄性、毒性等特性。化学家在进行药物设计时，需要对药物的基本骨架加以调整，改变部分功能特性，使药物活性高、毒性小、溶解性好、排泄性好等。经过修饰，并被证明初步有效的化合物，称为先导化合物。在旁人眼里，化学家干这活有点像建筑工程设计师，设计药物如同绘图，先画出一个结构，再给结构添砖加瓦，修饰得越好，药物活性越高。化学家同建筑师的区别只在于，我们画上去的是能影响化合物性能的化学元素或元素组合。

骨架与修饰的关系可以打一个简单的比方来说明。茶杯生产厂家提供相同形状的杯子白坯，做成不同颜色、图案的样品，顾客可以根据需要自己挑选。如果货架上没有顾客所需要的颜色、图案，可以向厂家提出定制。也就是说，杯子是一样的，颜色或图案是可选择的。骨架就是杯子，修饰就是变换颜色或图案。化合物库能为活性筛选提供所需的各种化合物，特殊情况下还能根据结构与活性的关系，快速合成出来。

骨架构建和骨架修饰可以同时进行，也可以在化合物基本骨架构建好之后，再进行取代基修饰。例如，茶杯包括了杯体和把手两部分，其中，杯体是骨架，把手是取代基。生产茶杯时可以一次成型，也可以先生产杯体后，再装把手。有时候，由于生产工艺和材质的原因，只能选择其中一种方式。

制药企业不仅希望药物效果好，而且希望药物合成的成本低，总体上性价比高。成本低要求原材料价格低廉、生产周期短，以及合成过程简单。合成过程简单意味着，对设备、原材料以及操作工人的技术要求较低，不用支付高工资。

假定现在有两条合成路径，一个是茶杯的杯体和把手分开做，然后黏合在一起，这个相对容易，也就节约成本。第二是像紫砂壶生产工艺，一开始就要构思和制作茶壶与把手的整体，比较困难，自然价格高。

在这三个主要环节中，我主要研究后两个环节，即设计合成新的化合物骨架，对已有的化合物骨架进行结构修饰，建立相应的化合物库，供活性筛选测试。

六、化学家如何构建化合物骨架？

如果说新的化合物分子来自对骨架的修饰，那么新的骨架又是从哪里来的？化学家是用自己发明的方法找到或合成的。

构建药物骨架是药物研制的重要步骤,我的研究方向主要是开发用于骨架构建和骨架修饰的技术方法,尤其是未知骨架的构建方法和改善现有低效合成方法。我的工作目的首先是开发合成方法,其次才是运用合成方法去获得所需要的骨架及其衍生化合物。两者之间存在着内在联系,因为不考虑结果的方法研究,本身是一个词语矛盾,看不到有效成果,何以证明方法是有价值的?

为了提高方法的有效性和高效性,我集中研究含氮杂环骨架的构建方法。前面说过,大部分含氮杂环化合物均具有生物活性,从这里切入,更有可能成功研制出药物来。具体有两条路径:一方面针对已有的活性化合物骨架,研发新型高效的合成方法;另一方面为了构建新的化合物骨架和有机分子,去研发新颖的合成方法。这两条路径听上去有点相近,其实是完全不同的。前者是鸡已经有了,要让它多生蛋,而后者是鸡还没有,要先找到蛋,才能孵出来。

修饰化合物的结构,提高其对特定生物靶点的活性,从实用的角度来看,更有价值,但只有不断获得新的化合物骨架,才能为未来更多的修饰提供基本材料,研制空间得到了拓展,自然会有更大、更多的机会,这是一个眼前与长远的关系问题。但无论哪个方向,新颖高效始终是我研发合成方法时的首要目标。

如果现有的合成方法需要多步反应,每步反应耗时很长,而且反应条件苛刻,要用来快速扩充化合物分子库,显然不够理想。如果能找到新的合成方法,只需要温和的反应条件,一步即能获得目标化合物,还省时省力,岂不就可以大大提高构建化合物库的效率,给药物筛选提供更多的机会,使新药研制具有更高的效率?我的工作就是从简单的原料出发,通过分子间的串联反应,得到复杂的杂环化合物。这简单的一步反应中包含了多个化学键的断裂与形成、分子间的相互作用,就像用几块不同形状的积木,通过合理拼接,搭出一个最漂亮的模型。

研发化合物合成方法的过程,可以同时获得两项产品:一是新的方法,二是通过新方法找到新的化合物骨架,我的化合物库因此不断扩大,现在已筹集了不少具有特定结构骨架的化合物,能针对不同的生物靶点,表现出多样的生物活性。在此基础上,通过修饰,还合成了不少化合物分子,一起收入化合物库。例如,可以从最简单的原料烯烃、炔烃和硝酸铜出发,改变反应条件后,一步就构建出二氢异噁唑、异噁唑等分子骨架,然后快速合成具有降血糖活性的螺环化合物。还可以从廉价的五水硫酸铜出发,快速构建具有广泛工业价值的各种磺酸酯类含氮杂环化合物,避免使用高腐蚀性的浓硫酸等试剂,更好地满足环保要求。

七、化学家如何建设化合物库?

建设化合物库的目的是为了提高化合物研制的效率。众所周知,药物临床试验对于化合物形同"屠杀",经过一期、二期、三期临床试验的筛选,一堆化合物最后能保留几个有效,已是上上大吉,一个不剩也没有什么稀奇,新药价贵,部分就贵在临床试验中化合物的"集体阵亡"。解决这个问题有一个简单办法,"广种薄收",尽量多构建一些有可能成功的化合物。如此形容,或许会让其他化学家"情何以堪",但绝对是大实话。做药是真难,有些新药经过千辛万苦才得以上市,随后却被发现效果不佳,甚至有毒副作用。例如,Merck 公司的 Vioxx 和 Pfizer 公司的 Celebrex 上市后,都曾为企业带来高额利润,但因存在增加心脏疾病及其他心血管疾病的风险而被迫撤市。化学反应的不确定性既是这门学科的魅力所在,也是这个行业研究者的无奈所在。所以,建立一个尽可能大的化合物库是最简单、可行而有效的办法,尽管看上去有些"笨"。

研究化合物的工程师未必人人愿意构建一个自己的化合物库,因为工作量太大,个人常有勉为其难之感。好在目前国家已经建立公共的化合物库,可以为研究提供技术支持,当然不是无偿使用的。

上海浦东张江被称为"中国药谷",美国硅谷研发互联网技术,浦东张江研发新药。张江高科技园区建有国家新药筛选中心,能提供样品筛选和专业咨询服务。一个国家新药研制的核心竞争力部分就体现在是否有能力快速构建拥有特定新骨架和大量化合物的化合物分子库。如果说国家财政状况一定程度上看国库里的资金,那么国家研制新药的实力一定程度上看国家化合物分子的库存和构建化合物分子库的能力。增加国库资金根本上靠经济发展,增加国家化合物分子库存,靠化学家努力研发新的高效合成方法。

化合物分子库建设投资大、周期长,维护不易,还要开发辅助功能,难度可想而知。更不易把握的是,效果如何还得看运气。有位非常著名的化学家构建了一个拥有上百万化合物的库,可是在针对某个特定的生物靶点进行活性筛选时,几乎全军覆没。这不是说他的研究方法一定有问题,只是他运气不够好,别人要的货,他没有,他有的货,别人不要。

诚如爱迪生所说,试验 999 次,都没有成功,并不代表研究没有任何进展，至少可以确定，这999种材料不具有预期性质，不能用于这个目的。就此而言，也为后续找到预期的材料排除了错误的选择，从而向成功又跨近了一步。何况，有一百万种分子的化合物库存对某个靶点没有效果，未必对其他疾病也没有活性，所以，完全可以用于后续其他研究。化合物A对疾病甲没有效果，但调整试验方案后，发现其对疾病乙或疾病丙有很好的治疗作用，这在新药研制中也是常有的。

建设化合物库能否取得预期成效，除了运气成分，同个人掌握的知识和经验也有关系，拓宽知识面，用活研究经验，有利于避免化合物库无效的窘境。例如，要是发现某个化合物对病毒有效，那么在检测生物活性时，可以尝试多点测试，分别应用于乙肝、流感等病毒。虽然每个生物靶点各有其自身特性，但多几个靶点，也许可以提高命中率，取得更好的测试效果。如果对该类药物了解不多，选择单一靶点，完全靠"试错"，那就形同买彩票中奖了。科学家包括化学家不会如此盲目地设计研究方案，科研成果也不能用这样方式获得，否则一个人是否当科学家，确定什么样的科研方向，就得先测生辰八字，选个黄道吉日，再请算命先生做立项评审委员会主任了。

化合物可以用于生产某种药物，并不意味着就直接用药物的特性来命名化合物库，比如A化合物库是病毒针对库，B化合物库是癌症特效库。因为化合物与生物活性并非一一对应的关系，不能说A药物对病毒有效，就一定对癌症无效。例如Pfizer公司的Viagra，起初是考虑通过扩张血管从而用于降低血压，但后来却发现它对高血压治疗效果并不明显，反而对治疗勃起功能障碍（ED）有出其不意的良好效果。据此，我们并不能将含有Viagra类似骨架的化合物库称为 ED 库，事实上以这个化合物为主要骨架的其他化合物还能用于治疗癌症等疾病。

八、上海大学化合物库有什么特点？

上海大学的课题组有自己的化合物库。我们设定的目标不只是建立一个特定的化合物库，而是发展高效的合成方法，以便需要时，能够简捷、高效地构建化合物库。也就是说，更注重于方法的创新，而不是特定化合物的发现。化合物无非方法应用的产物，只要方法有了，发现化合物只是时间问题。所以，我们名义上采取了合成化合物库的说法，但在心里，更愿意称之为"化合物的合成方法库"。

相应的，我们在开展合成方法学研究时，不以特定的活性应用为唯一导向，比如针对病毒还是癌细胞，新开发的合成方法可以广泛应用于针对多种疾病的药物研究，才是我们真正的愿望。为此，我们既看重运用自己研发的合成方法所获得化合物的生物活性，更注重新方法作为化学反应的机理是什么，反应活性是如何获得的。化学反应千变万化非常奇妙，只有深入研究化学反应的机理，找到可能的反应路径、激发因素和中间体过渡态，才有可能设计化学反应，预测反应结果，在方法论的高度上，对实验性化学反应作出理论化总结。正是在这个意义上，我们的研究不是关于操作方法的研究，而是方法学研究，即在理论的高度上开展方法的设计和论证，其成果足以用来指导未来的方法研发和方法运用。

化学合成方法的重要性源自化学反应本身的不确定性。化学与其他学科不一样,很奇妙,没有很多刚性条条框框,随时可能遇到意想不到的变化。化学反应的条件不同,反应机理可能就不一样,最后的反应结果也会有所不同。同样,分子骨架不一样,合成路线不一样,最后化合物的性能也不一样。所以,只有深入研究化合物的合成过程和机理,才能找到快速高效的合成方法。

所谓"高效的合成方法"首先要求合成原料简单、便宜、来源广,一句话,就是成本低而性价比高;其次,在反应过程中,原料能被快速消耗,消耗的原料能有效转变为理想产物。

这里的"消耗"不是简单地把原料弄没了,而是在原料转化为预期产品的过程中,一是转化率高,原料能完全转化,而不是剩下一大堆,用不了,浪费;二是确确实实转化为预期产物,而不是连带产出一大堆没用的东西;三是反应过程本身有兼容性,可以用于不同的原料。如此"高消耗"绝对是理想的过程,符合"多、快、好、省"的要求。

现在我们的化合物库里,有基础的化合物骨架,有修饰好的化合物,有构建骨架以及修饰化合物的方法,还有对潜在变化的结构设想。对于特定方向的化合物库,关注重点是具体合成路线以及可能的反应机理。对于研发出来的具有较好底物适用性的化学反应方法,要求是随时可以用于从特定原料获得预想的化合物,充实和丰富化合物库的内容。

九、药物研制,学科如何协同?

通过药物设计与合成来创制新药,一直是合成化学家和药物化学家孜孜以求的目标。我们希望自己的研制成果能够造福社会,并亲眼看到救死扶伤的成效。化学可以同许多学科和行业结合,比如材料、环境等,但为人类解除疾病痛苦、免于过早死亡,是化学家的神圣使命之一。在我做博士后的美国 NIH,里面的科研人员大部分是做临床医学研究的医生,具有生命科学研究的知识,但相对缺乏化学方面的知识,化学家加入其中,可以形成交叉互补、协同合作。我在那里研究期间,决定了专业发展方向,认准了与生物医药相结合的技术道路。

我现在的工作是架起医生与药物之间的桥梁,医生拿着我们设计、合成、生产出来的药物去治疗疾病。医生的工作,化学家没法做;化学家的工作,医生也做不了,两者之间必须相互合作。

在化合物研究领域,一个高效团队往往包含了多个学科的交叉合作。在 NIH,我导师的研究团队包括药物合成、药理、活性测试、计算机模拟等多个学科方向,还与其他高校的教授们合作研究。因为在药物设计和筛选的过程中,除了寻求药物的高活性、高选择性以外,还必须综合考虑药物的代谢动力学 ADMET,对药物的吸收、分布、代谢、排泄和毒性进行全面的研究,搞清楚药物从进入人体、作用人体、排出人体到最终效应的全过程,才能确保新药研制的方向、成效和效率。

目前在上海大学,我们课题组还缺乏生物活性测试方面的相关设备,协同研究更显必要。我与生命学院的教授建立了紧密的合作关系,我承担药物合成与设计,他们负责生物活性测试,两个课题组取长补短,很好地解决了各自面临的问题,堪称天作之合。

双方合作有两个工作途径:

一是生命学院的教师利用市场销售的已知化合物,针对他们研究的目标生物靶点进行测试,如果发现有活性,例如对某种癌症治疗有效,我着手以这个化合物为基础,进行结构修饰,寻找活性更高的化合物,如果找到有效却未见文献报道的新化合物,那就是新发现。市售化合物可能曾对其他靶点进行过研究,但只要未针对我们的目标生物靶点进行过活性测试,那么一旦我们测试有效,也可以作为课题组合作研究的成果。

二是生命学院的教师直接利用我提供的新化合物进行新的生物靶点测试。这个操作更有创新的潜力,如获成功,就是全新的研究结果。我们目前已有多个合作项目,取得不少有希望的结果,其中包括若干我们率先合成的活性较高的化合物。

率先合成有活性的化合物,如果价值较大,可以申请专利,对新化合物及其合成方法进行双重保护。化合物研究成果的独创性不仅表现为原创的化合物骨架,还有独特的化合物库构建方法,两者都具有很高的价值,都需要法律的保护。

十、好玩的化学,好玩的化学家

化合物的合成方法学研究中有不少内容是化学界高度关注的,如合成方法、反应机理研究和化合物库的构建。而其中涉及的反应条件改变、反应路径和中间体发现等都可以带来新的发现,价值高的成果可以获得诺贝尔奖。

2010年诺贝尔化学奖授予了三位杰出化学家,因为发现了有机合成中"钯催化交叉偶联",其中涉及的"Suzuki反应",看上去非常简单,上大研究生甚至本科生都能理解。获奖的关键不是因为这项反应很难发现,而是因为发现之后,引发系统研究,最后带来了广泛的应用性和巨大的社会经济效益。

现在看来,Suzuki反应是一个相当完美的化学反应,但在发现之初,没人预见到会有这么大用处,还能获得诺贝尔化学奖,因为Suzuki反应的巨大效果部分来自后人的持续研究。获奖者的一篇关键论文曾被多家主流刊物拒之门外,只好发表在一份非主流的化学期刊上。幸运的是这项"非主流"发现得到很多人的应用,大家并没有因为"出身门第"而忽略了它。

Suzuki反应获奖颇有"无心插柳柳成荫"的喜剧感。原先的反应方法习惯于使用有机镁、有机锂等一些化学性质比较活泼的原料,操作过程中需要特殊的实验技术,不便于实际应用。Suzuki反应改进了实验原料,尝试把有机镁试剂改为有机硼试剂。这么做并不要求大幅度改变反应机理,但却让操作过程变得方便、简单,提高了反应兼容性,扩大了应用范围。随后,其他研究者对Suzuki反应作了进一步的研究,获得更多新的反应发现和应用可能。可以说,Suzuki反应的设计本身技术含量并不高,却取得了意料之外的结果。而这最后一点,恰恰是化学学科的最大魅力所在。

从古至今,很多人投身化学研究的初心并不是因为化学有用,而在于化学十分有趣、极其奇妙。不像研究物理、数学等学科,需要高度的抽象思维和严密的逻辑推导,化学是一门实验科学,能够触摸,需要动手,更多地依靠实践以及研究者的兴趣。许多时候,化学家并没有想到追求什么重大成果,只是为了解决心中疑惑,满足下好奇心,结果幸运地被苹果砸到了脑袋。

用有机硼取代有机镁的想法，源于硼原子的某些特殊化学性质，这几乎是化学常识。但就是这一小小改变，带来整个后期的变化。更有意思的是，此前大家没想到，并不代表缺乏创新意识，有可能只是觉得微小改变不值得花大力气去探索。而且，化学家一般都拥有自己的研究领域，不太愿意介入其他科学家的研究工作。发现 Suzuki 反应的科学家及其研究团队愿意在已有的研究基础上继续深入，同时幸运地激发了其他人，特别是那些热衷于简单、实用反应的工业界人士的兴趣，提高了研究成果的应用性，才使得 Suzuki 反应的影响力越来越大，最终获得诺贝尔奖。

　　Suzuki 反应获奖似乎带有一定的偶然性，运气成分颇大。就研究本身而言，确实没有很了不起的创新，但也确实产生了很了不起的效果。这不由人浮想联翩，似乎优秀的化学研究者总有幸运女神相伴，而力学、建筑这类科学，恐怕很难指望得上。

　　其实不然。自然科学的基础研究多少都有些运气成分在里面，否则何来苹果树下牛顿惬意午睡竟然导致万有引力定律诞生之说？只是对于化学来说，运气成分确实更多一些。相比物理变化的"循规蹈矩"，化学显得"随心所欲"，经常让人大感意外。说真的，即使在富有经验的化学家实验室里，化学反应也充满着不确定性，即低概率和随机性，因此始终让人饱受奇妙乃至微妙的诱惑。从化学家的自尊心出发，我们必须强调，随机性强不代表化学家完全靠撞大运，真要取得出色成绩，幸运女神降临前，还会先看看研究者的实力与毅力，有没有自己的思考、判断、设计和坚持。至于我个人，还是愿意在实验的紧要关头，幸运女神多多将临。

十一、中国化学研究在世界上的地位

总体上,我国的化学研究正与世界前沿化学研究接轨,处于新的历史发展时期。目前,我国在化学领域发表的文章总数和被引用文章数以及论文的引用次数逐年上升,已经跃居世界前列。国内众多学科在世界排名中,化学的排名相对更靠前。国家正积极促进化学学科的健康发展,并以此推动材料、生物制药以及环境等其他学科的发展。

上海大学的化学学科发展非常有潜力。学校目前有8个学科进入了ESI全球前百分之一行列,其中化学学科进入了ESI全球前3‰。2016年,在英国QS排行榜中我校化学学科处于全球101—150位范围内,而在US NEWS排行榜中,我校化学学科位列全球第207位。在上海大学,有很多学院在进行化学相关的研究,包括理学院、环境与化学工程学院、材料科学与工程学院以及生命科学学院等。

作为一门基础学科,上海大学的化学学科应该进一步提高自身实力,服务于其他学科是应该的,增强自身实力则是必需的。化学学科一定要发展出具有独特优势的研究方向,增强整体实力。在此基础上,才能够更好地服务其他学科,实现均衡发展,达到相得益彰的效果。

对于化学家个人来说,理论和应用都很重要,理论可通过论文来体现,应用可通过实际成果来体现。一般来说,判断一个研究者在其所处的研究领域中的突出地位主要看两点:

一是研究工作具有系统性和影响力,研究者同其研究的内容"融为一体",成为彼此的标签,人们提到某个研究者就能马上想到他的研究工作,或者反过来,提到某方面研究就能想到相应的研究者。

二是在国际顶级期刊上发表高质量的研究成果,并得到同行较广泛的引用。期刊排名固然不一定与研究工作的质量直接对应,但在一定程度上能够代表业内对其研究能力的评价。一般来说,高影响因子的期刊需要高质量的研究,代表了个人研究成果在同行中获得认可的水准。

我目前的研究侧重在反应方法学以及新型药物分子的设计及合成。通过过渡金属催化的惰性化学键活化及多中心反应,高效、高选择性地构建了一系列含氮杂环化合物。部分研究结果已发表在国际化学顶级期刊上,得到重点推介,并多次应邀撰写个人工作述评、研究综述和研究论文。同时,我设计合成的一些化合物在针对特定的生物靶点测试中,具有较高的生物活性。利用我们发展的新的合成方法可以帮助构建更多新化合物骨架,搭建更多化合物分子库,从而实际推动研究工作在理论和应用两方面的发展。

现在,个人已有授权专利十几项,部分专利有较高应用性,已转让给企业。专利既可以方便其他研究者应用,造福于社会,同时也可以有效保护自己的知识产权,维护合法权益,还有利于形成鼓励创新、尊重人才的风气,善莫大焉。

十二、化学家创新动力的来源

对所有科学家包括化学家来说,兴趣是最主要的研究动力。就我个人而言,我喜欢搞研究,之前曾在企业工作过,但最终选择到高校工作。

企业里也有研究工作,但必须服从公司的整体安排,只能聚焦于一个点,限制多,空间小,个人没有多少选择余地,而高校的学术自由度较大,可以依据个人兴趣选择研究方向和内容。当然,自主性不等于天马行空,也需要围绕某个研究方向,深入而持续地开展探究。但要是在研究过程中发现新的方向,在高校里,研究者完全可以转向,"见异思迁"没有任何问题。而在企业里,要是安排做抗丙型肝炎药物,肺炎医物可能就与你毫无关系,"喜新厌旧"是不允许的。

作为自然科学工作者,兴趣始终是最重要的创新动力,在兴趣推动下开展研究,不会想到学术造假等追求功利的小动作,因为研究本身给人带来的享受,是最大的回报,而其中的高潮是发现出乎意料的研究结果。

举个例子,硝酸铜一般作为常规的硝基化试剂使用,而我们在实验中意外发现,廉价的三水合硝酸铜可以作为氧化腈类化合物的新颖前体,由此实现了对简单炔烃的活化和直接转化。这是一个颇具独创性的发现。随后,我们对该反应机理进行深入研究,推测了其反应机理。在此基础上,进一步扩大了该反应在有机合成中的应用,成功构建出很多新的化合物骨架。

这项研究不是有意设计出来的,而是在毫无准备的情况下的意外发现。幸运的是,我们成功地抓住了机会,将偶然变成必然,最终取得了一系列成果。用"大喜过望""喜出望外""意外惊喜"来形容一点不过分。这就是化学的魅力!对化学工作者来说,意外的结果,幸运女神的眷顾,是最好的回报。

其实,所谓"意外"恰恰说明研究者思维中存在"黑洞"。很多时候阻碍创新的最大因素是研究者自身的思维定式。当一个人在熟悉的领域做了大量研究,积累了许多经验之后,就会倾向于认定某种状态或作用机理为常态,而不再思考其他可能的情形。化学反应固然有偶然性,但同样有规律性,只是当我们无法用规律性作出解释时,用偶然性去诠释会比较方便而已。这时候,偶然性就表现为"意外性"。所以,发现意外之时,绝对不可轻易放过,而要抓住机会,深入研究下去,找到背后的规律性。作为学科专家,我们的职责就是把隐藏的规律性揭示出来,提炼成知识,生产出理论和方法来。

因为对研究有浓厚兴趣,我特别愿意与学生一起做研究,让他们在学到理论和方法的同时,感受研究的乐趣,形成未来的动力。针对化学学科的特点,我对学生反复强调,意外或偶然性是化学发展的重要推动力,是化学研究的乐趣所在。所以,不能只关注预期的反应结果,而要对实验过程的异常结果始终保持高度敏感,一旦遇见,不可忽略,更不能放弃。意外是惊喜之源,重要成果往往存在于异常之中,而且稍纵即逝。错过了意外,也就失去了化学给人带来的最大乐趣。

做化学研究很辛苦,除了化学学科本身原因之外,社会上普遍存在对化学的偏见和妖魔化宣传也是一个因素。我曾经发表文章,呼吁加强对化学的正面宣传。社会上有不少道听途说、以讹传讹的刻板模式,对化学以及相关学科的发展造成无谓的阻碍。化学既是基础学科,也是基础工业,大国不能没有化学,必须尽快摒弃对化学学科的偏见,积极公正地看待之,为中国化学学科及其应用的大发展创造友好的舆论环境。

作者简介：

许 斌 教授，博士生导师，上海大学理学院化学系主任。主要研究领域：导向生物活性分子的含氮杂环构建，新型药物分子的设计与合成。主持国家自然科学基金面上项目4项，省部级及横向科研项目20余项。已在 *Chem. Soc. Rev.*，*Angew. Chem.*，*J. Am. Chem. Soc.* 等国外著名期刊上发表了70余篇SCI论文，获得美国授权专利2项，国内发明专利授权16项。曾获得 Asian Core Program Lectureship Award(2014年、2016年)、美国 NIH Visiting Fellow Award、上海市科技进步二等奖等奖项。2007年入选上海市"浦江人才"计划。

第八章
产学研一体化道路上的"超导"路径

上海大学理学院　蔡传兵

人类发明了电和电器,传输电就成为问题。为提高电流传导效率,人们瞄准了超导材料。然而,在超导科研成果屡屡获得各类大奖的同时,我国的超导应用和产业化一直难有大的进展。要激发创新活力,加快产业化发展,必须大力推进"产学研一体化",但目前的教育、科研、知识产权和国有资产管理等各种体制存在种种有碍创新的制约性因素。所以,结论是:要让电流"超导",必先让创新"超导",切实推进有效的产学研一体化已成当务之急。

一、迎战超导材料高门槛

超导现象的发现已有 30 多年,从应用技术角度经历了两个主要阶段:第一是利用低温技术,将材料冷冻到接近绝对零度,使导电线阻抗为零,实现大流量导电的目的。第二阶段是利用低价的液氮冷却剂,让导电线实现超导。相对前者,后者被称为"高温超导体",其实温度还是很低的,人要进入这个"高温区",不会被烫伤,只会被冻坏。这么说吧,冷冻胚胎就是这个温度。目前,最具发展前景的实用高温超导材料是基于钇钡铜氧的涂层导体,其制备方法包括物理方法和化学方法两个基本方向,后者的突出优势是具有更为广泛的产业化应用前景。上海大学上海市高温超导重点实验室走的正是化学法技术路径,并已形成独具特色的产业化支撑体系。

高温超导虽然比不上航空航天这样的技术密集型领域,但应用广泛,长期以来受制于材料制备难度,虽然国内很多院校都有人研究,不过做成产业、制成产品的极少。国外发达国家已有若干技术创新的超导产业化企业,虽为业内熟知的同行,但对中国封锁严密,中国学者要去参观是不受欢迎的。

在国外,研究超导材料的都是有实力的国家及其研究机构,小国家或没经济实力的研究所不敢揽这个活。在实验室里做些超导材料小样,容易,能做的人不少,但要大规模制备,低成本生产,推出有市场价值的产品,达到实际应用,难。作为大国重器,重要材料的规模生产离不开专门装备,如真空装备、半导体外沿装备、芯片制造设备等,因此会伴随材料的研发,形成一个产业链格局,半导体、集成电路等都经历过类似的阶段。然而,涂膜技术本身并不是创新,针对高温超导带材的涂覆技术和装备需要设计与开发。过去,国内在这方面可说是空白,国外有,但仅限于听说。我在德国做研究时经历过小范围的样本制作,但怎么放大规模,变成产品,实现产业化,德国人也在努力尝试,装备则付诸阙如。

如今,上海大学团队在超导带材的研发上已获得重大突破:一是发明独特的化学涂膜配方和方法,成功研制高性能超导带材;二是成功研发出独特的连续化工艺流程及其系列装备;三是形成生产长达上千米的超导带材制备能力,达到了实际应用的要求;四是正全力推进超导带材的产业化,形成了批量化制备能力并逐步进入国际市场;五是在转让专利的基础上,建立了校企联合的中创超导公司,超导带材的产学研平台初步建成。

二、匠心独运超导材料研发

上海大学走出了一条通过低成本技术路线制备"第二代高温超导带材"的道路,通过将化学溶胶涂抹于金属基带表面,经再处理后,形成超导薄膜。基带是一般的金属导体,通常就是一根不锈钢带,而导电层是那层微米级的超导薄膜。采用基带涂膜技术,内含重大的思路转变,即从过去着眼材料本身的超导性能,转向通过涂层获得复合材料来实现超导性能。

理解超导可从金属电缆入手。电流与电缆好比人与楼道,人多拥挤之时,要么把楼道放宽,要么把楼道里堆放的东西搬走。原来的思路集中于解决楼道本身的问题,最初是把楼道拓宽,但一味加大导线截面积,不仅浪费材料、增加成本,还会造成输电塔架负载过重等一系列问题。一计不成又生一计,指望把楼道里造成不便的东西全搬走,让电缆阻抗降到零,电流的通量就可以变大。可由于陶瓷材料本身的物理性质不好,脆弱易断,所以又想出第三个办法,给普通的不锈钢带涂上特殊的膜层之后形成超导材料。

基带上涂抹而成的膜叫"功能膜"。在超导带材上,膜是超导体,金属基带只是支撑体,让电流不受阻碍地通过的是涂层膜。这意味着楼道的截面积不但没有放宽,反而缩小了,结果可通过的人流量却增加了。如此神奇的效果是怎么发生的?关键在于思路变了。超导材料的突破在于让"走动的人"不要集中在地面上,而是"悬浮"起来,流动速度自然加快了。这是一个实质性的重大改变,形同在楼道中增加了一台自动扶梯或让人贴在墙上或天花板上行走。

涂膜怎么会有如此神效?怎么让人悬浮起来的?这里暂且不表,先说这种超导材料的最大好处——便宜。

工程化的思维特点是追求实用,而实用的东西必须便宜,即成本低廉。以前实验室采用的方式有点像做半导体,利用 MOCVD 之类大型高真空装备进行气相沉积。

气相沉积办法是有效的,但成本太高。大型设备本身价格昂贵,动辄上千万元一台。制备技术难度也高,气相沉积需要十个小时。而且,生产速度缓慢,一天最多生产几十米,而这还只是几十道工序中的一个环节。

我们的技术不一样,采用溶胶涂抹的方式,就像把胶水涂覆在基带上,大大降低了成本,提高了效率。对比各项主要指标,我们的设备造价只有几十万元,便宜了几十倍,涂抹时间只需要一小时,一天产量可以达到上千米。因为造价便宜,可以购买更多机器,实现更高产量,价格自然更加便宜。一句话,我们的工艺路线的核心是低成本和批量化,所以更具有产业化的可能性和可行性。

三、厚积薄发博采众长定方向

说实话，采用化学溶液涂层方式制备超导带材，不是我的原始创新，最初想法来自德国。我在德国做研究时看到的，但是怎么控制成本、实现产业化，则完全是我自己的思路。德国人有过实验，但没有做到产业化，我在德国的导师有一次来上海大学，一见之下，十分惊讶："你回国才几年就进展如此神速，局面做得这么大？"

其实这是我长时间坚持的结果。进入上大之前，我在超导领域中开展研究已有十多年。读研究生时高温超导刚刚被发现，博士期间研究磁悬浮用高温超导块材，在国外做博士后，研究的是高温超导材料实用化问题。一路做到现在，没有大的偏离，增加了不少新的内容，但一直沿着把氧化物高温超导材料实用化这条核心路线走到今天。

从读研究生到博士毕业，我在中国科学院微系统所待了七八年，当时课题组为中国西南物理研究所研发用于可控核聚变的磁体。这一段经历对我影响很大，很多老先生以国家重大所需为己任的科研态度对我深有熏陶。这个研究所历来重视承担对国家有重大贡献的研究课题，打开了我的专业视野，提高了科研的境界。

1998年年初博士毕业后，我先去大阪大学读博士后，后去东京的日本铁道综合技术研究所工作，研究的是超导磁悬浮。之后又去英国伯明翰大学做博士后。2012年去德国。各国游学和工作的经历让我见识了日本、英国和德国的相关研究，了解了他们各自思路，体验到不同的研究风格和科研成果产业化路径。这段博采众长的成长之路，至今对我的方向选择和坚守超导研究领域有着深刻影响。

四、低高温和物理化学法超导技术

在日本我花了两年时间研究超导磁悬浮。上海有磁悬浮，用的是德国技术，日本的磁悬浮技术是自己原创的，原理有很大不同。日本地震频发，国家要求车厢与轨道的悬浮距离要比较大。日本人设计做得很好，结构精美，"8"字形磁浮线圈结构的构思巧妙无比，侧身拉推两力交合作用十分有利于车身稳定运行。至今上课时，我经常用这类构型作案例教学的材料。

德国磁悬浮技术采用上下排成平行的轨道，悬浮距离缩短了许多。日本磁悬浮速度是世界纪录的保持者，最高时速已经超过每小时600千米。日本首相安倍晋三曾去美国推销他们的超导磁悬浮列车技术。日本磁悬浮工艺精巧而成熟，纯从技术角度说，可谓尽善尽美。

然而，就高温超导技术而言，他们在带材方面没有发展出成熟的技术，尚难在磁悬浮方面广泛应用，他们采用的还是以传统低温超导体为主。

然而，低温超导技术应用存在一个重大问题。冷冻所需的氦气只有在美国的大氦气矿里才能采集到，成本高，且供应有限。受此制约，日本只能先造一段磁悬浮，等有条件了再造一段，无法短时间、大面积推广。现在运行的那一段是在东京郊区的山梨县，为东京到大阪等城市的线路中的一段，预期2027年全线运行。后期建设可能不会全部采用低温超导材料,或许就用我们的高温超导带材,通过降低成本来扩大磁悬浮技术的运用和推广。

日本的经验告诉我,低温超导的技术路径是走得通的,但商业化运行的前景渺茫,成本过高是其"阿喀琉斯之踵"。真要让超导材料得到广泛运用,必须降低成本,尤其是不能在基本条件方面,像氦气来源那样受制于人,高温超导采用成本如矿泉水般的液氮,具有运行成本优势,才是最有希望的超导应用发展方向。

基于这样的思路,我在伯明翰大学做博士后期间,专门研究高温超导带材,这是当时国际超导界最为关注的课题,也是我现在的专业方向。在伯明翰大学时我得到牛津公司资助,以我为主来做这个项目,任务是攻关高温超导带材的关键制备技术。当时只是做实验室小样本,用的也不是化学法。化学法"小荷才露尖尖角",没人相信能发展下去。2001年前后,人们对高温超导材料寄予很大期望,但工艺技术路线一直不够清晰。一方面企业希望能很快稳定制作出实用化高温超导材料,另一方面学校希望实现这方面技术创新,借此获得政府资助,所以有了合作项目。我在实验室制作出的样本非常小,采用的是物理方式,感觉到照这个思路和方法做下去,肯定无法实现产业化。后来牛津公司也发现了这一技术路线的问题。多次沟通后,我明白了,企业需要的是性价比高的超导材料,而我在实验中采用的方法和制成的样本,其科研意义虽大,但实用价值不高。

伯明翰大学的经历的最大价值是让我明白用物理方式制作超导带材,难以降低成本,这条传统的制作方式不受企业欢迎。后来牛津公司撤出了,大家也不愿意坚持下去,最后结束在实验室小样阶段。

其间我发表了两篇论文，主要讨论物理方法的关键工艺和结构。这类研究论文比较受同行关注，但要用于产业化，没有希望。学术上受欢迎，应用却很困难，研究做得再好，不能应用等于零。导师劝我改变方向，研究当时比较热门的方向巨磁阻薄膜材料。我不想放弃超导方向，于是离开英国，去了德国。

那时，德国课题组正尝试用化学方式制作超导带材，也发表了一些初步成果。还有，美国人也在研究相关技术。化学法属于高温超导涂层导体领域的后起之秀，当时尚在起步阶段，问题重重，要产业化似乎比登天还难。不同的产业化方向和技术路线迷雾重重，国际同行们都看不清未来，何去何从，完全取决于个人判断。

制作超导带材的工艺思路和实施方式很多，总体上分为物理和化学两大方式。物理方式比如脉冲激光、电子束照射、磁控溅射等都需要高真空条件，成本无法降低。化学方式则有气相沉积、溶液涂层等。我选择了金属有机溶液法涂层。当时在德国，这只是个概念性的产业化工艺，没人料到会发展到今天这样。但我判断，这是高温超导带材产业化的必然选择。在德国待了三年，我一直在调研和思考这方面的问题，假日和周末也埋头做实验，积累了大量第一手资料，发表了多篇论文。我愿意默默无闻地坚持下去，横下心来走到底，目标是实现心中梦想，即把高温超导材料实用化，通过高性价比满足各类超导应用。在德国的这段经历奠定了今天我们实现产业化的基础。

相比物理方式，德国化学方式的优势在于成本低，但要制作成百上千米的超导带材，不易，以当时的装备和方法，要实现产业化，无望。研究人员的普遍心态是做一些实验室研究、发表几篇论文就好。其实，起初的化学方法也只是研究而已，做论文恐怕更不容易。我离开德国前，我们设计了一个小型装置，直到今天还在那里，被时间定格了，没有大的突破和进展。困难太大，以耐心著称的德国人也没有耐心继续做下去。德国到现在还在用传统方式进行涂覆，制备工艺很难控制，溶液利用率低，超导性能不稳定。原因在于他们采用的方式，如完全浸泡、喷墨打印等，没有切中问题要害，难以奏效。欧洲科研界没有当今中国全民族只争朝夕的气氛，没人愿意放弃休息天，加班加点做研究，不追求短时间获得成效，在他们看来，关键技术的突破只是时间问题，尽可以慢慢来。德国人要么发明一些别出心裁的新方式，天马行空，要么把机械做得精致完美，像形式逻辑一样严丝合缝。面对难题重重的超导材料产业化技术，他们缺乏韧性，难以坚持下去。总体上，欧洲不少国家对高温超导材料产业化和未来应用心存畏难，在研究上，无论经费投入还是人力投入都显不够。这使我看到了我回国后可能超过他们的地方和优势。

在德国取得的研究成果，知识产权属于德国的研究所，因为他们资助了我的研究，但思想和经验是我的，通过努力研究，我自身获得了很大提高。在德国，我兑现了自己一半价值，带着另一半价值回国发展。几年下来，现在的研究与原来有天壤之别，我们的技术已为化学法作出变革性贡献。现在国际上，只有美国一个团队和上海大学团队掌握了高温超导带材化学溶液法产业化制备的关键技术。两个团队是在不同的环境中，各自独立研制出来的，核心技术都不为外人所知。德国人直到今日还没有掌握化学法产业化技术，我可谓青出于蓝而胜于蓝。

美国团队已经制备成功类似材料，对我们实行严格技术封锁，他们如何制作、工艺成分如何，我们完全不得而知。产业化技术和装备更是属于严控的商业机密。如今就性能而言，我们已经与美国超导公司的产品不相上下了，工艺组份等全部属于自主研发，设备和人员成本还比美国低许多，因此性价比上有更大提升空间。在低成本高温超导带材产业化道路上，我们有信心说，正在从跟跑发展到并跑，争取不久后做到领跑。

五、筚路蓝缕的超导带材产业化

我进上海大学，有自己的考虑，寻求的发展方向要跟实力较强的国内其他研究团队形成错位发展的态势。回国前，我分析过国内研究情况，像中科院物理所这类高大上单位主要强调发现新型超导材料，以发表论文为目标。通常搞前沿研究的人更偏向发文章，发现新的理论思路，找到新的超导物质。至今新超导体系研究还是非常热的，一旦有所发现就是科技发展的重要新闻，很多同行已经获得了各类国家科学奖等。

我的兴趣点仍然在把新型超导材料实用化。我的优势是有海外大学和科研机构交替工作经历，始终坚持基础研究应该得到技术应用的支撑和验证。对当前超导领域的前沿问题我有过深入分析，已经形成自己的思路和方法，此外，出国前在中国科学院参加过国家重大项目，知道国家需求之紧迫。这么说吧，进上海大学瞄准的就是国家级有挑战性的应用项目。

回国头几年，颇为艰难，实验室条件毫无基础。但我们坚信，难度越大，工作价值就越大。当时在上海，没有一家单位具有基本的测试条件，我们把样品寄往德国进行表征，信息反馈很慢。后来我申请到一个中德科技合作项目（PPP 项目），连续三年把多名博士生送往德国进行培训和学习，课题组几位年轻人和我本人也利用假期前往德国进行交流，才培养出自己的人才，解决了样品测试问题。在此基础上，通过大量实验对比，我们终于打通了关键环节。

但这只是万里长征第一步，工艺攻关成功说起来还算比较简单，在实验室里也不难做到，但要进入产业化，批量生产，带材长度增大后，许多问题接踵而来。涂抹过程不像刷墙，刷过就完，溶胶涂抹后形成的膜会自行延展，如同油漆刷好后，有个黏附过程。等干燥了，涂层不会自动具有超导性质，需要进炉子里烘烤、焙烧。这个过程涉及很多化学反应，需要加入其他物质，比如惰性气体等，而加入气体时需要控制压力、温度，气体在炉腔里流动，也需要加以控制。

对于溶胶涂层的这些后续处理，对材料最后性能的影响很大，但工艺精细微妙，拿捏不定。涂层热处理是一个至关重要又难度极大的工艺环节。涂层会衍生出很多问题，比如开裂、气泡等。涂上的膜层会生长，在金属带材上出现外沿生长，如何控制是个难题。膜的生长条件很苛刻，窗口期很短，而热处理温度高一点或低一点，最后形成的膜层厚一点或薄一点，都可以令整段材料报废。我的德国同行做了很多实验，一次次失败，最后对产业化彻底绝望："大家就在实验室里做吧，发些论文就行。"

要把带材做长，稳定性很重要，制备方法和专用设备也要到位。其中一些关键环节包括溶液组份控制、溶液均匀涂覆、成材率等，都需要相应的设备才能满足技术要求。但问题恰恰是这些装备国内都没有,国外有,但看不见,更无法引进。没有合适的装备,特别是缺乏一台精确控制溶液流量的设备,研究陷入停顿状态,让人倍感郁闷。

六、"工欲善其事,必先利其器"

"山重水复疑无路,柳暗花明又一村。"有一天晚上我在家看电视,新闻报道中展示了一套液体流量自动控制装置,精确度很高,完全符合我的技术要求。真是"心有灵犀一点通",我一下子开了窍。当然,我采用的是这台设备的原理,而不是直接把它搬来用,因为原料和工艺完全不同。启发之下,我找到了办法,既可以防止涂料和外界空气接触,还能精确控制流量,剩下的就是如何把溶胶均匀地涂抹在带材上了。

原理清楚了,技术思路有了,设备制作又成了问题,因为没有现货供应,只能自己设计,找人定制。大型企业通常不愿做设备定制,嫌订单太小,对科研需要兴趣不大。没办法,我们自己研究,设计好图纸,利用寒假走访乡镇企业,最后总算在嘉定找到一家。那家企业真叫"乡镇企业",一个字,小。时间已临近春节,工厂要放假,我们跟老板好说歹说,才同意推迟几天关门,把设备做出来。除夕前一天,我们拿到了试制的设备,回来马上就试,效果非常好,我兴奋得一夜未眠。苦思冥想,终于解决了问题。小企业不起眼,但愿意攻克技术瓶颈,对我们帮助很大。其实,一项项小的技术串起来,才有科技创新的大进展。

方法对头了，还要提高控制精度，我们又找了江苏一家规模大些的企业，但制成的设备仍达不到要求。最后从网站上找到一家生产相似元件的美国企业，我们飞到美国去洽谈。起初，他们也不愿做非标元件，费时费工性价比太低。好在最终被我们说服，按照图纸加工出来了，质量达标。当然，我们只告知元件结构和技术要求，不敢泄露用途，估计他们至今不知道这几个中国人定制的元件用哪里了。

虽然美国人也采用化学法，同样寻求产业化，我们同向而行，但均不知对方的具体技术路径和解决方案。我们在国内解决了原型样机，最终求助的美国厂家加工更加精致，但这个加工企业也不被超导同行们所关注，他们的技术在过去与超导毫不相干，一般人不可能联想到超导带材能用上这家企业的技术或产品。工程技术问题往往需要把好多环节联系起来，才能发现某个环节的意义所在。

七、性价比乃产业化关键的关键

现在，采用上海大学发明的技术，生产超导带材可以长达上千米，对于常规工程场合来说，足够了。比如，通常架空电线塔架间距是 600 米，常规铺电缆的施工距离也是 600 米，太长，反而会不方便。即便特殊场合下要求更长的带材，采用接头技术也能满足需求。

对于产业化来说，性能是必要条件，并不是充分条件，不能没有，但有了不等于就可以拿来用。成本和性价比才是产业化最后面临的拦路虎。

超导带材要降低成本有两个主要办法，强化性能和提高成品率。性能加强了，性价比自然提高。目前，国际上对超导材料有一个重要指标，即"磁场下临界电流密度"。所谓"国际领先"，要缺了这项指标，就名不副实了。获得高性能需要解决科学和技术方面许多基础性问题。比如，为了提升性能，必须增加薄膜厚度，让电流有更宽敞的通道，但做厚了又会引发关联问题。我现在做的超导薄膜只有 1 微米厚，如果做到 10 微米，性能可以提升 10 倍。这是我们现在研究的重点之一，进展很好，大有希望。

高温超导体之所以能够取代液氦状态下的低温超导，运行环境的维护成本低是一个重要原因。如能再把材料价格降下来，广泛应用的大幕可以正式拉开了。

要降低价格，提高成品率是一个办法，减少无谓损耗，成本自然低了。现在我们已经能够在每道工序上，实现成品率高达 90%。这听上去不错吧，但整个工艺流程共有几十道工序，N 个 90% 相乘之后，成品率就大大下降，结果价格又上去了。超导带材要获得广泛应用，其性价比必须与传统铜导线相当或较之更低。我们的目标是性能还要提高，而成本则下降到现在的 1/2 乃至 1/3，以这样的性价比，超导带材肯定能成功占领市场。

最近，中科院高能物理所在预研电子对撞机重大科学装备时，想到了上海大学，他们把我们作为合作组执行委员单位，希望我们提供低成本高温超导带材。他们计划打造一个千亿级超导电子加速器项目，其中造价的 40% 是超导强磁体。申请立项面临最大压力是成本问题，专家反对理由的第一条就是投入太大，不划算。如果超导材料成本降低 10 倍，性能提高 10 倍，性价比提高 100 倍，这样整个工程造价能大大降低,反对的人就不会那么多了。

　　当然,在有些特殊场合,超导材料具有不可替代性,所以不需要跟铜导线比价格。比如,医疗检查中使用的核磁共振设备,就肯定要采用超导带材,同我们有合作关系的医疗器械集团,等着我们的高性价比的成熟超导产品。还有一些特殊用途,如果超导带材能够满足需要,会对国家发展作出更大贡献。

　　在某种意义上,超导带材的发展历程与光纤有些相似。光纤材料发明于 20 世纪 70 年代,很多人认为,好则好矣,但过于脆弱,无法用于工程。现在光纤早已取代金属电话通信线,成为通信线材的主流。高温超导材料发明于 1987 年,跟光纤大概相差有 10 年,正好是我报考研究生的那年。当时科学界和媒体上讨论得热火朝天,普遍认为这是件大事,新材料带来新技术,将形成革命性影响。热闹过后,才发现不是那么容易的,要把科学价值很高的材料变成实用价值很大的材料,任重道远,一连串的技术问题排队等着解决。其实,所谓科学验证只说明这条路走得通,但一路上都是技术障碍,如果无法突破,有方向也无路可走。工程师的工作就是把科学家的原始发现变成现实应用。

　　倏忽之间,30 年过去了,终于看到曙光。

　　当然,超导材料领域还存在很多科学问题,超导带材的制备既需要科学家,也需要工程师,工程师最好既懂科学,还懂管理,因为研究过程需要科学管理者,产业化需要工程管理者。对于全新的技术如新超导体等来说,在应用性能和应用定位尚不清晰的情况下,更需要研发人员具有综合能力和整体素质。我们不仅要以工程师身份解决技术和装备的问题,还要对超导体自身特性和服役行为作深入研究。

产业化是科学和技术的交叉与融合，如果说寻找合适的组分偏重于科学，需要了解化合物的结构，掌握其超导原理，那么制备带材则偏重于工程，致力于解决一系列过程中的问题。

八、超导领域里中国的跑道

现在国际上做高温超导材料产业化的国家，跑在第一位的是美国。日本紧跟美国，想超过美国。在许多领域，日本和中国是竞争关系，现在日本也有一部分超导材料已经产业化了。

这几年，韩国看到美国和日本超导技术发展很快，就奋起直追，但无论日本和韩国，想要全面超过美国还很难。不过至少在超导带材方面，韩国现在是世界第一。欧洲人漫不经心，不着急，更倾向于自行其是，常有别开生面的独创想法。许多新的想法和方法虽然是从欧洲过来的，但研发节奏很慢。

当下世界超导研发的整体图景可谓是，美国人设计跑道和规则，一路领跑，日本人紧随其后，时不时还会超过美国人，欧洲人自个玩，不紧不慢。而现在，韩国和我们中国也跑上了正式比赛的跑道，你追我赶。

美国在超导方面有不少原创性优势，但我们上海大学团队在化学法高温超导带材的这一方向上，开辟了自己的跑道，技术工艺上有了自己的突破，美国人也承认，中国的工艺路线跟他们不一样。美国人举办国际会议，多次邀请我们去作大会报告，非常希望了解我们的进展情况。但光展示成果，彼此难以借鉴学习制备超导材料的核心技术。这相当于写作时，"此处删掉 5 000 字"。学术会议上，我主要讲化学方法中科技界有共识的部分，组方和工艺不会透露。我们化学法的成功依赖于一系列工程问题的创新性解决。在实验室里只要解决一个问题，发表一篇文章，学生就可以毕业了，自然高兴。但要实现产业化，这或许连起点都称不上。最后的产业化需要解决一个又一个技术难点，并把各项技术串联起来，建立综合解决方案，才能奏效。

九、产学研中的困惑和难题

产学研一体化是当前科技创新的主流趋势，从理论上说，完全合理，但真要落到实处，仍会遭遇种种困难。

1. 保密：教学与科研的矛盾

创新是一种智力产出，而知识产品同物质产品不一样，不会因为占有的人多了，每个人的占有量出现相应减少。这听上去对知识发明者是个好消息，不会因为别人学得了他发明的知识，他就什么都不懂了，不像家里的钱被偷走，人会一贫如洗。其实，没有那么乐观。在市场经济条件下，知识是财富，知识的运用可以带来财富，一个人运用自己发明的知识生产产品和一万个人获悉他的发明并用相同方法生产产品，对发明者来说，最后获得的财富数量是完全不可比拟的。专利或知识产权概念就是从这个差异中产生出来的。

作为教师和工程师的合体，产业化的研发者始终面临一个两难：作为工程师，我必须尽可能保护研究成果，不随意对外发布信息；作为教师，我必须尽可能教会学生，让他们有能力独立进行研究并发表学术论文。光满足前一项要求，我很难履行教师的天职，而光满足后一项要求，我很难保住工程师在产业化发展中的地位。这真让人左右为难。今天普遍存在于科技界的问题，早在手艺人时代就以原始形态存在，所谓"教会徒弟，饿死师傅"。

这个问题在理论上无解，或者说，道理上讲得再好，也是白搭。只有从技术上设法解决才行。

按照德国研究机构的管理模式，出于保护核心机密的需要，参与研究的学生或团队成员要先写保密协议，承诺不把研究过程中知晓的核心内容外泄或不在未经许可的情况下用作个人用途。这看上去很规范，其实在德国管用，在中国很可能不管用。在社会诚信得到普遍确立之前，即便具有法律效力的文书，最后是否管用都是未知数。不管怎么样，有个协议总比没有好，创新者心理要阳光。

我们团队是高度结构化的，比较协调一致。作为研究成果的知识产权归团队共享，我主抓方向性问题，提出技术方案和组织进展研讨，核心团队成员分工合作，各自有主攻目标，学生从事自己有兴趣的辅助性作业。因为协同研究，所以知识产权署名时基本上人人有份，对于成果分享，考虑到学生毕业和年轻教师发展需求，我会全面评估他们的贡献，尽可能让他们获得更多的回报。

比如有时候，研究生提出为了留上海，需要在专利或者论文署名时作为第一作者出现，团队也会同意。不过，根据实际贡献情况，还会在研究生毕业时让他签一个协议，说明知识产权属于上海大学，并授权团队老师进行后续处理。

其实，不光学校教学会带来知识产权风险，专利转让给企业后，运作上稍有疏忽，也会面临风险。员工人多，学得仔细，流动性又大，专利内容泄露的风险远比学校几个研究生来得大。如果关键岗位人员一来二去全部学走了,集成之后,专利内容知道得一清二楚,哪里还需要获得授权?而一旦知识产权失去保护,创新创业者的积极性必定受影响,创新动力也会衰减。所以,"产学研"看起来很美,真要打通环节,携手合作,必须解决种种细节问题,在这里不谈利益是不可能的,只讲利益也是不行的,过犹不及,平衡的才是好的。

2. 团队:高校与研究机构的差异性

研究超导,尤其是推进超导材料产业化,没有团队不行,许多原创性想法来自团队的头脑风暴或相处中别人无意的启发。单打独斗的工作方式,做实验,写论文,可以,推进产业化,不行,一个人做不成技术链、产业链的一条龙。带好团队,形成攻坚合力,必不可少,也殊为不易。

建设团队在高校和研究所里,感觉完全不一样。研究所强调完全的工作组合,每个人分工清楚,职责分明,上下级关系明确,领导是领导,组员是组员,谁都不会有丝毫疑问。加上目标单一,完全围绕项目开展研究,没有其他考虑。而在高校里,老师尤其教授之间是平等关系,每个人的定位弹性很大,研究方向容易因个人兴趣而受到影响,调整难度大。所以,团队凝聚力通常没有研究所那么强。

另外,高校教师还有教学等其他任务。学校规定,教授每年必须完成教学工作量,有的学院教学工作量指标教授高达 108 小时、讲师达 180 小时,负担很重。年轻教师被教学占据太多精力,没时间从事科研,几年一过,武功全废,既是对他们不负责任,也是对事业不负责任。但站在年轻教师的立场上,也要看到学校年度评估、职称申报时教学工作量门槛等"硬指标"的威力，我可以不以为然，他们不能置之不理。这是我一直头疼不已的难题。总体上说，研究所体制在人员管理、科研氛围、设施装备、规章制度、科技公关等方面都好于大学。这就是为什么在产学研一体化上，研究所动作更快一些，效率更高一些。

我在上海大学组建高温超导团队已有10年了，刚从国外回来进入理学院物理系，恰好系里同时进了两个中国科学院博士，其中一个还是从国家超导重点实验室出来的，我们在科研上有共识，就把他们团结起来，组建起了团队。

带团队跟带学生有相似之处。团队负责人不把自己的想法告诉大家，就无法形成有效合作，团队名存实亡，负责人难免成为光杆司令。一支团队要长期维系并卓有成效地开展研究，必须拥有某种超越个人的价值存在。共同信念和利益分享是其中的两个关键。

我自己没有职称问题，所以在论文里通常把通讯作者或主要作者的位置让给团队中的年轻人，为他们日后晋升提供方便。做法人性化一点，能照顾不同成员个性化利益，可以让团队凝聚力强一点，合作共事的时间长一点，研究气氛好一点，技术成果多一些。至于科研等津贴我只会比大家少，不会比大家多，在利益问题上，真所谓"退一步海阔天空"。

3. 专利：国有资产与发明者权益的平衡

我们团队有20多项专利，其中能直接带来经济效益的不多，反过来，真有应用价值的技术也未必申请专利，专利需要公开，让人学去了反而不好。这有点像中医的汤剂，熬好的汤药，黑乎乎一碗，神仙都不知道里面有什么药材,但要让人看到药渣,方子就被知道个八九不离十了。在超导产业化上,我们有两项专利已转到校企联合投资的上海上创超导公司。当时之所以不考虑自己利益就转让了,一则因为跟社会资本结合,可建成一个别人没有的超导产学研平台,为持续发展实用超导材料带来希望和保障;二则因为虽然国家有政策,明确支持和鼓励股权激励,但在实际操作层面,缺乏细则,尚未得到执行。其中最大的观念和体制障碍是社会普遍把职务发明看作"国有资产",好像发明者获得股权等经济权益,就是国家资产流失。其实,这样的想法对于留住人才和鼓励创新都是不利的。

通常,年龄较大的教授希望在稳定的环境中研究,所以人才流失的可能性虽有,但不大。而年轻人会有更多选择,一旦有了成果,国家给了荣誉,市场就会给出相应的报价,在更高待遇和更优越的研究条件之诱惑下,会带着核心技术离开。对国家来说,专利还写在中国大地上,对于学校来说,无论专业人才还是科研成果,都不算在学校名下了,十分可惜。

从上创超导公司看,我们个人没有得到财务收益,但得到了一个平台,能够做一些一直想做、但在实验室里很难做的事情。上创超导公司有固定职工50多人,天天用我们的技术做研发,这是大学实验室办不到的。产业化要求规模生产的条件,联合企业扩大了我们的专业影响力,这才有包括电子对撞机等项目找上门来寻求合作。

十、创新动力来自追求走自己的路

国家倡导创新,包括原始创新、集成创新,还有引进、消化、吸收之后再创新,等等。我们这里既有原始创新,也有集成创新,是两者的结合。

我们热衷于创新,尤其是产业化方向上的技术和方法创新,动力来自追求科研成果的实用化。我进上海大学是在几个单位中选择的,我不愿局限在实验室里,写几篇论文就算完成研究。我希望错位发展,跟其他人的超导研究目标有所不一样。只有做出了独一无二的成果,才算尽到了科研工作者的本分,才对得起国家的科研投入,才真正实现了自身价值。

当然,高校需要生产并传授知识,这是毫无疑问的,但在中国崛起、中华民族复兴的当下,也需要甚至更需要运用知识服务社会,让科研成为经济发展、社会进步的直接推动力。这个研究取向跟我的经历有关系。以前在科学院微系统所时为西南物理研究院研制强磁体、在日本留学时面对日本超导磁悬浮高速列车、在德国西门子公司调研超导磁共振成像仪磁体技术,都在我思想上打下深刻烙印。我始终认为,我国急需扩大超导研究队伍,在超导应用方面坚持不懈,攻克其中的关键问题,完成从无到有、从跟随到引领的转变,让我们在超导材料领域有更多创新应用,不能等待国外技术成熟后引进,我国经济水平已经进入世界第二,我们各行各业需要从跟跑思维,积极努力到领跑思维。这个想法催我奋进,是我始终不渝在这个方向上努力的根本动力。

作者简介:

蔡传兵 上海大学理学院教授,博士生导师,上海市高温超导重点实验室主任。1998年于中科院上海冶金所(现微系统所)获博士学位。先后在日本大阪大学、英国伯明翰大学、德国德累斯顿固体物理和材料研究所从事高温超导材料及器件研究。获首届上海市"浦江计划",先后主持完成了国家 863 课题、中德科技合作 PPP 项目、国家 973 子课题、上海市重大科技攻关和国家自然科学基金等 10 余项;2013 年获得全国归侨侨眷先进个人,2014 年获得第五届中国侨界贡献奖——创新团队奖。在国内外学术机构或大会作邀请报告 60 余次,多次应邀参加香山科学会议。作为大会主席,主办第四届 IEEE 应用超导与电磁装置国际会议。

第九章
为音视频传输立中国规矩

上海大学通信与信息工程学院　王国中

今天人类处于"地球村"时代,这个星球上几乎任何一个地方发生事情,在下一秒就可能为地球上所有人知晓,除了被现代文明抛弃的未开化之地。相隔千万里的一幕,能栩栩如生地让不相干的人耳闻目睹,靠的是人类发明的音视频传输技术和随这一重大技术创新而诞生的整套摄录、传输与播出系统。中国古代不无夸张的"秀才不出门,便知天下事"的说法,早已成为今日生活常态,而促成这一从理想到现实转变的,不只是设备、技术,还有标准和标准背后的思路。

一、中国标准中国造

2016 年 1 月,拉斯维加斯消费电子展,中国企业占到参展机构总数的约四分之一。有媒体说中国企业是去"蹭红地毯"的,就像中国某些影视明星,没有作品展示,只是去露个脸。上海电视台"632 栏目"请了两个特邀观察员谈感受,我一个,还有一位企业家。在我看来，中国企业应该出去亮相，宣传自己，所谓"蹭红地毯"的说法，没有意思。但中国企业走出去，必须注意知识产权保护。在展会上，有好几家中国企业的展台都已搭好，却被主办方查出没交专利费，让人告了侵权。漂亮的展台，反而成了企业负面形象的宣传载体，十分可惜。如此场面，对于中国企业来说，不是头一回遇到，以前更加频繁。

喜欢看碟片的市民一定记得，2002年前后，中国有许多企业生产DVD影碟机，全国一年产出好几百万台，媒体上到处是产品和企业的广告，只能用"火爆"一词来形容。可是业内人士都知道，企业经常收到律师函，说专利费没交，按每台计算，应该交多少费用。才没几年，这些产品连同不少企业一起销声匿迹了。之所以"来也匆匆，去也匆匆"，除了技术升级之外，最大原因是国内消化不了，产品出口又受阻。一船货出海到了港口，海关一查，没交专利费，当下就封存了，不能按期交货，赔了，还要交场地使用费，运回来，亏损更大，因此企业不是转产，就是直接垮掉。背后的深层次原因是，中国制造企业缺乏核心技术，利润率又低，交不起专利费，围追堵截之下，难以为继。

当时我工作的上海广电集团，属于大型国企，也被外国公司盯住，索要专利使用费。企业体量大，生产规模大，目标也大，专利费总额更大，我们交不起。国内市场竞争激烈，成本下不来，价格上不去，毛利率太低，交完专利费，恐怕连白干都不止。前来交涉的是国外专业公司，经营业务就是收取专利费。他们在中国建了分支机构，设在上海。在我们的家门口，一天到晚调研、取证，发现哪家公司侵权，找到证据就起诉。中国企业十分被动，存活已然不易，"做大做强"更显遥远。

在这种情况下，中国的企业和行业专家包括上广电、长虹、海信和清华、中科院计算所以及海外华人专家等,联名写信给原信息产业部(现工信部)有关领导,要求制定中国自己的技术标准,突破专利困局。后来,国家成立了AVS标准工作组,着手中国的相关标准制定和产业化进程。

AVS是《信息技术·先进音视频编码》系列标准的简称,包括系统、视频、音频、数字版权管理等四个主要技术标准和符合性测试等支撑标准,是我国具备自主知识产权的第二代信源编码标准。今天国内使用的数字电视都采用这个标准,卫星电视、有线电视、地面电视和网络电视,都离不开它。

中国的信源标准AVS从2002年开始研制到现在广泛采用,已经整整15年。我们团队一直是这个行业中的核心力量之一,先后取得多项重大成果,不但制定了标准,还生产出符合这项标准的运行系统。原来国内电视播出和接收系统,用的是国外的标准和产品,今天都是国产的,设备里运行的是"中国技术""中国标准"。我个人和团队因此分别获得"2012年国家科技进步二等奖""2016年上海科技发明二等奖"。

二、AVS:音视频传输先要做成"奶粉"

AVS是用来干什么的?不妨到现场看一下。电视台录制节目,拍摄下来的音视频,需要传到千家万户,通过家里的机顶盒,呈现在电视屏幕上,大家才能观看收听。发送的一端叫信息的源端,简称信源端,接收的一端叫用户端。所有信号从信源端到用户端有个传输的过程,需要设备和通道。这同运输其他货物的原理是一样的,区别只在于肉眼看得见看不见。

　　拿牛奶运输做例子，更容易明白。内蒙古生产牛奶多，上海消费量大，大草原的牛奶运到大都市来销售，双方都得利。但路途遥远，如果直接把新鲜牛奶运过来，一则运输量太大，成本居高不下；二则耗费时间，为防变质，须用冷链，成本更高；三则运奶车川流不息，道路占用过多，影响其他货物运输，全社会成本也高。所有这些效应叠加在一起必然导致成本超出消费者承受能力，牛奶成为奢侈品，大市场缩小为小市场。

　　现在普遍采取的方法是，在产地用冷冻干燥设备把牛奶中的水分去掉，变成奶粉后，体积大大缩小，也不容易变质。运输起来不但体积小了，设备也简单了，不需要使用冷链。奶粉运到上海，兑水变回牛奶。只要口味调制得好，消费者感觉上同喝鲜牛奶没什么不同，但价格实实在在地下来了，喝牛奶的人多了，市场就能做大。

　　电视信号传输同牛奶运输当然不一样，但面临的问题和解决思路却几乎是一样的。一场节目录制下来信息量极大，要向用户端传输，也会遇到运输流量问题。信息量大，流量多，占用的带宽就得增加，速度还慢，而且视频清晰度越高，信息量越大，不解决传输问题，视觉效果就上不去。那么，能不能学习一下牛奶变奶粉，也来个"脱水运输"？用行内的术语来表达，就叫音视频压缩。

　　节目传输前，先在信源端对音视频信号进行压缩，再通过无线、卫星或有线通道传输到用户端，经过机顶盒解压，还原为原来信号，然后播放出来供用户观看。在这个过程中，节目经过压缩、传输、解压三个主要环节，为了确保播出的视觉效果得到用户认可，需要一个标准化的处理方法。这同牛奶脱水成奶粉，再兑水成牛奶，必须有标准化操作流程以保证口感良好，是一样的道理。在音视频领域，这个规范的处理程序就涉及 AVS 标准。

现在采用高清标准的节目越来越多，高清的像素标准越做越高，电视信号的数据量更大，音视频传输所要求的带宽跟着扩大，对信号压缩的要求也越来越高。这好比公路运输，一是车道越多越好，二是对车辆和装车要求越来越高，多装快跑才好。这两方面合在一起，覆盖了音视频传输的两大核心技术，前者称为"信道技术"，即同信息通道有关的技术，后者称为"信源技术"，即与信息本身加工有关的技术。我研究信源压缩技术，不但要保证信息的有效传输，而且信息不能有太大损失，以免影响收看效果，犹如奶粉兑水不能成为牛奶，必要时，还要对信号进行增强处理，让还原奶比鲜牛奶口感更好。

三、音视频压缩：用数学欺骗眼睛

音视频压缩是一件"骗眼睛"的活。说白了，音视频信号压缩前和解压后，并不是完全不变的，只是眼睛看不出其中的变化。既要提高压缩效率，把流量减到最小，又要让信息损失最小，只有请数学帮忙，才能两全其美。

所谓"提高压缩效率"讲的就是流量或带宽。比如说录制一个高清节目，一帧 1 920×1 080 的高清图像，不加压缩，需要 1.5 GB 左右的带宽。要是用传统标准压缩，可以减少为 20 MB 左右，如果用 AVS 标准来压缩，只要 8 MB 左右。占用的带宽大大降低之后，音视频传输的效率就提高了。不过，只有传输效率提高还不够，经过压缩的信号在解压还原之后，不能损失太多，否则满屏都是马赛克，甚至黑屏，图像、色彩、像素和层次都看不到，传输就彻底失败了。

从经济上说，流量对应于带宽，而租用不同的带宽，价格是不一样的。通信无非解决两个问题：一是扩大信道，对于光纤通信来说，就是扩大带宽；二是增强传输效率，用一定形式把数字信息组合表示出来，发送到接收端，再还原出来，不弄丢核心信息。

要提高压缩效率，必须借助数学工具，算法非常复杂。其实，所有信息技术问题最后都是数学问题，从建模到算法，都离不开数学。建模合理，算法做得好，"骗眼睛"的效果就好。数字视频由在空间和时间上连续采样的离散信号组成，采样数据存在大量冗余，这是压缩的效率所在，压缩冗余时，不"伤及无辜"，则是压缩的质量所在。数字视频信息中的冗余信息主要包括以下四个方面：空间冗余、时间冗余、统计冗余和视觉冗余。

解决所谓"空间冗余"的方法就是"空间压缩"方法，要求在信号传输时，不是以单个像素为单位，而是以区块为单位，统一处理后传输出去，通过减少数据量，达到高效传输的目的。比如，传输一张彩色照片，肉眼看到的是不同色彩和形状组合起来的图形。以前的做法很原始，只是简单地把整张照片分解成像素点，每一个都记录下来，转变为数字，再一个个传出去。用这种笨办法，传一张照片需要占用 1.5 GB 的信道。

现在的做法是，先对像素进行量化，明确这个像素在空间哪个位置，亮度多少，色度多少，等等，用八位或十位数字来表示，形成这个像素点的全套数字。对同一个色块，只把一个像素点量化为全套数字，作为代表，而同一色块中其他像素点只传空间坐标的数据，其他数据都作为冗余，省略掉。传过去之后，接收端只要把具有代表性的像素点的全套数字,除坐标之外,套用到其他像素点上,就可以把整个色块还原出来。这样一来,需要传输的数据大幅度减少,带宽占用也就压下来了。只对位置信息进行量化、传输和还原,压缩掉照片中的面积冗余,就叫空间压缩。用个简单化的说法,传统的笨办法是做加法,空间压缩采用了乘法,生活经验告诉我们,乘法确实比加法效率高。

空间压缩从思路上看,并不复杂,虽然对数学有要求,但难度不大,用矢量表示之后,就可以计算,研究生也干得了。不断优化算法,可以进一步提高压缩效率。

时间冗余是指图像在时间上存在很大相关性,如相邻像素值重复或非常接近。解决所谓的"时间冗余"方法就是时间压缩。这种方法同人类视觉的时间机制有关。电影放映时,在观众眼里,影片中的人物动作是连贯的,其实是间断的,画面以 24 帧每秒的速度连续呈现,在人看来就是连贯的了,所以,电影技术是欺骗眼睛的杰作,典型的"自欺欺人"。同样道理,在传输电视视频信号时,也不用输出那么多帧,可以把人眼来不及反应的部分压缩掉。许多信息无须每一帧都表达出来,直接矢量化处理,手挥一下还是手,转个身还是这个人,用这种方法压缩信号,就利用了时间冗余。

统计冗余是指视频数据存在统计上的不均匀性。早期的视频压缩技术由于受到计算和存储资源的限制,主要通过统计编码(如哈夫曼码、哥伦布码)降低数据的统计冗余。当下计算机的性能已今非昔比,原来复杂度较高的算术编码已广泛应用于视频编码。

视觉冗余(感知冗余)利用人眼对高频信息不太敏感的特性,对纹理丰富的内容区域进行较粗的量化,以提升编码效率。这个道理很简单,就是反正大家看的时候不会那么仔细,何妨"偷工减料",省却许多信号数据的传输？这一点在实际视频编码系统中常常通过调整量化参数来实现。

基于视觉特性的视频编码是未来可能突破的方向。与不加区别，只管把像素传输过去的数字信号处理编码方法不同，视觉信息处理的基本单位是具有一定结构信息的图像基元，通过对这些基元信息的处理形成部件/物体等更高层次的信息表示。

最难处理的是视觉冗余，涉及眼脑协同。现在桌子上放着一个盒子，如果不想关注，人就会视而不见，只有关注了，盒子信息才会被眼睛接收到。比如，人都会有这样的经历：满屋子找一支笔，但就是找不到，因为在自己的印象中，这支笔是黑色的，而其实是黄色的，结果哪怕近在眼前，都没看见，因为眼睛只对黑色的笔状物体有反应。不仅视觉，人类的听觉也有选择性，世界本身充满噪声，但对人类来说却显得很安静，因为大脑关闭了通道，拒绝接收无意义的噪声。以前聋人不愿意采用助听器，就因为机器不会选择，什么声音都同等放大，让人不胜其烦，宁可听不见，也受不了无休止的"聒噪"。解决视觉冗余涉及大脑机能，需要结合视觉机理，才能取得更好的压缩效果。

由此扩展开去，还可以发现大脑另一项功能，就是不想记的，可以清空，想记的，可以调进来。到目前为止，还没有相应的人工智能来运用这些机理，但研究已经开始。

如果某一天，能把人脑里的信息转移到外面来，意义就大了。过去人们争论，人去世后有没有灵魂？现在不用争论灵魂是否存在，因为只要能把大脑里的信息取出来，保存好，它就不会随人死亡而消失，那这个人是否存在，就不会单纯以生物学意义上是否活着作为判定依据了。

在某种程度上，不仅是探索，而且实践也已开始。人们日常用的手机里有很多信息，就是从用户大脑转移到手机上来的。现在通过电话相互联系的人多了，用到的电话号码也多了，不像以前，电话号码都死记在脑子里，现在我们不用死记那么多电话号码，交给手机里的通讯录就可以了，因为电话号码组织比较简单。

其实，凡是结构化程度较高的信息都可以从大脑转移出来，让机器来记忆。将来有一天把人脑的组织结构搞清楚后，课堂考试也简单了，查一查大脑里有关课程的信息，拷出来，核对下就行，学生再想作弊，门都没有，说不定作弊还没发生，大脑的信息转移已经把类似打算，提前透露给了负责考核的老师。

说到底人是自然的产物。人几乎无时无刻不在运用自己的大脑，却并没有完全搞明白大脑本身是怎么一回事、是如何运作的。人工智能的研发意味着科学家开始返回来关注自身，以自己的思维来研究思维着的自己，这真是一项充满悖论的活动！用大脑揭示大脑的机理既是自然之谜的巅峰，也是破解自然之谜的巅峰。

四、算法需要工程实验证明

工程师使用数学，是为了解决工程问题，其出发点、目标和风格与数学家迥然不同，不能满足于纯粹的数学推演及其结论，而需要通过实验，来验证算法是否合理有效，或者说得再直白些，来验证算法是否管用。比如说压缩一张照片，可以有多种算法，怎么知道哪个算法最好？工程师自有测试办法。

常用的评价方式有主观评价和客观评价。客观评价采用参照比较法,行业内有专门用来测试算法的标准序列。原始状态即没有经过压缩,也没有信息丢失的状态下,音视频信号传输过来是这样的,而采用特定算法进行压缩传输过来,解压后是那样的,两相比对,获得相应的数据,用公式加以计算,获得标准序列与经压缩、传输和解压后序列的比较值,看信息是否有损失、损失多少,就可以判断算法的合理和有效程度。这有点类似配眼镜时检查视力,眼睛好坏不用说,在标准距离上,能看出视力表上哪行字,便见分晓。检测算法好不好,拿测试序列的原始状态做参照,比较一下效果就知道了。

主观评价是请业内专家用肉眼对采用特定算法的音视频播出效果进行评判,由此得出评估结论。具体做法是,当着 15 个专家的面,把图像播放出来,比如 20 MB 的高清节目压缩成 8 MB、7 MB 甚至 6 MB。如果专家感觉 20 MB 和 8 MB 或 7 MB 的效果差不多,甚至彼此搞混了,那就说明压缩效果好,算法水平高。

客观评价是使用专门的仪器来测定,压缩造成多少信息损失,可以量化。而主观评价则看如何骗过眼睛,"不管黑猫白猫,能抓住老鼠就是好猫"。根本上,不管客观评价的数值高低,只要骗得过眼睛,就是好算法,电视观众不需要懂什么客观数据,只要自己看着舒服就是,而观众说好,工程师还会说不好吗?

算法很重要,同算法相关的创新可以细分为三个层次,创新含金量由低而高依次提升:

第一个层次是已有算法的完善,即算法所解决的技术问题不变,算法的原理和路径也不变,只对算法做优化,提高了压缩效率。

第二个层次是针对原有的技术问题,不用原来的算法,而采用全新的算法原理和路径,音视频压缩的效率大为提高或者损失大大减少,或者两者都有改善。

第三个层次是提出新的技术问题,建立新的数学模型,而算法则是根据新的数学模型重新设计出来的,压缩效果或信号损失因此得到重大改进。

打个比方,去北京出差,坐高铁的速度是每小时300千米,改进一下到每小时310千米、320千米。这是第一个层次的创新。

要是乘飞机去,速度可以提升很多,而路径则完全不同,从地面飞到了天上。这是第二个层次的创新。

要是现在考虑的不是去北京,而是去月球,那只能采用航天器,速度不同,路径不同,装备和思路更是完全不同。这就是第三个层次的创新。

现在硕士研究生做的大部分是优化工作,提高效率1%—10%,相对简单。博士研究生要求在路径和方法上创新,难度大了。导师要做的则是找到新问题,建立新模型,寻求新突破。

模型创新的含金量高,但不是最高,更高层次的创新是理论创新。要建立数学模型必须先有专业理论,模型不是工程师拍脑袋想出来的,而是根据一定的理论设计出来的。比如,要求实际运用人类大脑功能或视觉机理,那就必须先有关于人类大脑或视觉的相关理论,才能建立相应的数学模型。

人类的大脑和视觉都十分复杂,而且充满智慧,相关研究肯定是跨学科的,生命科学、人工智能、生物医药工程、计算机、通信等相互紧密联系着。所以,除了依赖传统的数字信号处理方法,基于大脑和视觉模型的视频编码也许是未来突破传统编码效率瓶颈的主要助力。

五、产业化：从标准到应用

研发AVS标准过程中遭遇最大的困难是产业化。因为第一代标准是国外发明并发展起来的，这些国家或企业率先实现了产业化，造出了相应的设备，在当时还是"蓝海"的市场上，国外几家大型企业就瓜分了中国市场几乎全部份额。后起的中国科学家和工程师虽然制定出具有自主知识产权的AVS标准，但有标准，没设备，等于零，而要形成产业链，并达到成熟水平，谈何容易。后来，经过努力，设备造出来了，产业链初具形态，但没有市场。因为进口设备早把中国市场给占领了，大城市电视台要确保播出效果的稳定和可靠，总觉得国产设备尚未经过实际使用的验证，风险太大，宁可价格高些，也要采用进口货。技术得不到认可，产业化推进更不容易。要从国外大企业虎口夺食，技术上不能弱于它，最好比它强，否则没办法说服客户放弃已经用习惯的技术和设备，来买你不知深浅的东西。

我们采取了两个策略：一个是打硬仗，另一个是巧用劲。

其一，进口和国产的设备在原理上是一样的，区别主要是算法和由此产生的视觉效果。中国工程师在评估进口设备的优缺点，弄明白基本原理之后，找到的算法更加合理，完全有信心战而胜之。我们以客观评价和主观评价两种方法，让AVS标准的算法和设备同国外标准的算法和设备"打擂台"，用数据和效果说话，终于得到用户认可。

其二，面对大城市电视台基本上已被进口设备"攻陷"，一时也不会更换的现实，我们选择对价格较为敏感的县级电视台和地市级电视台,集中发力。由于策略对路,很快打开了局面。技术上的优势一旦在业内得到认可,反过来为产品进入省级电视台和央视,树立了口碑。这一战略套路我们称为"农村包围城市"。

在中国科技处于跟随发展的阶段,采取如此策略是合理甚至必然的。只有承认自己不足,通过学习、消化、吸收别人的长处,掌握原理和方法之后,发挥自身优势,追求自主创新,从市场边缘切入,才能打开属于自己的天地,最后达到并驾齐驱乃至超越之。无论在国内还是海外市场,许多中国产品都是这么走过来的。

六、突破知识产权的瓶颈

研发 AVS 标准的过程也是中国逐渐学会尊重知识产权、运用知识产权和维护知识产权的过程。AVS 标准的制定本身在某种程度上是受国外知识产权保护的刺激而发起的。在全球化的背景下,没有自主知识产权,中国企业在高科技领域就没有容身之地。同时,要在西方国家已占据知识产权高地的态势下,杀出重围,还必须找到自己独特的技术路径,不能照抄照搬国外产品的路径,否则就属于专利侵权。

解决技术问题时常会遇到"最佳路径",即某个思路或技术路径的效果就是好,不可取代,怎么办?除了购买专利之外,还有一个办法就是建立共享的专利池。各方经过充分讨论之后,将获得共同认可的专利放进专利池,供大家交换使用。专利池有明确游戏规则,比如在收费方面就有不少约定。可以相互不收费,根据技术含金量,把专利分为不同层次,同一层次的专利被设定为等价的,互换使用时按件计算。也可以收费,只要按照专利池制定的标准执行,就可以。还有非歧视原则,同一件专利的付费使用价格对专利池参与者,必须一视同仁,不能看人定价。随着中国研发力量的加强,中国企业的专利越来越多,愿意加入AVS专利池的外国企业中,有像三星那样的外国大企业。

当然,同发达国家相比,整体上,中国的专利发明还处于成长阶段。毕竟美国的专利制度已有200多年的历史,中国接受知识产权和专利概念不过几十年的时间,远未到完善和规范的程度。现在主要解决了数量问题,质量问题还有待中国科学家、工程师的努力,争取尽快实现从普通专利向核心专利的提升。

AVS比较成功的地方是,我们围绕着编解码技术在国内形成了相关的专利池。不管专利在谁手里,只要愿意由一个组织统筹管理,并得到相关政府部门的支持,就容易建立专利联盟,这样在谈判或做一件事的时候,至少对方会在乎你。既要重视知识产权,但不能就知识产权而知识产权,一定要和实际的产品、产业呼应起来,才能形成一定的优势。

七、善学勤思才能有所创造

搞技术,科班出身有优势,可以做精做深;半路出家,也有优势,可以博采众长。我本科时学的是数学,研究生时主攻计算机软件,后来专攻模具CAD/CAM设计,在国家级的模具中心当了十年总经理、总工程师。

设计制造模具很复杂,许多产品零件如果直接加工成型,成本高,效率低,改用浇铸成型的办法来制作,省时省料,且效率高,但需要用到模具。所以,在制造加工业中,模具设计与制作是一个重要行当,常言道"模具乃工业之母"。

我不是制作模具的钳工,而主要研发用于注塑模具设计制造的软件和工具,说得详细点,就是用计算机进行辅助设计(CAD)和辅助制造(CAM),属于计算机的工程应用,因为数学专业出身,搞计算机有优势。其实,数学才是数字时代各项技术共同的智力装备,无论计算机辅助设计制造模具还是算法解决视频压缩,最后都是对数学的运用。

我不仅重视技术的研发,更重视技术和科技成果的产业化。在我担任模具中心总经理、总工程师期间,利用CAD/CAM/CAE技术设计制造的注塑模具有200余套。我们的研发成果"复杂型腔注塑模具设计、制造集成技术"获得1996年国家科技进步二等奖。我的研发和产业化成果在我编著的《注塑模具CAD/CAM/CAE技术》一书中有详细介绍。

后来,我被上海广电(集团)有限公司作为人才引进,负责研发数字电视技术和产品。我到金星电视机厂去实习,花两年左右时间,转行成了电视技术方面的专家,不光写书,还能真刀真枪解决问题。我是在和工人接触中学到和学会的,班组会逢会必到,阅读专业书是必需的,天天和工人待在一起,有问题就问,同样不可缺少。我学习能力比工人强,因为工人们靠经验,而我有理论基础,能够把从工人那里学到的操作经验,提升为理论认知,"知其然"而且"知其所以然",才得以在两年时间中实现了从模具设计到数字电视产品开发方面的专业转型。

八、音视频技术,中国处在什么位置?

就信源技术而论,在世界范围,中国已经赶上来了。在第一代视音频技术标准上，中国的态势是跟随，从落后到赶上。到第二代时，无论在技术还是效果上，实现了并驾齐驱，但基本原理和技术路径还是西方国家提出的。在第三代标准的研发上，中国有希望超越西方。以华为为代表的中国大企业投入较多，在国际组织里，中国专家的人数越来越多，地位也不断提高。国际上有很多标准组织，如搞视频图像方面的标准组织有 MPEG、ITU‐T，还有 ISO（国际标准组织），全球有很多华人参加，中国人研究算法有优势。

我从 2002 年开始参与 AVS 标准研发，坚持了 15 年，见证和参与了 AVS 从技术研发、申请专利、建立标准、开发核心产品到大规模产业化应用的创新全过程，颇有成就感。

我国在音视频技术方面能够快速赶上甚至超过世界先进水平，得益于 AVS 机制创新。这一创新的关键在于以标准和专利为纽带，打通了技术到产业转移的大循环。企业根据市场和产业发展需求提出标准的制定要求，政府同意制定标准，并且提供科研经费，支持以制定标准为导向的研发活动。科研成果通过"专利池"实现快速扩散和利益回报，以企业为主体实现工程化、社会化和规模产业化，政府、企业和大学科研机构从产业发展中分别获得税收、利润和专利许可费回报。这种大循环的优势在于能够促进官、产、学、研各司其职、共同协作，从而实现重大系统的集成创新。

现在，中国正针对制约产业化的短板，集中发力，努力破解企业规模不大、组织程度不高、研究碎片化、产学研无法形成链条、文章虽多但实际应用不多等研发瓶颈，AVS 机制创新成功的案例可以作为其他行业创新的一个模板。

九、创新也可以"套公式"

创新是人类的特权,是自然界最高创造物的最高级能力。除了人类,其他物种只能适应自然,无法改变自然来适应自己,唯有人类能够。当然,人类不能做得过分,若是"人有多大胆,地有多大产",难免走向反面。

近年来,人工智能很热,进展也很快,但机器人要有人类的创造力,现在看来,为时尚早。这不是机器人的问题,不是人类制造机器人的水平问题,而是人类对自己的认识尚未到位的原因。创新的核心不是单纯的形式逻辑推理过程,不都能用线性函数来表达。承认这一点并不等于说,创新就没有一定的规则。我在自己实践和课堂教学中,就提出了一个创新产品的公式,虽然远远谈不上完善,更不可能用于解决一切创新问题,但的确管用。

简单地说,这个公式就是拿一个普通产品作平台,看作"产品基",在上面加减元素。比如,家用锁具已经发明上千年,如果连上网络,同其他相关设备相联系,就成为"物联网锁"。你出门在外,只要锁一打开,手机马上会收到信息,什么时候开的?谁开的?诸如此类,清清楚楚,如果情况不对,当下可以报警。

一个普通的水杯,如果加以智能化,就可以成为"可穿戴设备",变成一个服药提示器,到时间会自动语音提示老人"该服药了"。

如果把这一公式用到课堂教学上去,也会产生过去无法企及的效果。现代教育从效率出发,采取规模教学策略。学校有"师生比",上课时一个教室里学生太少,财务上不合算。但从尊重教育规律出发,因材施教必须考虑个性化教育,小班更好。一个要人多,一个要人少,两个要求彼此冲突,能否通过"做加法"来解决?

在上海大学的课堂上,师生互动、生生互动比过去好了,但观察一下可以发现,发言的永远是那几个人。敢发言、爱发言,也确实能给其他同学以启发,让大家脑子动起来,但更多同学即使有想法、想发言,却因为胆子小、怕出错,始终没有站起来说出自己的想法和观点。教师的鼓励和引导会有些效果,但不能完全改变局面,搞不好还会浪费时间,降低教学效率。

现在有了移动互联网,学生在课堂上有问题,随时可以通过手机上传,主讲教师在台上,可能一时看不见,但可以通过后台助教来收集、整理和分析学生的问题,用弹幕技术,飘上学生手机,征求答案。有发言的,同样可以分享给全体同学。这样就可以在教师和学生面对面的交往之外,开辟出网络上互通式交流,大大降低学生心理压力,提高他们发言或提问的积极性。如此既可以让教师知道学生遇到的问题,适时给予指导和帮助,也可以让学生通过讨论,自行答疑解惑,形成更符合大学生心智水平的学习习惯。

十、工程师对创新不失理智的态度

对工程师来说,创新动力第一个来自个人成就感。让研发成果真正管用,成功解决问题,是最大的乐趣。对我来说,在自己的专业领域里,改进技术,让高清变成超高清,让不能用的变成能用的,让能用的变成更好用的,这就是进步,就是创新带来的成就感。原来全国所有电视台用的设备都是国外品牌,现在有中国的产品,留有我的创造发明的印迹的国产产品,这就是成就,这就是动力。

站在工程师的立场上,技术创新必须产业化,但由此涉及长长的产业链,从确定原理、设计算法、开发技术、制造设备到最后市场营销和售后服务,是完整的一条龙。在这一点上,企业和学校完全不是一码事,在这两个不同场合创新,常常需要思路切换。

企业从经济效益出发,研发是工程师的事情,解决问题才是根本,而学校从完成考核出发,创新是科学家的事情,有成果发表就成。所以,对工程师来说,相对实际产生的效益,创新本身不具有绝对的重要性,不追求为创新而创新,创新不能成为"屠龙术"。何况,工程是一个系统,追求稳定和可靠,是否采用最新的成果,要看整体效果,为了保持各部分功能的整体平衡,不允许过度追求局部创新,而影响其余部分的指标达成,更不能降低工程的整体效应。在这个意义上,工程就是妥协,要的是整体最佳,某项或某几项局部调整即便没有一点创新含量,但只要能使整体效能得到提升,同样可以视为有效的创新。因此,工程师对于创新的态度十分理智:创新必须以结果来证明其价值,成就感来自解决了问题!

作者简介:

王国中 上海大学通信与信息工程学院教授,博士生导师,国家首批"万人计划"创新创业领军人才,AVS产业联盟理事长,中国工业与信息化部电子司视听专家委员,上海产业技术研究院众创空间创业导师,上海市劳动模范。主要研究视频编解码与多媒体通信理论和应用,先后承担国家级、省部级科研攻关项目20余项。先后获得国家科技进步奖2项、部级科技进步一等奖2项、上海市科技进步二等奖1项、上海市技术发明二等奖1项,撰写科技著作2部,申请发明专利30余项,发表论文50余篇。

第十章
纳米研发：小尺度背后的大体制

上海大学纳米科学与技术研究中心　施利毅

纳米是一个尺度概念,材料尺度小到纳米量级的就可以归入这一类。作为长度单位,1 米 = 1 000 毫米,1 毫米 = 1 000 微米,1 微米 = 1 000 纳米。形象点说,1 - 100 纳米范围内的材料属于纳米材料,大约相当于 1 - 100 个原子的尺寸。所以,研发纳米材料差不多就是在玩用原子"搭积木"的游戏,借助物理尺度的极小化,实现化学性能的最优化,纳米工程师是物理和化学边界上的穿行者,是新材料和新技术开发的魔术师。

一、纳米是一个技术链概念

纳米概念有两层含义:一是纳米材料,二是纳米技术。材料只要在三维空间中任何一维上达到了纳米级别,就可以称为纳米材料,不需要三维都达到纳米级别。比如细细长长的型材,只要细到纳米级别,再长也没有关系,可以称为纳米材料。不过,那么细如果还真能做长了,估计又可以得个什么奖了。纳米材料会有一些大于这个量级的材料所没有的特征,并因此表现出不同凡响的性能。工程师研究纳米就为了获得这样的材料性能。但不要以为只要是纳米材料,具有这些特征,就一定有用。有些材料达到了纳米量级,却没有表现出特殊效应,不具备研究价值或者使用价值,其是否纳米就没人在意了。

纳米概念的另一层含义是纳米技术,包括纳米材料生产技术、加工技术、检测技术、应用技术,等等。相对来说,生产技术虽然研发难度同样很大,至少容易理解,而加工技术需要多一些解释。

所谓"纳米量级的加工技术"主要指采用技术手段使加工对象达到纳米量级。比如,画一条线,采用传统技术,再怎么细的笔,画出来的线是毫米级或者微米级,无法细到纳米级。现在采用特殊手段,画出的这条线宽度只有几个纳米或者几十纳米,意义就大了。画这么细的线不是为了显摆,用处大着呢。比如,用于集成电路,在同一个单位面积里,纳米量级的线可以画很多条,这样一块底板上就可以集成更多的电子器件,所谓"集成度更高",就是储存能力更大,处理能力也会大幅度提高。这种技术就属于纳米加工技术。相应的,需要高精尖的技术手段来配合,涉及全套加工装备,包括定位设备,因为只要抖一下,线条就跑出纳米范围了。从这么一个小小的例子就不难看出,纳米加工技术不但有用,而且不易。

纳米研究相当于一个技术链的开发。从微米技术提高到纳米技术,需要从装备、检测、计算等多个环节着力,建构出一个新的技术产业体系。从这个角度来理解,所谓纳米尺度的技术诞生将引领"新一代工业革命"的说法,没有言过其实,纳米确实会给整个制造业带来巨大变化。

二、四处现身的纳米

把技术推进到纳米尺度是因为纳米材料有些特别的性能,在传统材料上很难实现。生活中戴眼镜的人不少,如果现在有镜片既透明、又耐磨,还能防静电、防起雾,肯定受到消费者欢迎。但采用传统材料来制造镜片,很难同时达到高透明度和高耐磨性,技术上有困难。现在通过纳米杂化技术,就可以解决问题。利用小分子的活泼性,通过化学反应构建一个杂化体系,提高树脂镜片的表面硬度,耐磨性大大增强,但其中分散相尺度必须在纳米级,做到不影响透明度,才能满足消费者两全其美的要求。

过去,手机信息量处理不是很大,只是用来打电话、发短信。即便如此,一天工夫,电池也就用完了。现在智能手机需要处理的信息非常多,除了通话和短信以外,还有微信、拍照、运算,特别是视频下载。有了这么多功能,电池照样还能用一天,体积比原来还薄,那是因为电池采用了纳米技术,单位体积的电容量有了很大提升。不过,电池不是直接采用纳米材料,而是针对电池的电极材料进行了纳米处理,基础材料变化不大,电容量却有大提升,这就是纳米技术的奇妙之处。

电池的原理很简单,典型的"电化学反应"。电池材料在充放电过程中,有时会发生某些副反应,导致电极寿命下降。电池用着用着时间越来越短,就是这些副反应累积起来所造成的。为了提高电极材料在长时间充放电过程中的稳定性,需要对电极材料进行处理,改善其物理化学性能,减弱副反应,这样的处理称为"材料修饰"。电池充电时会发热,电池性能容易下降。现在采用纳米材料来修饰,稳定性提高了,电池寿命也得以延长。

现在,用于汽车、电动工具等的动力电池,性能要求更高。第一,虽然同样要求高能量、高密度和安全性,但动力电池要求的能量密度同手机类产品不在一个数量级上,开动一辆大巴与驱动一台智能手机,不是一个概念。第二,动力电池要求快速充电,停车充电越快越好,电化学反应的速度必须大大加快。第三,动力电池充放电时,更容易发热,特别要求高温稳定性,包括电池材料和控制芯片的稳定性。这意味着,开发新的电池材料,很有必要,纳米材料和纳米技术也因此有了更大的用武之地。

三、小的是活泼的

纳米材料应用广泛,首先来自纳米材料的特殊优势,即小尺寸效应和表面效应。说得形象点,纳米材料就是把整块材料打碎、分散,粉末越来越小,颗粒从毫米到微米,最后到纳米。材料的物理化学性质因此发生很大变化,不同分子或原子的外层电子更容易相互交往,形成化学键。因此,纳米材料更容易同其他材料发生化合反应,表现出所谓"化学活泼性"。

常识告诉我们,物体的体积越小,其比表面积相对来说就越大。这个"大表面"特征也给纳米材料带来了特殊效应。种种特性综合起来,使纳米材料具有大尺度材料不具有的性能,在熔点、磁性、光学、导热、导电特性等方面,往往不同于大块状态下的表现。

化学性质活泼是纳米材料的明显特性之一,即在不太苛刻的条件下,容易同其他物质产生反应。用人的性格作比方,有点像外向型人格。有的人相处了半天,才开口,而有的人一见面,自来熟。生活中,自来熟的人往往受欢迎,在工业生产中,纳米材料的活泼特性在催化等领域同样受欢迎。

在汽车行业,出于环保考虑,需要对汽车发动机排出的尾气进行净化处理。从气缸出来到进入大气的过程非常短暂,要在这么短的时间里,让有害气体及时分解,必须使用催化材料,来加速化学反应。汽车停在室外,启动时气缸是冷的,在冬天,气温可以达到零下几度甚至十几度。发动机一启动,废气就产生了,但在低温条件下,净化所需要的反应速度很慢,尾气无法及时处理,排到空气中会造成污染。同样在低温下,使用纳米材料制造的催化剂,其活泼特性可以让废气迅速完成化学反应,净化效果就好多了。

"成也萧何,败也萧何"。生性活泼是好事,但过于活泼时常会给人留下不好的印象。人是如此,纳米材料也是如此。活性太强有时难免带来副反应,那就不能直接使用纳米材料,而需要专门做一个结构,把纳米材料包含在里面。这样既利用到了它的活性,又可以避免不符合要求的副作用。纳米材料扬长避短,需要工程师付出匠心。

四、"非驴非马"的杂化涂料

纳米材料对人充满诱惑,因为在许多行业里都能找到用武之地,问题只是能不能找对路径。简单地把材料粉碎到纳米尺度,不一定能自动得到理想的性能,只有针对应用对象,围绕工程问题,别出心裁，才能获得理想效果，纳米技术开发因此具有很强的设计感。

现在高铁车站大量采用铝合金材料，表面用氟碳涂料处理后，非常漂亮。氟碳涂料有一大好处，耐候性较好，不像以前涂料，太阳光照射下，容易变色、褪色或剥落。氟碳涂料不怕太阳晒，时间虽长，色彩依旧。不过，氟碳涂料也有缺点，而且不少。

首先，使用氟碳涂料，必须先对铝合金表面进行钝化处理，让涂料能够吸附在上面，钝化需要用到铬盐，而铬盐对环境有严重的负面影响，从环保的角度来看，这项工艺是有问题的。

其次，氟碳树脂不溶于水，需要使用有机溶剂，最后形成的涂层中挥发性有机物含量很高，又是一个不利于环保的因素，对生产环境的负面影响较大。

还有，氟碳涂料形成的有机膜容易吸附空气中微小物质，易脏，而且不方便清理，在车站等场合大面积使用，不但会增加人工成本，还影响视觉效果，不漂亮。

最要命的是，铝合金表面涂上氟碳材料后，就形同裹上了一层有机膜，而有机材料容易燃烧，地铁或高铁站人流量大，安全尤为重要，不允许使用易燃烧的涂料。

针对这些缺陷，我们专门设计了一项纳米材料杂化工艺，利用纳米材料的活泼特性，开发出一种全新的涂层材料。

简单地说，杂化就是把有机材料和无机材料进行对接，产生的新材料同时具有两类材料各自的优点，可以明显改善或提高材料的性能。

以无机材料陶瓷为例。陶瓷的刚性很强，耐磨性很好，不容易燃烧，这些都是很好的理化性能。但陶瓷韧性不够，不耐冲击，容易碎裂。反过来，有机材料如塑料，耐冲击性好，柔韧性好，因为分子链比较长，不容易断。

杂化反应是将无机材料"镶嵌"到有机材料的长分子链中去，改变了材料的特性。这个过程之所以叫"杂化"，意思是原来有机材料和无机材料自成一体，现在被"混杂"了，成了"非驴非马"。

纳米材料经修饰，可以同有机材料发生反应，形象点说，就是小尺寸的无机材料原子或分子嵌入有机材料的长分子链，杂化之后形成了新的材料。经过杂化的膜既有无机材料的刚性和阻燃性能，又有有机材料的韧性，原来的缺点消除了，而固有的优点得到了增强。

而且，新材料不需要对铝合金表面进行钝化处理，直接喷上去就行，附着力好。因为杂化材料表面有活泼的分子团，可以跟铝合金直接发生反应，由此形成的膜，微观性能良好，而且可以使用水溶剂，不需要使用有机溶剂，十分环保。防火性也好，遇火难以燃烧，用在公共场所，安全可靠。

这种新的涂层技术，现在已经广泛用于全国地铁和高铁站，上海的地铁2号线、4号线、9号线以及苏州、南京、青岛等地的高铁站都可以看到涂覆了新型涂料的铝合金装饰。这项技术目前主要用于铝合金表面，将来可以扩展到其他金属表面，比如镁合金、钢铁等。

五、不通又通的"压敏陶瓷"

纳米技术可以用在输配电工程中。电网对安全的要求特别高，最重要的防范目标之一是雷击，这需要用到功能陶瓷材料，业内称为

"压敏电阻"。顾名思义,这种材料就是对电压高度敏感。在输电线路运行电压下,该陶瓷是绝缘的,不导电,而当输电线路遭到雷电侵袭,几万伏电压上来时,材料瞬间导通,把电流引到地下去,电网就不会被雷电击溃。

上海用电大多靠外地输入,五百千伏的电压一路过来,通过变电站,逐步降压,最后进入工厂、商店、学校和家庭。所有变电站都装有避雷装置,电网上每隔一段距离也都设置了一个避雷器。电网避雷器跟大楼上的避雷针不一样。

电流在电网传输过程中,如果电塔被闪电击中,电网运行会受到严重影响,甚至崩溃。所以供电系统对避雷有严格要求,关键部位必须装上避雷器。避雷器平时不过电,一旦遇到雷击,避雷器瞬间变成一条通道,让电流洪峰顺利通过,确保电网安全无虞。避雷器中的关键部件压敏电阻是由多种金属氧化物粉体制备而成的电子陶瓷,优化选用的纳米氧化物粉体,通过高分散技术的使用,大大提升了压敏陶瓷材料的电气性能。

电网系统对压敏陶瓷的要求是,在持续运行电压下,绝缘性能必须足够好,而被电击时,导电性能必须足够好,允许雷电洪峰安全通过。同时,设备本身还必须轻巧,不能因为大流量通电,而把避雷器做成庞然大物。这不仅会提高成本,而且安装不便,也会成为大问题。电网设计时,出于安全考虑,会把电线架设得很高,以保持足够的离地距离。要是避雷器太重,电塔负载增加,工人安装起来困难而且危险,会造成太多的隐患。采用纳米材料后,压敏陶瓷材料结构更加均匀优化,单位体积通流能力都有很大提升,避雷器体积大大减小,重量下降许多,安装起来方便,运行也安全多了。

六、充满设计感的纳米研发

初涉纳米技术的人很容易形成一种印象,似乎某种材料只要做到纳米级别,特性发生变化,自然会具有意想不到的功能,用到工程上就可以解决问题。确实,材料达到纳米级别会有特性变化,但能否因此解决工程问题,则不尽然。在实验室里,有时为了获取纳米材料,花了很大代价,最后却没有应用价值,找不到用武之地。所以,纳米材料和纳米技术的研发过程并不那么简单,要找到真正管用的材料和技术,还得强调设计。

具体来说,研发纳米有这么几个环节:第一个要把目标材料做到纳米级别,也就是形成以纳米计量的小尺度颗粒,这是前提。第二个要检测性能,确定制成的纳米材料物理化学性能如何,是否满足工程的特殊需要。第三个要设计具体的技术手段,使纳米材料能发挥预期的物理化学性能。第四个要针对工程运用进行设计,找到恰如其分的应用途径和性能优点。纳米材料相对较贵,必须具有比普通材料更高的性价比,最好具有某种不可替代的性能,否则就不会有市场。第五个要降低材料和技术的成本,提高商业价值,让企业愿意采用。

总之,在应用上,研发纳米必须找到一个好的切入点,放大纳米材料和技术的独特优势。说句玩笑话,工程师研发纳米就是专门"为他人作嫁衣裳",在别人的痛点上,发现研究的着力点和发力点。

在研发采用纳米材料的压敏陶瓷时,工程师既要找到具有高度绝缘性能的材料,又要找到高压下能够保证大流量通电的材料,在此基础上，按照平时绝缘、遭电击时导电的工程要求，设计压敏陶瓷的结构，让材料性能得到最好的发挥。工程设计的思路是，陶瓷片里面可以通电，构成电流通道，由于电流通过时会形成"集肤效应"，必须提高压敏电阻的侧面绝缘强度，这样电流就不会跑出来。采用纳米材料的陶瓷片子，在同样外形尺寸下，里面允许通过的电流量更大，而侧面的绝缘性能更好。这样，平时绝缘良好，遇到雷击，导出的电流更大。电流通过性能好了，避雷器不易发热，不会因为温度过高而烧毁，安全性能大大提高。

从纳米应用的角度来说，内部通过纳米尺度的材料，提供良好的电流通道，外部借助纳米复合的技术，达到优异的绝缘强度，双管齐下，满足了既要绝缘，又能导电这一看似矛盾的工程要求。

有关材料侧面绝缘的思路和产品，最早于2003年我们跟上海电气集团合作时，就在企业产品里得到应用。那时，中国整个输配电行业很落后，采用标准跟国外相差一大截。在国内，我们的产品最早达到国际IEC标准。现在，我们与世界上最顶尖的企业合作，响应最前沿的需求，冲刺最高的行业标准。

EPCOS是奥地利一家在国际上享有盛名的电子功能陶瓷公司。我们是其在中国的合作伙伴之一，双方合作提出的一项欧洲专利正在审批中。

在镜片方面，法国的"依视路"是世界上做得最好的，也是我们的合作伙伴。依视路与上海大学联合研发中心就在我们同一栋楼的三楼实验室。我们跟依视路的合作富有成果，已申请6项国际专利，都用上了纳米材料，前景良好。最近法国一家做生物陶瓷的企业，做牙齿3D打印，就想用这项专利，目前正跟我们两家洽谈购买专利许可。

永远盯着市场需求,准备好解决客户最头痛的问题,纳米研究就有了方向。

七、上海大学纳米研究的长项与短板

客观地说,上海大学的纳米技术研发,优势不在基础研究,而在应用。全国做纳米基础研究的单位很多,包括清华、北大、中科院等。以发文章论,上海大学只能算中上水平。而在应用方面,上海大学有优势,标志是我们的理念和思路已实实在在地转化为纳米技术,有我名字的专利有200多项,授权的有120多项,包括6、7项国际专利。

专利必须有用,不仅专利提出者自己觉得有用,而且要别人对此感兴趣,希望获得许可,愿意支付使用费。专利能够卖钱,才算真有价值,创新只有走出实验室,转化成为技术,才能带来相应的产出,才算得到最后证明。现在,对我们专利感兴趣的企业越来越多,上海大学不但同企业合作,像上面提到的奥地利的EPCOS和法国的依视路,推动应用,促进连续创新,还要孵化若干企业,把自己发明的专利转化成产品,比如说用在电池、特种材料上的纳米材料和纳米技术,形成产业规模,销售出去,让创新和创业结合在一起,更好地实现专利的转化推广。

上海大学研究纳米的专业点不少,除了纳米研究中心之外,跟材料相关的研究团队有很多,分布在不同学院中,有的偏重纳米材料,有的偏重纳米技术,还有的专注于模型计算。我们相对偏重纳米材料的制备。"巧妇难为无米之炊",要应用,先得把材料做出来,然后才能考虑用在哪里,怎么用,怎么跟工业结合起来用。

上海大学有两个同纳米相关的工程中心：一个是教育部的"材料复合及先进分散技术教育部工程技术中心"，这是上海大学第一个教育部工程中心。另一个是"上海资源环境新材料及应用工程中心"，是上海市在上海大学设立的第一个市级工程中心。

上海大学偏重应用是有历史渊源的。合并之前的上海工业大学偏重工程，所以，纳米研究偏重工程，基础好一些。其实，创新之路是分段的，前一段叫科学，后一段叫工程。科学说，这条路能走通，提示一个方向；工程说，实际可以走通，技术有保证。没有科学在前面探索，工程就没有方向，而没有工程实际走通这条路，科学的价值就得不到最后实现。上海大学的教授好多走的是工程这一段。当然这也不是绝对的，搞工程也需要科学研究这一段。

近年来，随着对基础研究的重视，教授发的文章明显多了，向基础研究转向的也多了，相比之下，搞应用和工程的比以前少了。从大学的研究能力来说，这是进步，但从社会对大学的需求来说，贡献度需要提升，社会要求大学研究的东西有用，能解决实际问题，推动经济发展。中国的大学如何做到科学和工程"两手都要硬"，争取两方面相得益彰，大有空间。

八、纳米研发，中国还不尽如人意

在世界范围，中国在纳米基础研究方面发的文章就数量而论，常常位居第二，仅次于美国，有时还跑到第一去了，但就影响力而论，跟欧美和日本还有差距，引用率不及他们。至于把研究成果真正做成产品，日本和韩国很厉害，尤其是日本。传统上，日本的材料研发就很强,近年来,韩国发展比较快。在电子信息材料的发明上,韩国以三星和LG为代表,进步快速。

中国发表的论文数量多,是有原因的,基本因素是国家体量大,研发人员多。但总体上,原创技术不多,重大装备的研制也落后于这些国家,差距明显。纳米很小,看不见,需要用先进仪器装备来观察和检测,在纳米技术中,这些被归入"检测技术"的范围,属于重要的一方面。加工装备是纳米品级的保证,也十分重要。现在国内用的装备基本上都是进口的,主要来自日本、英国、德国等国家。

同纳米有关的技术装备相对落后,首先与我国装备工业的整体发展水平有关,在大多数装备与世界先进水平存在明显差距的情况下,纳米加工和检测装备很难超越国情而有特别优异的表现。

其次,也跟科技体制有关。国内研发的装备没人用,原因是"还不够成熟",但研发出来没人用,不但让国产装备无法完成从不成熟到成熟的转变,还让好不容易形成的装备研发能力难以提升,甚至可能得而复失。现在高校科研经费不少,但买的高端装备基本上都是进口的,用于推动中国纳米研发的财政经费却无助于国产纳米装备的研发,无论如何总是一个缺憾。

最后同新闻媒体也有关系。许多时候,产品或装备还没做出来,宣传已经开始,动不动就拔高为"填补空白",给人感觉好像国产已经做得很好了。其实还只是一个概念,无非是发表了一篇论文,实验室里有了些许发现,报道说技术有多好,应用前景如何了得,实际上远远没沾到边。夸大其词的宣传破坏了科研生态,讲概念、讲故事多了,把东西做出来的人却得不到关注。媒体喜欢抓眼球,说外行话反而能被大家接受,这同公众的科学素养有关系,对科研绝对是不利的。

第十章
纳米研发：小尺度背后的大体制

1999年左右，世界上刚刚兴起纳米研究热潮，我们及时跟进了。随之，国家迅速把纳米研究纳入重点发展战略。如此布局本身没问题，但媒体炒作，商家跟进，很快被庸俗化了，什么水杯、冰箱乃至裤子都是"纳米做的"，纯属哗众取宠。说里面没纳米吧，或许有那么一点，说有，到底有多大功能，是否具有核心功能，未见其详。企业把纳米看作一个题材，投入一点，没见效益，就放弃不干了。产业和研究脱节，导致企业家不愿意真正投入其中，把它当作事业来做。这就是纳米宣传产生的负面作用。

相反，国外报道比较客观，研究机构和企业沿着合理的路径去发展，做成了很多大公司，推出了很多纳米产品，有的已经进入市场，有的作为技术储备和产品储备。

中国不足的地方还有产业化程度较低。至今产业尚未形成，真正的产品还没有站稳脚跟，标志性的骨干企业也没有出现。现在，国内论行业龙头，家电有海尔、格力，手机有华为，汽车至少也有比亚迪电动大巴出口，而生产纳米产品的骨干企业几乎没有。

中国科研工作者和企业要能沉下心来做，纳米研发的空间很大，优势也明显，因为中国人不笨，经验积累有了，成果不少，经费也不成问题，尤其是科学家、工程师和技术员队伍宏大，仅从规模上说，比日本甚至美国都要多得多。如果能够发挥"集中力量办大事"的传统优势，把整个产业链做起来、做好，实现从基础理论、材料制备到应用技术的突破，与发达国家并驾齐驱乃至领先世界都是有希望的。

值得警惕的是，中国发展新兴产业有一哄而起、一哄而散的习惯。就像最近机器人研发热火朝天，争先恐后，但仔细观察一下，真正做机器人基础元器件的很少，玩概念的多，而没有过硬的元器件，粗糙装配起来的机器人，能做出精准动作来？重复研究，重复投资，加上同质化竞争，虽然最后也会有成果，但无论投入产出比，还是持续发展的能力，都很难得到真正提高。中国创新需要大家静下心来做功课，找准自己的位置，实现定点突破。

从推进纳米材料和技术产业化的角度，眼下最缺的是既懂专业又懂经营的企业家和科学家的"合体"。传统材料行业的企业家不懂纳米技术，尽管有资本运作能力、市场开拓能力和企业管理能力，但要他们深入掌握纳米技术，是有困难的，至少一时半会儿办不到。现在各路资本即"风投"，热衷于互联网创新，看重资产，追求赚快钱，对实体经济兴趣不大。而科学家更愿意待在实验室里，出成果，写文章，真正拿得出手的产品很少。中国从开始着手研发纳米到现在，将近20年，整个生态还没建立起来。

现在要倡导和鼓励科学家适度转型，找准产业发展的方向和技术定位，组织企业、运作资本、优化管理。这种集合了科学家和企业家各自优势的人才是加快中国纳米技术产业化的重要条件。至于装备的研发和制造，可以稍晚一步，毕竟国内基础工业同国外先进水平还有距离。但国家支持发展纳米技术相关的国产设备的政策取向应该明确，就像医疗装备，过去中国也落后，得到国家重视和政策支持后，现在也发展起来了。我们期待中国纳米研发能够实现从人到技术、到装备的依次突破。

九、大学科技园作为协同平台

纳米不是单一技术，而是一条完整的产业链，需要一个相对合理而且完善的组织架构，以实现协同创新。目前，国内研究比较分散，各高校或研究机构呈现单兵作战的格局，协同较少，而纳米项目要求上下游形成创新链和产业链，融合起来做，才有利于出成果，有利于产业化。正是在这一点上，大学科技园有其特殊地位。

区别于社会上的园区，大学科技园的最重要特征之一是跟学科有紧密的联系和互动。一流大学应该有一流园区，以更好地推进产学研一体化。上海大学的科技园区（前身为上海工业大学科技园）成立于1991年，属于全国最早的一批。当时国家级高新技术园区就两个：上海工业大学科技园和哈尔滨工业大学科技园。目前，上海大学科技园区在全国处中游水平，规模较小，但有一点始终没变，那就是跟学校紧密结合在一起，没有像一些大学科技园已经社会化，到处忙于圈地。

大学科技园应该跟学科共同发展，学科为园区企业提供前沿支持，反过来园区为学科提供市场需求。具体来说，园区企业提出客户亟待解决的问题，学科针对市场需求，组织协同研发，园区由此成为学科和企业供求对接的平台。其实，这样的互动格局在一定程度上，就是硅谷与斯坦福大学的关系模式。

硅谷最早是斯坦福的科技园，斯坦福的成果运用于硅谷的创业和创新发展。两者的关系是，硅谷的创新企业向斯坦福提出行业迫切需要解决的问题，而斯坦福的教授和学生，把这些需求提炼成学科问题和专业问题，开展研究，加以解决。频繁互动积累到一定水准，学科需求和企业需求在理念与实践两个层面上实现了贯通，双方都不再依赖政府支持，完全由市场导向来考虑问题。这不仅促进了斯坦福大学理工科的发展，还影响到商学、法学和医学等学科。斯坦福大学从20世纪50年代腾飞，与园区长期支持是分不开的。一流大学需要一流园区！

成立于1987年的韩国浦项工业大学，是一所地地道道的新兴大学，但目前在《泰晤士报》大学排名榜上已位居亚洲第三，前面两个是新加坡国立大学和南洋理工大学。浦项工业大学建校只有30年时间，就跑到前面去了，背后的主要机制是建立了七八个多学科交叉中心。中心瞄准国际一流水平，聘请世界级人才，通过多学科交叉，激发创新，科研产出数量巨大，质量优异。2014年，每个教授最少发SCI论文6-7篇，甚至更多。斯坦福大学和浦项工业大学给我们树立了榜样，要通过多学科交叉融合及学科-园区的共同发展，加快学校科技创新的步伐。

十、在为别人解决问题过程中实现自己最大价值

要问我的创新动力从哪里来，动力就在实现自己的价值。

20世纪90年代末，纳米研究刚刚启动，当时无论中国科学界还是产业界都认为，纳米技术想象空间不小，但产业化非常困难，这条路不好走。但我看到纳米的应用潜力，多年的不断努力，只为证明，纳米技术并不遥远，近在身边，有的很快能实现应用价值，有的或许还有待时日，但前景看好。事实上，纳米技术是分层次的，从简单到复杂，这么多年，我一个层次一个层次地拓展，一步一步地实现纳米技术的工业应用，体现了个人研究的价值所在。

创新必须找到技术目标的核心价值。我接受纳米，不是简单地接受这个概念，而是为了应用纳米技术，解决工程问题。一个工程场

合如果只有用纳米才能解决问题,不用纳米,问题解决不了,或者效果达不到预期,那就证明了纳米的价值,证明我研究的价值。我应用纳米解决的问题难度越大,我的创新价值越高,我也越有成就感,创新动力也源源不绝。

说实话,制备纳米材料并不难,实验室里做个几十克、几百克乃至几千克,都不难。难的是做到几吨、几十吨,规模生产,品质稳定,性能一致,那才叫难上加难。

纳米材料大批量生产核心难题是如何保持材料品质稳定。纳米材料的性能取决于大小,更取决于大小是否均匀,否则会严重影响材料的物理化学性能。由于纳米级别的材料过于微小,要控制在同一个小尺度上,难度极大。比如,原料的量大了,要让所有材料恰到好处地分散开来,均衡受热和传热,就需要设备、工艺和管理各个环节的保障。从实验室小批量到工业化大批量的提升,挑战的不是原理,而是制造水平。

现在上海大学的纳米研发在全国有特色,处于先进行列,主要不在基础研究,而在应用,最大亮点就是批量生产,而关键的关键是工业控制。

所谓"工业控制",说白了就是如何保证今天这一批产品跟明天那一批产品的品质相同、性能一致。油漆行业做汽车漆,用于修补的漆好做,整车漆难做,几十万辆车统一采用的整车漆非常难做,其中涉及的就是如何保证所有车辆出厂时颜色完全一致,没有色差。工业控制恰恰是我国工业一个突出而顽固的弱点。上海大学已有能力确保几百千克批量生产的产品能达到品质均匀、性能一致,这就是我们的优势。

当然，我们做的产品跟日本和美国的先进企业相比，还有差距，他们生产的纳米量级更小，产品控制做得更好。比如，我们生产的纳米材料统称 30 纳米以下，他们可以做到 10 纳米一个档次，分为 30 纳米、20 纳米甚至 10 纳米。就像厨师切菜，不但能切得薄，而且必须同样薄，不能一片薄，一片厚。在纳米应用上，10 纳米有 10 纳米的用途，20 纳米有 20 纳米的用途。纳米材料只有尺寸均一才能保证性能达标且稳定可靠，才能物尽其用，取得最大的经济效益。这同机械制造中材料的"安全系数"一样，系数大了，说明材料性能控制不到位，而为了提高安全系数，只能放大尺寸。如此，浪费材料不说，"傻大粗"的形象也让人难以接受。

现在国内企业做纳米材料的不少，大多停留在粗放阶段，没有精准的意识和技术，一些厂家自称能够生产纳米材料，采用的却还是 100 纳米甚至 500 纳米以下这样的模糊概念。经过多年努力，我们已经能做到 30 纳米以下，如果现在企业要求全部都是 10 纳米以下，如此精准控制，我们有的能做到，但很多还需努力。这是差距，也是我们需要进一步突破的方向。

作者简介：

施利毅　教授，博士生导师。现任上海大学国家大学科技园总经理、上海大学技术转移中心主任、上海大学纳米科学与技术研究中心副主任、上海市纳米科技与产业发展促进中心首席科学家、上海产业技术研究院首席专家、上海大学-法国 ESSILOR（依视路）国际联合研发中心中方主任、国家教育部材料复合及先进分散技术工程技术中心主任、上海新材料及应用协同创新中心主任。入选新世纪百千万人才工程国家级人选、上海市领军人才计划及上海市科委优秀学科带头人计划。主要研究领域为纳米材料制备及工业化应用技术研发。

第十一章
管理好创新的发动机

上海大学　金东寒

对于创新或创造，许多人抱有类似"天上掉馅饼"一样的观感，好像科学家或工程师个个都是幸运儿，因为被砸中了，所以成功。这个"馅饼"，用文雅些的说法，可以是"突发奇想"，也可以是"灵机一动"。总之，连创新者本人都不知道怎么来的，创新或创造就已在眼前。如此神秘而魔幻，用来讲故事，可以，用来指导创新，只会误导。创新无论对于个人还是一个国家，都不是来历不明的幸运之堆积，而是扎扎实实的学习、思考、实践的累积，也是科学合理的教育和科研制度的成果。

工程师不相信占星术，当大家沉浸于故事的美好之时，他们正在认真思索、埋头苦干，只是超出故事爱好者的想象，工程师从来不会觉得研发和创新是一件"枯燥的事"，相反，他们从解决问题中获得的乐趣，远远超出阅读最美好的故事所获得愉悦，至少同故事创作者搁笔时的心情庶几相近。

一、上海建科创中心路在何方？

上海建科创中心，有两个目标比较容易达到，政府推进也容易见效。第一个是基础科学研究，关键在大型科研装置。因为投入巨大，只有政府有实力。一旦建成，像同步光源等，科学家自然会来，因为这样的装置全世界没几个，"筑巢引凤"，有了梧桐树，不怕凤凰不来。例如美国斯坦福大学有一个直线加速度器，这个领域的科学家都会去那里，就是这个道理。

第二个是培养人才。培养人才也是件砸钱的事。高校延请顶尖学术专家，上百个科学院院士、工程院院士，齐集上海，培养高端人才，名师出高徒，想成就自己的好学生就会齐集上海，数年之后，自然人才济济。美国斯坦福大学，师资阵容称得上豪华：110位科学院院士，70位美国工程院院士，18位诺贝尔奖获得者。不但好学生争先恐后，有潜力的毕业生也紧随而来，"凤凰已到"，"百鸟云集"只是时间问题。当然，请专家需要花钱，但只要花钱能解决的，都不算问题。

建科创中心需要"斯坦福大学"，以打响品牌；更需要"硅谷"，让科学家的成果转化为实用技术，做成产品，满足市场需要。上海必须让企业有创新能力，才能不断有新概念、新产品出来。给大学投钱，人才肯定能出来，但对上海核心竞争力到底有多大帮助？上海能不能依靠创新获得经济增长？能不能实现转型发展？现在，在硅谷有没有设立研发中心，关系到IT企业在世界上的地位，所以像华为这样的大企业，必定在硅谷建一个研发中心。有了这样的中心，就很容易找到专业人才，做想做的事。就IT技术研发而言，无疑硅谷各方面环境最好,该有的都有,尽管要价很高,比如房价奇贵,但只要产出有保证,要价高不是问题,投资者和创业者看的不是绝对价格,而是性价比。所以,上海房价高不是核心问题,高房价与研发投入的产出不成比例,才是问题。硅谷房价比上海还贵,但照样吸引全世界的人才过去。伦敦房价也高,但金融机构和创意产业在那里活得好好的,就是这道理。所以,上海建科创中心,必须在做好产业布局的基础上,着重优化创新环境,吸引相关行业里的专业人员和骨干企业齐集上海,生产可以不在上海,但研发中心必须在上海,也就是让微笑曲线的上端,即附加值最高的部分在上海,这样城市与产业的性价比就提高了,城市的核心竞争力和发展潜力也就有了。

二、技术也是产品吗?

技术从某种意义上可以看成是产品,是一种特殊形态的产品,它也可以通过高效的方法开发出来。以汽车生产为例,20世纪六七十年代中国生产的汽车,外壳是钣金师傅用榔头敲出来的,采用"作坊式生产",没有流水线概念,因此,生产效率很低,一年生产不了多少台车,成本高,质量差。让汽车走进家庭,数美国人亨利·福特贡献最大,他发明了生产线,到现在全世界生产汽车用的生产线,都基于同样的道理。

汽车是普通人能够普遍感受到的技术含量最高的产品,因为汽车里什么都有,光传感器就有上百个,是一个智能化程度很高的产品。现在汽车修理工不用再拿把锤子,东敲敲,西听听,只要连上传感器,马上能检测出问题所在。发动机要是有毛病,当下就能显示出来,整个检测过程完全自动化,甚至智能化。这有点像医院给病人做

CT或核磁共振，身体里面有什么问题，立马能看出来，仅凭号脉、看舌苔已经不行了。没有技术手段，没有相应的仪器，就无法知道发动机存在什么问题。生产线上每个岗位都有专业化的分工，并配有专门设计的工具，因此，每个人的工作都很简单，扳扳扳手，点焊几下，拧几个螺丝，连接电缆，就这么简单，但下线的产品却是高度智能化的，这就是生产线的厉害之处。

在国外研发机构中，论个体未必比我们强，甚至可能比我们差，但论团队，其绩效非常之高，因为团队背后有一个强大的支持平台，相当于一条生产线。有了支持平台，做任何事情都讲究流程，先做什么、后做什么、再做什么，用什么工具和方法，纹丝不乱，不会出现反复，效率很高，而且做的结果也都能达到规定标准。

流程要顺利运转，还需要详细的作业指导书。比如说，写一个方案设计报告，报告由几部分组成，每部分写什么，都有详细要求。要是仍不够清楚，还配有典型案例，最好的方案设计报告是什么样的，直接放在你面前，照葫芦画瓢总能做出来吧。正因为有这样的平台，普通人也能做出最棒的东西来。相反，在中国的企业或学校里，也有能人，策划设计一个方案，弄来一个上千万元的项目，贡献很大。可是这个人突然跳槽了，那上千万元的项目恐怕就没戏了，因为其他人做不成。企业或学校过于依赖能人、大腕，既没法持续发展，也没法让普通人做出不普通的产品来。

三、知识应该如何管理？

中国的部分企业至今停留在靠工匠经验运行的状态，经验是个人独有的,没法形成显性的知识,这就涉及知识管理问题。知识管理是一种最新的管理思想和方法,是企业管理的重要内容。有了良好的知识管理,就能提高产品研发的质量,加快研发速度,降低研发成本。可以说,决策层只要决定做,基本上就能按照预定的计划、预算的成本完成开发工作。在一个项目的研发过程中,每个人做的工作都有专业化的分工,并不复杂,但整个组织进行的工作可能是高度复杂的,所开发出来的产品可以达到一流。

一汽的研发中心建立了知识管理体系,取得了良好的效果,而且实现了"铁打的营盘流水的兵",不怕任何人离开,因为先进产品的开发不再依赖于某个人,而是取决于"专业化的人+研发支持平台",而专业化的人是比较容易培训出来的。这么做还可以避免核心技术的外泄,因为每个人只了解整个复杂系统的一部分,不可能了解整个系统。

有一次,我访问德国的一家研究所,只问了他们技术总监一个问题:"如果一个重要项目的负责人走了,贵所会发生什么情况?"他一开始没理解,我解释给他听,在中国的一些科研机构,如果项目负责人走了,一般会把所有东西都带走,于是项目就进行不下去了。他回答说:"在我们这里,如果项目负责人走了,第一,下面的人会很高兴,觉得自己有机会升职了。第二,这个负责人之所以工作做得这么棒,他个人工作能力强是一个原因,但有一个强大的支持平台可能是更重要的原因,到了别的地方,缺了这个专业化的支持平台,他不可能做得这么好。第三,每个人的工作过程和结果都必须进入系统,组织对个人的考核不只看他做没做事,还要看他做的东西进没进系统,这样,即便他离开了,继任者依靠系统很容易接手他的工作,不会出现负责人走了,项目就无法继续下去的现象。"因此,打造一个知识管理系统对一个企业来说非常重要。

企业应鼓励每个成员为组织贡献知识。如果一个人把任务完成得很好,企业可以给予一次性奖励。但要是这个人还把做好这件事的经验写出来,变成一种方法或者工具,让隐性知识显性化,别人同样可以采用,从而提高了组织效率,增强了企业核心竞争力,那就应该给他加薪,因为他的贡献有助于企业的长期发展。

我在711研究所时,请人力资源部设计了一套新的薪酬调整体系,叫积分累进器。一个人为组织作出了创新,对组织有长期贡献,就给予一定的积分,计入积分累进器。比如说,一个人发明一项专利,提高了产品的竞争力,对组织有长期贡献,按照规则,给予晋升一级的积分。提出一项国家标准,给予第一完成人加10分。再按不同的级别,确定晋级标准分值。比如低级别的员工,每满10分晋升一级,每年结算一次。如果一个人一年累积了15分,晋升一级,抵扣10分,还剩5分,等再累积到10分,再涨一级。高级别的人,每满25分才能晋升一级。

为鼓励大家为企业贡献知识,或者说鼓励创新,采用积分累进器调薪是一种有效的手段。它背后的逻辑是将企业鼓励的那些因素纳入积分累进器,尤其要重点考虑对企业长期贡献或者有助于提高企业核心竞争力的因素,这是为企业创造长期价值,必须给予长期的激励,也就是涨工资。而完成日常任务,是员工分内的事,企业为此支付了薪酬;如果加班,企业按规定付加班费即可;只有对组织作出长期的贡献、有所创新,才应该给予涨薪。

四、工程师创新的动力来自哪里？

工程师何以总在创新？因为受问题所迫。

工程师和科学家是两种不同的职业。科学家关注发现新规律，出于兴趣导向，好奇心驱动；工程师关注创造新产品，出于利益导向，想象力驱动。工程师用科学家发现的原理，开发出有用的产品，最后把产品卖出去，获得一定的经济效益，这才是一个成功的工程师所当为。

二十多年前，我申请了一项"启明星计划"项目，是有关往复式密封技术开发的。往复式密封要比旋转密封难度大，无油润滑的往复式密封难度更大，必须采用具有自润滑特性的复合材料作为密封件。密封性能是否合格，需要研发一个试验装置进行测试。通常用高压氦气作为检测气体。氦气是单原子气体，质量小，最难密封，有一点点缝都能泄漏出去，所以被广泛用于检漏。同样的检测，国外用的是高大上技术，采用氦质谱仪，将泄漏的氦气收集起来，加入一个已知流量的背景气体，比如氮气流，通过检测氦气的浓度，就可以计算出氦气的泄漏量。这种方法很复杂，精度不高，费用却很高，一台仪器价格高达几十万元，而当时"启明星计划"项目的全部经费只有 5 万元，我们根本用不起。

还有一种方法是把氦气密封在空腔里，一旦有泄漏，腔里的氦气减少了，压力会降低，温度也会变化。通过测量氦气压力和温度，可以计算出里面还有多少氦气，可以间接知道泄漏了多少。测剩下的氦气要比测泄漏的容易，但这样计算得出的数据不准，因为温度和压力测量都有误差，根本原因是泄漏量太小，测一个月的变化还可以，要测一天的变化,做不到,测量所用的温度和压力传感器的误差,远远高于实际流量的变化,噪声完全淹没了真实的流量。比如说实际的泄漏量为 2 NL/h(单位是每小时标准升),但噪声却高达 10 NL/h,2 NL/h 的变化隐藏在 10 NL/h 的误差里,让人搞不清楚到底泄漏了多少。

测漏不能不做,否则就没有办法评价研究成效,但检测手段好的拿不到,拿得到的不好,怎么办?无路可走之下,我想出了一个办法,非常简单甚至称得上简陋,因为实在太穷,被逼上梁山了。

中学化学课上,老师都讲过"排水集气法"。将稀硫酸滴入封闭的装有锌块的试管里,经过化学反应,就会产生氢气,要收集这些氢气可以采用排水集气法。只需要把一个灌满水的烧瓶扣在水盘里,用一根软管将氢气导入烧瓶,氢气进去后将水排出,计算烧瓶排空的容积,就可以知道产生的氢气量。

这个方法简单而有效,我如法炮制,用排油集气法,把泄漏到润滑油中的氦气收集起来。具体来说,就是将含有细小氦气泡的油,通入一个倒扣在油池中并充满油的量筒里,氦气泡就会在量筒里上浮,并集聚在量筒的顶部,收集的氦气越多,排出的油越多,每天看量筒的刻度,油面下降多少,就代表氦气泄漏了多少,再经过压力和温度数值变化的修正,精度就非常高了。这方法不但简单,而且很准,成本还非常低,整个装置只花了几百块钱,就把问题给解决了。

五、突破老办法也算创新?

问题看似复杂,解决方法却出奇简单,看上去并没有什么技术含量。其实,创新之处就在于在特定场合采用最合理的方法,别人用于收集气体,我用于检测气体的微泄漏量,几字之差就是创新,老办法有了新用法。

这么简单的方法,为什么外国人想不到,而要采用高大上的技术手段?原因在于路径依赖,就像现在大家使用电脑后,便不会写字了。高度依赖仪器之后,医生看病,必定先做一大堆检查,无非为了省事,不用看,不用想,要错也是仪器错。当然费用会很高,但反正是病人埋单。过分依赖任何东西,个人能力就会下降。古时候人为了生存下来,必须在比如力气、速度上,跟动物有得一拼,发明工具之后,使用工具的能力加强,而自身能力则大大弱化了。这还只是路径依赖的一个原因。

之所以采用高大上仪器的另一个原因是,当专家们决定采用氦气作为测漏手段时,自然地就想到了用于测量氦气的氦质谱仪。于是,为了测量氦气而发明的氦质谱仪成为唯一的测量手段,其他同样可以用来测量氦气的方法都在不知不觉中被排斥了。本来目的决定手段,现在却不管合理与否,只想到这一种手段。

反过来,我要测量氦气时,不知道还有氦质谱仪,就是知道也买不起,穷则思变,把氦气还原到一种气体本身,把测量氦气视同测量任何气体,结果反而找到了最简便合理的方法。所以,创新必须跳出无意中形成的路径依赖。

六、工程师也是手艺人?

在不少人看来,我做的事情同工匠干的活十分相近,但我却乐此不疲,因为我从小喜欢动手。高中毕业后,我被分配到一家校办工厂,那时没有自主择业概念,每个人的工作由国家统一分配。我被安排在钳工岗位,当时的身份是学徒工,带我的夏师傅是退休返聘的八级车工,钳工也有六级水平。那时,八级工非常罕见,用现在的话说,绝对是大牛。我师傅解放前在沈阳兵工厂工作,也是从学徒工干起的,难免有点旧时代师傅的意识:带徒弟可以,教你手艺也没问题,但你得像徒弟,好好侍候我。我和师兄俩分工,每天下班,他管给师傅准备洗脸水,我负责给师傅准备洗脚水。我喜欢干手艺活,渴望他教我做钳工,所以,每天把师父侍候得好好的,当时我曾发誓要像师傅那样,成为八级工,而且是八级钳工。

  我的学徒生涯进步很快,在工厂只干了一年半,就达到二级工水平。拿一把直尺,我只用一把锉刀就可以锉出一个正六方体来,边长一样,对一个学徒工来说,这是十分难得的。打扁铲是钳工的基本功。由于当时校办工厂条件有限,只有一台铣床、两台车床和几台钻床。打扁铲的机会很多,简直成为铣床的粗加工工序。师傅为了能让我熟练地使用扁铲,时常会丢过来一块一厘米厚的钢板,简单说几个字:铲掉三厘米。刚开始练时,我的眼睛一直盯着扁铲的尾端,工作面铲得坑坑洼洼。即便这样,锤子还老打在虎口上,把虎口打得血糊啦的。回家被我妈看到,心疼得直掉眼泪,她觉得太遭罪了。而我师傅那时看着我一下下打在手上,就当没看见,脸上毫无表情。当时我恨他恨得牙根痒痒的,觉得这老头怎么这么没有同情心呢!后来才明白,他不是没有同情心,而是他清楚地知道,干哪一行要想做好了,都要付出代价,高超的手艺都是这么练就的,不勤学苦练,哪来真本事?

扁铲打得差不多了,才开始学锉,能锉平整了,再学习钻孔,但要把孔钻得又快、光洁度又好,也得有功夫。所有这些都属于基本功,学钳工手艺少不了过这些关。虽然又累又苦,但我喜欢。在工厂的一年半时间里,我学到不少东西。而且,我当时还上过"721大学",就是那种按照上海机床厂经验办的工厂大学。我之所以能旁听,是因为我爸爸被聘为兼职教师,我当时听过机械基础和机械制图等课程。

读博士时,需要做很多试验件,那时,我没有什么可支配的资源,所以车、钳、铣、刨都得自己干,以前的积累这下都派上用处了。我博士毕业后,一直从事特种发动机的研发,各方面的工作之所以能得心应手,与我这段宝贵的经历密切相关,自己设计,自己制作,让人特别有感觉。

七、爱学习与当工程师,先有鸡还是先有蛋?

我不是因为爱学习才当上工程师的,而是因为做了技术工人,才开始爱学习。说实话,我原来不爱学习,那个时候没什么人爱学习,也没有什么学习机会。不过,其他东西还学了一些,比如,我参加过文艺宣传队,吹过小号,拉过二胡。从小学、初中到高中加在一起,总共读了八年半的书,小学读了四年,初中两年,高中两年半,原来冬季毕业改成秋季毕业,满打满算八年半。高中开始,每年还有一个月学农、一个月学工,我比较喜欢,觉得这些比读书更有用。

高中毕业后,我直接进厂工作。学做钳工,首先要看得懂图纸,要会画线,这需要用到高中学的几何和算术知识,这时才觉得读书有用,于是,我开始主动学习,并逐渐喜欢上了学习。

一听说可以考大学了,我立马辞掉了工作,报名参加高考,我都不知道自己怎么会这么有魄力。当时考大学,必须得到单位同意,才能报名,可我那工作单位不同意我离开,要考就得辞职。那个年代进工厂不容易,有个单位上班,已经很幸福了,一辈子有保障。而且,我不知道自己是否有资格参加高考,即便能参加高考,也不一定就能考上。所以,要辞掉工厂工作考大学,真有些破釜沉舟的味道。每个考生可以报五个志愿,那时我并不认为北大清华是最好的,而认为中国科大最好,国家要搞"四个现代化",科学技术最要紧。所以我的第一志愿就报了中国科大,最后一个志愿是一个农学院,反正只要能上大学就行。

考完之后,我也不知道能不能被录取,反正失业了,没事干,就开始自学高等数学,遇到不懂的地方找高中老师问。等拿到录取通知书时,我已把高等数学学完了,那时候真的爱学习了。厂里学手艺和高考学知识,转变了我对学习的看法和态度,学习有用,愿意学习。

八、博士就不能干"低层次的活"?

我读博士跟许多人读博士的经历不一样。当时之所以到第七研究院711研究所读博士,并非为了711所地处上海——普通人都很向往的城市,而是因为711所是全国唯一有我硕士所学专业的单位。到青海路711研究所的所部报到后,老师把我带去一栋三层的老房子,我住在三楼的阁楼里。阁楼12平方米,三个高低床,可睡六个人。原来已经住了五人,我的床位在上铺,阁楼是尖顶的,我头的位置是阁楼中最低的地方,人躺下可以,坐起来就会碰到天花板。在当时,博士生实属凤毛麟角,各学校提供的住宿条件都很好,几乎没人想到有博士生会在这样的条件下生活。

学习和工作条件也好不到哪里去。以发动机实验室为例,房子是20世纪60年代建的,实验室又脏又乱,根本没什么像样的仪器。尤其是排满各种水管、油管、气管等各种管线和电缆的地沟,不仅排布得很乱,而且积满油泥。我们要对原试验台进行改造,得重排地沟中的管线,但先要把地沟清理干净。于是,我博士毕业后的第一份工作,就是把地沟里的油污清理干净,然后重新排管子。对于这项任务,我一点儿不觉得委屈,博士为什么就不能干这样的工作?也许有人会觉得干这活档次太低,其实,工作无所谓档次高低,关键是要干得出色,与众不同,这样就能证明你的价值,就会有更多机会。

我研究的热气机与传统发动机相比,有几个独特的部件,其中之一就是回热器。它的主要功能是在热力循环的两个回热过程中瞬时存储或释放大量的热量,这是斯特林循环高效率的关键所在。因此,这个部件热容量要大,换热率要特别高,通常采用高目数的不锈钢丝网紧密叠置并经高温烧结而成。编织的丝网厚度不一,为了达到设计的孔隙度指标,必须增加一道工艺——将丝网厚度压制均匀并达到规定数值。

我们当时很穷,没有挤压设备,只能做一个简单的模具,用18磅大锤砸。一台发动机装四个回热器,每个回流器有五六百片丝网,每一片至少砸四锤,六个人加班,两人一班轮换,通宵达旦地干。四个等候的人没事,就在楼上控制室玩牌,定好规则,谁输了,下去替换抡大锤,这样在游戏中就把活干了。不过虽然有规则,却没有监督,难免会作弊。玩牌的四个人故意不说谁输了,下面的人不见有人来换,只好多干一会儿。年轻人喜欢恶作剧,可以谅解,但由此可以看出当时的管理现状,不守规则者常常可以占便宜。

那时候,加班是经常的事。实验室在复兴岛,家在南江路,路上单程要两个小时。为了节省时间,我吃住在实验室,最长一次有三个月没回过家。我们团队中很多同志都住过实验室。没有床,就睡办公桌,或者把图板铺在地上。没有被子,就拿冬天用的棉门帘,既当床垫,又当被子。那个时候真叫一穷二白。五年时间靠37万元的科研经费支撑着,要搞出两台机器来,工资也得从里面支出。不过,我们的工作做得还不错,最终不但圆满完成任务,还得到一个省部级科技进步二等奖。

给这么点儿钱就能做成这模样,让领导大为惊讶,更大喜过望。结果第八个五年计划,支持的经费增加到300万元。那时的300万元简直是天文数字,领导还允诺,要是能增加功率5 000瓦,就再加300万元。结果,"八五"期间,我们拿到了600万元的科研经费,并得到一个省部级科技进步一等奖。

尽管我们的科研条件很差,但并不影响做的东西是高精尖的。20世纪90年代我们曾经进口过一台类似的发动机,花费了数百万美元,至少可以买60辆奥迪Q5,折合成每千克的价格超过3万元人民币。而我们自己研发的发动机,功能性能相等,价格却要便宜得多。

20世纪60年代后,德国、美国、日本等国都曾经花费巨资开发过这种发动机。美国看中它效率高、排放清洁、振动噪声低以及可以采用多种燃料的特点,想把它用在汽车上。后来因为汽车发动机经过多年发展,技术进步很快,油耗和有害物排放同样大幅度下降,这种发动机的优势就被削弱了。何况,换发动机对整个汽车工业影响太大,替代成本太高,所以就没有继续研发下去。

九、未来工程师从何入手学会创新？

创新需要动力，动力来自社会需要、行业需要和个人内在需要。

工程师的使命是解决现实问题，不断创新，让人类的生活更加美好。任何时期，国家和社会都会存在重大需要，如果能从这些需要中找到自己可以施展才华的空间，就有机会实现自己的价值，创新的动力也会源源不断。

我几十年里做的研究全部都是为了满足国家的重大需求，也是满足人类对更加美好生活的需要。能把自己的事业同宏大的目标联系在一起，是一种幸福，也是持续创新的最大动力。眼下，党和国家大力强调自主创新，政策支持力度前所未有，为广大青年创新创业提供了非常广阔的空间。大学生应该抓住机遇，在创新创业的大潮中建功立业，不辜负时代的使命，不枉费青春的年华。

工程师创新要突出专业化。与业余选手相比，专业选手有几个明显特质。

第一个特质是结果导向。如果开发一个新产品，一定要先搞明白这个产品能为客户带来什么价值，人家为什么要买你的而不买别人的产品。然后，你得了解别人有没有做过类似开发，他们是怎么做的，有哪些经验和教训。最后，还得了解潜在的竞争性产品的开发进展。创新过程如同商场和战场，只有知己知彼，才能百战百胜。

我在管理岗位上任职多年，常常会有员工向我汇报工作，他们通常会按照自己的思路来汇报，而不太考虑别人想了解什么，效果可想而知。听完之后，我通常会问两个问题：一问"你为什么要做这项工作?"如果连工作的目的和意义都不清楚,怎么能为"顾客"创造价值？又怎么会得到别人的认可？因此,做任何事情之前,都要清楚这项工作的价值所在,才有可能取得有意义的结果。二问"你为什么用这样的方法做这项工作?"如果没有想过用什么方法做这件事最好,就不会取得最高的效率和最好的效果。方法没有最好,只有更好！任何事情都有可以改进之处,只有这样想,才有可能做得比别人更好。

第二个特质就是注重做事的方法,而且,有本事找到好方法。

第三个特质是专业选手做事凭信念,而业余选手凭兴趣。遇到困难时,前者坚信办法总比困难多,因此会坚忍不拔、奋勇向前,轻易不会退缩,而后者只对"又挣钱、又容易、又快捷"的工作感兴趣。相反,专业的人对本身有价值、别人又不太注意的事情感兴趣。业余的人遇到困难,兴趣就会变,专业的人遇到困难就兴奋,视之为展现自己才能的机会。其实,与业余的相比,专业的人在知识和能力层面上并不见得高强多少,最大的不同是在思维模式或者在态度上。所以,我高度认同"态度决定一切"。钱校长说过:"我没有专业,祖国的需要就是我的专业。"专业的杰出代表就是大师、泰斗,钱校长就是这样的人物。

所有这些,不可能完全靠老师教,更多的还得靠自己学。在本科生课堂上,老师讲的大多是人类已经掌握的知识,是人类经验的总结。这些作为基础,很重要,必须扎实掌握。但是,一旦走向社会,需要解决的问题很少是恰好学过的,如果过分强调专业对口,无疑会把自己禁锢起来,职业生涯的道路会非常狭窄。而且,当今世界,科学技术日新月异,知识经济方兴未艾,知识总量呈几何级数增长,知识更新速度大大加快,近50年来人类社会所创造的知识比过去3 000年的总和还要多。一个人学过的东西没几年就全过时了,唯一能做的就是不断学习。大学生在学校里最重要的是培养自学能力,学会自己读书学习,善于向他人学习,能够直面自己的挫折甚至失败,从中汲取教训,养成终身学习的习惯,只有这样,才能与时俱进,适应形势的变化,才有能力应对面临的各种挑战,最终为国家、为人类贡献有分量的创新成果。

作者简介:

  金东寒 1989年毕业于中国舰船研究院并获博士学位。现任上海大学校长、研究员、博士生导师。2009年12月当选为中国工程院院士。中国内燃机学会执行理事长,第二十七届国际内燃机大会(CIMAC Congress)主席,上海市科协副主席,总装备部科技委兼职委员,国防科技奖船舶专业评审委员会主任委员。第十一届全国政协委员,第十二届全国人大代表,中国共产党第十八届候补中央委员。长期从事热气机及其动力系统研究与应用开发,取得了一系列开创性成果,并在重大工程中得到应用,是我国该领域的开拓者。获得国家科技进步特等奖1项、一等奖1项,省部级科技进步一等奖3项,其他奖4项。出版专著1部,发表论文30多篇。先后获得全国五一劳动奖章、全国优秀科技工作者、何梁何利科学与技术进步奖、上海市科技功臣等荣誉称号。所领导的团队多次获得上海市劳模集体等荣誉,受到中共中央、国务院、中央军委的表彰。

第十二章
中国大工匠：从跟随到引领

上海大学社会学院　顾　骏

近现代以来中国的发展,既是一种历史现象,也是一种文化现象;既是就中国人而言的,也是就全人类而言的。对于中国这样具有悠久历史、独特文化和巨大潜力的国家,要解释已发生的进程,判断当下的演变,预测可能的未来,无论正面的还是负面的,都不能不置于文明演进和时代变迁的大视野中加以考察。

一、中国高速发展必有道理

改革开放以来,中国经济迅猛发展,科技创新也一路高歌,吸引了全世界的目光,"中国以30多年的时间,走完了西方300多年的路程",成为世界赞叹和国人骄傲。但有西方媒体给出大煞风景的解释:"中国走得快,很正常,西方用300年,中国只用30年,因为西方是筑路而行,中国则是顺道而行。筑路和赶路速度不同,费时自然不同。"

简单地将中国的 30 年和西方的 300 年相提并论,确实有方法论上的缺陷。仅以科学研究为例,创造所需的时间肯定大于学习的时间,研发汽车和合资建厂组装汽车,真的不是一回事。媒体调侃有助于国人大脑冷静下来,视为"善意的提醒",可也,无须尴尬,不必暴跳,"知耻而后勇",争取早日撕掉"搭便车"的标签,才是应有的态度。

不过,简单将中国高速发展、科技迅猛进步归结为只是利用了别人筑好的道路,信马由缰就达到今天的水平,如此论证方法同样也是站不住脚的。

首先,就算西方筑成了路,不收通行费,让全世界不发达国家随意使用,何以只有屈指可数的几个国家,成功实现了"赶路"的发展速度,而其中又以中国人口规模最大、原来基础薄弱、现在达到的经济体量却最大?单纯从筑路与赶路的不同这单一角度来解释中国的发展,是不是同样过于简单化了?当然,文学上有一个说法,人类表达不能不使用比喻,但相比现实生活的复杂与鲜活,比喻永远是蹩脚的。在这一点上,对任何比喻不能过于苛求。

其实,对于人类文明来说,西方筑路居功至伟,但其他国家和地区的人要搭便车,几乎是不可能的。马克思说过:"资产阶级在它的不到一百年的阶级统治中所创造的生产力,比过去一切时代创造的全部生产力还要多,还要大。"这里说的资产阶级,当然指的是西方那一部分,不承认这一点是说不过去的。但对于后起国家,要使用这条路,不会是免费的,既要有自己的"车",包括历史传统、文化取向、社会结构和政府运行,还要缴纳各种形式的"通行费",从专利技术授权到品牌付费使用,从输出人口红利到承接环境污染,都是现成例子,后来者只想"搭便车",不交"通行费",只会听到简短而有力的回答:"No Way!"用中国话来说,就是"没门!"

再说了,纵使高速路一马平川,也并没有全程开放,其中有些路段是付了钱也不让过的,而且越是接近西方的车队,不让过的路段越是密集。近年来,中国有钱了,能够支付更多通行费了,可是购买西方核心技术的专利,却越来越难,想通过并购,买下有核心技术的企业,形同对西方筑成的路段进行PPP项目投资,也遭遇越来越多的法律和行政阻碍。相比筑路,赶路确实便利,但要说真有那般轻松,至少不是中国的体验。

最后,中国的发展并没有完全照搬西方,政治体制上没有,技术发明上同样没有,即便承认中国不少行业中存在"山寨"现象,一定阶段中甚至相当普遍,但中国在赶路过程中,始终没有放弃探索自己筑路的可能。在技术领域,中国学习的不只是知识,而是方法;中国不只是在西方筑好的路上低头狂奔,而是认真研究西方筑路的技术,因为中国没有指望永远会有"免费"的高速路让自己走。作为大国,中国必须尽快走上自己的路,筑路而不只是赶路,才是中国的必由之路!

今天的事实是,中国在众多领域中,已经从远远落后而开始接近西方车队,有时候竟然闯进了筑路工地。并驾齐驱不是一句大话,赶超也日益成为可以触摸的现实!

二、中国难题:走出自己的路

在许多行业和领域中,中国面临的现实难题已经从如何在西方国家主要是美国人设计好的跑道上，按照既定规则，赶上美国人，转变为如何继续在美国人的跑道上竞争，争取领跑的同时，尽快找到新的方向，另辟蹊径，开通自己的跑道，制定自己的规则，以免一个走神，美国人新辟出一条跑道，制定出新的规则，中国又被甩开了。

在国际贸易领域，中国为加入WTO不得不适应既定的规则，同一个个国家谈判入世条件，作出种种承诺，才得以成功。但一旦用活了规则并取得了外贸主动权之后，美国又想出点子，意欲搭建TPP协定框架，重新将中国排除在外。美国前总统奥巴马公开表示，TPP协定的目的就是"不能让中国主导世界贸易的规则"。特朗普上任伊始，否定了TPP协定，但这到底是对某项襁褓中的协定作技术性否决，还是"不能让中国主导世界贸易的规则"这条"国策"改弦更张，无论从理论还是常识来推测，更有可能的是后者。

至于设置种种额外限制，阻击中国企业购买西方高技术企业的情形，已经多次发生。同当年西方企业进入中国，买下本土企业，主要是为了替自己的品牌清理市场不同，中国企业买下西方企业，是为了实现技术升级的"撑竿跳"：与其被专利挡住，只能跟在西方车队后面慢悠悠地走，不如买下筑路工程队，直接进入最前沿！问题是中国算盘打得再好，一时半会，要想全面超越，还真不那么容易。

只有美国人有权力和资格设定道路，制定规则，中国只能适应，这肯定不是简单的筑路和赶路比喻所能揭示的。不会筑路，没有自己的跑道，赶路之被动永远不可能改变！

平心而论，对美国的做法，中国能够理解，毕竟创业容易守成难，要确保长远领先，不仅需要科技创新的实力，还需要运用各种非技术条件的智慧。环顾世界，在仍然由美国人主导的全球经济实力比赛的跑道上，以一国GDP总额为指标，美国绝对一马当先，如果不以购买力平价来计算，中国只能屈居第二，后面是日本、德国等老牌发达国家。现在的局面是，所有在美国后面跟跑的国家，都看着第一名越跑越远，一骑绝尘，唯有中国紧紧咬住，而且总体上距离越来越近。

相比2014年，世界主要国家2015年的GDP总量以美元计价，只有两个国家是增长的——美国和中国，而且中国离美国的距离即便在人民币兑美元汇率明显下降的背景下，也只有略微扩大。根据国际货币基金组织的数据，美国由2014年的173 480.75亿美元增长为179 470.00亿美元，中国从104 370.12亿美元增长到109 828.29亿美元，两国间的差距从69 110.63亿美元扩大到69 641.71亿美元，差不多是530亿美元的规模。而其他国家如日本、德国、英国、法国、韩国以及俄罗斯，同样受到货币贬值的影响，同美国的差距都呈大幅度扩大的态势。比如，日本的GDP从45 961.57亿美元下降为41 232.58亿美元，德国从38 744.37亿美元下降为33 576.14亿美元，英国从29 916.90亿美元下降到28 493.45亿美元，俄罗斯更是从20 296.18亿美元降到13 247.34亿美元，等等。按照这个节奏发展，中国赶上乃至超过美国确实不只是良好意愿。情势如此逼人，做惯老大的美国绝不会等闲视之。如果这种被超越竟然还是在美国设计的跑道上，遵循美国制定的规则基础上实现的，那除了变换跑道和修改规则，还有什么更好的办法吗？

其实，不仅在经济领域如此，在科技领域同样如此。从基础研究、理论建构、技术发明到技术应用，中国正在一个领域一个领域地追赶。更为重要的是，中国追赶发达国家的内涵正同步发生深刻变化，从同一跑道的同一技术赛道上的跟跑、并跑，有时还能领跑，到发现同一跑道上的不同技术赛道,实现跨赛道竞争,再到目前,正向着开通不同跑道发展,争取弯道超车的机会。如果这个态势延续下去,那么在可预见的将来,中国对世界科技进步的原创性贡献会越来越多,到时关于中国发展速度的问题会不会再次引爆西方关于中国的两个著名发问?

三、谜一样的中国

在英语中,中国所处的东方有两组表达,一个是"East"或"Eastern",另一个是"Orient"或"Oriental"。两组单词的差异主要在于前者只是一个地理方位概念,指西方的东面而已;后者则更富文学色彩,不但同地理有关,更同西方人对东方的感受有关,翻译过来,有"神秘东方"的意思。自古以来对东方大国经久不衰的神秘感,凝聚为西方学者两个最为著名的问题。

德国著名社会学家马克斯·韦伯在论证资本主义何以发生在西方的过程中,作为反例,提出了关于"中国何以不能产生资本主义"的文化解释。这是第一个中国之问。

第二个中国之问由专门研究中国古代科技史的英国学者李约瑟提出:"尽管中国古代对人类科技发展做出了很多重要贡献,但为什么科学和工业革命没有在近代的中国发生?"

很明显,这两个问题本质上都属于文化比较,其提出的背景同前言中谈到的,在漫长的人类历史进程中,中国始终作为"世界一极"的状态有关,而问题本身"历久弥新"则同当代中国快速崛起有关。

第一个问题,由于韦伯采取的"儒文化圈"视野中的各国,首先是明治维新之后,日本快速兴起,跻身于欧美列强之中,随后是"四小龙""四小虎"腾飞,再往后是改革开放以来中国持续高速发展,东北亚成为传统西方国家之外经济转型最为成功的地区,其经验自然对韦伯资本主义理论提出了挑战。随之,原本关于资本主义起源的发生学问题,完全转变了方向,从韦伯的"中国何以发展不出资本主义"变成相对其他非西方国家和地区,"资本主义何以在儒文化圈发展得如此成功"。从20世纪70年代开始,这方面的讨论一直高烧不退,尽管这个问题形态转换本身是否有价值,尚有疑问。因为资本主义的发生和确立同资本主义的移植与成功,不是一回事,但历史学家愿意讨论,也没有什么不可以,如果从中真能找到人类历史进步的密码,并适用于其他不发达的国家和地区,也是一件功德无量的事情。

相比之下,"李约瑟之问"在理论和方法论上更容易成立,但也存在商榷的余地,就是作为被评判对象,科学本身是否需要一个更"科学"的定义？西方的中国学家对此有一个简单的解题套路,那就是废弃问题背后的"西方中心主义"预设,主张科学本质上是一种人文现象,民族不同,文化不同,"科学"自然有所不同,所以,"中国不是没有科学,只是没有西方意义上的科学"。如此解题虽然聪明,但只要稍作应对,就可以让问题继续成为问题:"中国古代技术那么发达,为什么不能形成西方那样的科学？"

纯粹从理论上说,在西方认知模式之外,其他民族的认知方式,比如,有能力看见肉眼看不见的经络和穴位的中医模式,仍有可能为人类认识世界带来不同于西方的方法和相应结果,但只要承认主要由西方发明并提炼成知识体系的自然科学及其研究和处理的世界,不是单纯的文化现象,不为不同民族文化特性所左右,就像从蒸汽机到互联网,全世界不分民族都在使用同样的科学技术一样,就不能不承认李约瑟之问是成立的。

依照"韦伯之问"的转化方式,由于中国科技的迅速发展,"李约瑟之问"同样可以转化为:产生不了西方科学的中国,何以能如此成功地学会西方科学的方法,而呈现后来居上的态势?在今天的世界上,拿到诺贝尔奖的华人虽然不多,但在各国科学研究机构中,华人包括来自中国大陆的人士,着实不少,中国人接受西方科学,进而获得研究成果并没有想象中那么困难。

由此而来的一系列问题是,如果说文化因素对中国诞生西方式科学体系确曾产生阻碍作用,而对这个科学体系在中国的移植成功又发挥了支持作用,那其中又是什么样的机理?文化因素能够支持中国在发展西方式科学体系上走多远?更重要的是,文化因素在支持中国发展西方式科学体系、积累起足够的知识和方法之后,会不会成为未来中国超越西方科学模式,最终成为"中国式科学体系"的"助产士"?按照量子力学的"观念依赖型实在"概念,中国文化特有的观念体系如"道""气""阴阳"等,能为人类带来何种从未体验过的"实在"?从对这个"实在"的解释和改造中,又可能形成什么样新的"自然"和对自然新的认知?

问题提得那么远,可能为时过早,但中国科学真要走到世界前头,这些问题迟早会提上议事日程,虽然采取的未必是这里的表达形式。

四、现代科学技术创新的结构

我们之所以认为讨论"中国式科学体系"为时尚早,不是出于对中国当下科学技术水平的缺乏信心,而是基于对中国科学技术已经达到的层次的考察,而要看清楚这一点,必须先回过头来,看看西方科学技术创新体系的结构。

创新这个早已为人耳熟能详的概念,如果投射到现代科学技术体系的背景上,可以看出,大致由四个层面的活动和成果构成,从上而下,第一层次是原创的思想;第二层次是由思想经过学理推导、实验验证而形成的理论;第三层次是在理论指导下形成的原创技术,尤其是核心或关键技术;第四层次是技术的创新运用,包括所谓"集成创新"和依托新技术而创设的商业模式。

就创新的发生而论,四者之间存在逻辑关联。思想是源头,扩展和论证之后构成理论,理论指导原创技术的开发,技术在运用过程中刺激了技术本身的改进和创新应用。

还用筑路打比方,思想代表方向,理论代表筑路工程的可行性论证,原创技术代表路基,技术的运用则代表路面,铺好了,就可以通车。没有思想,不会有筑路的要求;没有理论,筑路可能只是"沙滩上起高楼";没有路基,无法跨越沼泽、穿越群山;没有路面,坑坑洼洼,会让贸然上路的汽车爆胎。创新四个环节没有一个是无用的,但源头、上游和下游的关系,是清晰的。

1. 思想创新

所谓"思想"本身就有"发人之未发"的含义,说出了前人没有说过的、能给人以新意、为人类存在开辟新境界并成为后人继续攀缘的基石者,方当得上"思想"之称号。西方科学史上,从"地心说"到"日心说",一念之差,去之何止千里?反过来,"永动机"如此诱人,但无法成为现实,只能是人类智力永远的"坑"。

思想是人类最高智慧,思想家是某个领域的巨人。西方有一种说法,"决定20世纪人类思想的是四个人,关于宏观宇宙有爱因斯坦,生命世界有达尔文,人类世界有马克思,心灵世界有弗洛伊德",他们提出的思想在当时"前无古人",在今天,仍是各自领域中人类思考的基石,时常还被其他领域思考者借用。

思想有其人格化载体,通常被冠以"×××之父"的头衔。比如,被并列为互联网之父的蒂姆·伯纳斯·李、温顿·瑟夫和罗伯特·卡恩,都以开创性的思想和概念,指引了未来科技发展的方向。

蒂姆是万维网的发明者。1989年3月,他正式提出万维网的设想,1990年12月25日,他在日内瓦的欧洲粒子物理实验室里开发出了世界上第一个网页浏览器。他最杰出的成就是把免费万维网的构想推广到全世界,让万维网科技获得迅速的发展,深深改变了人类的生活面貌。

温顿是互联网基础协议——TCP/IP协议和互联网架构的联合设计者之一,谷歌全球副总裁、互联网奠基人之一。在20世纪70年代,他就参与互联网的早期开发与建设。

罗伯特是现代全球互联网发展史上最著名的科学家之一,TCP/IP协议合作发明者,互联网雏形Arpanet网络系统设计者,"信息高速公路"概念创立人。

其中,蒂姆想出了万维网,即网友打开网页时可以看见的那个"WWW"(World Wide Web)。他的"互联网免费"概念,至今仍为所有不愿"用户付费"的网友虔诚而坚定地信仰着。罗伯特提出的"信息高速公路"的概念,让人类的沟通和交流插上了网络与移动网络的翅膀。

值得指出的是，作为科学家，他们不但提出了原创的思想，而且直接动手，将前瞻性思想转化为新技术、新方法和新成果。这或许是同为思想家，科学家跟传统哲学家的最大不同：既能以思想创新指引改变世界的方向，又能以技术创新提供改变世界的手段，并最终改变之，方为科学家。

2. 理论创新

如果说思想往往表现为一个天才的念头，如同燧石击打迸出的一点火花，那么理论则是对思想的学理和逻辑的展开，让一点星火引燃一堆火绒。如果说思想通常只是一个由概念组成的命题，那么理论通常是由若干具有逻辑关联的命题所组成的一个系统。因为具有内在的逻辑关联，所以理论的核心命题既来自原始命题的推导，也可以演绎出前人未曾想到过的新命题，预见未曾发现的新事物。

现代科学理论最严谨的结构形态和论证形式是数学公式，其最简洁而优美的形态是数学方程式。爱因斯坦的广义相对论至今没有几个人看得懂，但知道他提出的"质能方程 $E = mc^2$"（E 表示能量，m 代表质量，而 c 则表示光速）的人，不计其数。数学表达在科学上的意义不仅在于对事物及其状态和相互关系作出精确入微的数量描述，更在于借助数学的内在逻辑，一旦理论创新通过实验论证的关卡，科学家便可以根据数学公式，在其定义域内，推断人类未知但可能存在的事物和状态。在许多领域，科学家就是借助数学公式内在的演绎功能这架天梯，登上从来不曾为人知晓的星球。数学成为自然科学甚至社会科学的理论创新之尖兵，数学推理成为科学家共同的思维方法，数学家成为科学家的主力，都是由此而来。

3. 技术创新

"工欲善其事,必先利其器。"为好好完成任务所发明的工具,就属于技术范畴。技术创新的本质是方法创新,包括手段、工具、工艺、流程等物化和非物化的方法创新。

人类技术创新最初来自实践经验。过去小学语文教材中,中国古代能工巧匠之代表鲁班发明锯子的故事就是一个生动的例子。通过敏锐观察手上被锯齿状草叶割破的个人经验,鲁班找到了当时加工木材最重要的方法,反映的就是传统技术发明的路径。

与此有很大不同的是,现代科学中的技术发明与科学理论的关系越来越紧密,主要凭借经验发现加"试错"的方式,来作出技术发明和改进,越来越少;而在经过检验的理论支持下,进行方向明确的技术研发,日渐成为主流。

2016年,人类终于发现引力波,其理论源头在爱因斯坦的相对论。按照理论指引,通过反复设计实验方案和发明相应的技术手段,终于在理论性预言提出整整100年后,科学家给出了确凿的验证。这同爱迪生为了找到电灯的灯丝而采用了999种材料,恰好成为反例。"试错"永远是技术发明的一条路径,所谓"实验"就是试错的规范形式,但理论引导技术发明,实现真正意义上的"有的放矢",尤其是借助日趋成熟的模拟或仿真技术和算法,让试错变得更加精准,则是越走越宽阔的大道。

4. 技术的创新运用

技术的性质决定了其有效使用的范围,这一经验之谈近似于"正确的废话"。由于人类对自然和对自己的造物同样有一个认识与掌握的过程,无论新发明的技术还是运用多年的技术,都可能被发现新的用途。在这一点上,技术的创新运用重点不在技术的新与旧,而在于技术用途,也就是通过技术运用所解决的问题或解决问题的路径之新与旧。

中国古人打仗,"三十六计"人人知道,但最后谁能获胜,不在于发明了"第三十七计",而在于能将"三十六计"用得"出其不意"。大宋名将岳飞谈到兵法时的一句名言"运用之妙,存乎一心",可以作为技术运用创新的最好概括。别出心裁,解决了别人解决不了的问题,就是最有价值的技术运用创新!

如果说,在科学创新的光谱中,更接近于理论一端的科学家对于"新"具有近乎本能的追求,那么,在更接近技术这一端的工程师,则更在乎"用"的实际效果。只要能解决人类未曾解决的问题,只要取得了人类未曾取得过的成效,再原始的技术同样可以成为最具价值的创新之举。

本书中许斌教授所举的获得诺贝尔化学奖的"Suzuki 反应",就是很好的例子。发现这个反应不难,创新意义有限,但在大量科学家后续研究的推动下,效果极好,效益巨大,不能不奖!

说句极端的话,站在工程师的立场上,如果人类已经发明的技术足以解决面临的一切问题,那不发明又有何妨?当然,发此"豪言壮语"的前提是人类能够提出的问题已经枯竭,问题没了,才有发明创造的终止。

五、中国技术创新源远流长

对照现代科学创新的结构,可以发现回答"李约瑟之问"的切入口。中国文化之所以未能进化出西方的科学技术体系,不能笼而统之地发问,而应该针对前面分析的创新结构,找到具体的问题。

在创新体系的最下两层,即技术创新运用和技术创新层面,中国无论过去还是现在,都不存在问题。青铜冶炼技术不是中国人发明的,但世界公认青铜器制作水平数中国最高。在人类历史上,中国不但制成了体量最大、工艺最精美的青铜器皿,而且在古代就发明了用于复杂形体青铜器的"失蜡浇铸"技术,西方国家是在 20 世纪才发明的。

都江堰水利工程作为全世界仍在使用的最古老引水灌溉系统,其工程设计之巧妙,技术路径之高效,维护方法之便捷,总之一句话,整体性价比之高,令手段高明的今人叹为观止。都江堰水利工程不但实践了中国"天人合一"的世界观,诠释了"力敌不如智取"的韬略,还完全符合现代流体力学的原理。

互联网核心技术主要是美国人发明的,但中国以 BAT 为代表的互联网企业,照样用得风生水起,无论在"光棍节"超大流量支持、网络和移动网络支付,还是微信等领域,中国企业发明的若干运用方法和衍生技术,开始领先世界,并向美国输出。

高铁技术最初不是出现在中国,但在向世界拥有高铁技术的主要国家购买了关键技术之后,中国工程师充分发挥集成创新的能力,在引进、消化、吸收的基础上,加以改进和再创新,推出一系列具有自主知识产权的核心或关键技术,成功站上高铁技术的前沿,实现了"中国制造"从产品、技术到标准输出的大跨越。

即便一度以"山寨"闻名的深圳"华强北",当年以一张"苹果皮",搭了苹果手机的便车是事实,但也实实在在开发出了一些新功能,满足了消费者的需要。说得客气一点,是为苹果手机"锦上添花";说得自信一点,则是为苹果手机"拾遗补阙"。

其实,对于中国人来说,具有人类共通性的技术创新和技术应用的创新,从来不是难题,难题集中在更具西方文化特点的理论创新和思想创新。这才是"李约瑟之问"的真正要害所在。

六、中国技术创新的文化优势

中国人对技术发明和改进,天然具有亲和心,因为中国文化有这方面的基因,择其大者有三。

1. 师法自然的学习策略

中国善于技术创新,根本上因为中国人善于向自然学习,"道法自然"是中国的哲学原则。观察世界万物,从中发现自然的奥秘,进而获得技术创新的灵感,从来就是中国独具特色的创新之路。

被李约瑟惊为"神技"的中国南方常见的水运工具——橹,就是一件高度仿生的工具。世界各国航船都使用产生动力的桨和决定方向的舵,来解决航船前行和转向的两大需要。唯有中国南方工匠,发明了集桨与舵的功能为一体的橹。船工只需单手操纵一件工具,就可以同时实现前行与转弯的双重要求。这个具有独特智慧的工具看似简单,其实也确实简单,其形状和相应的功能实现机理,完全模仿了鱼尾。只有一种敬畏自然、始终不忘效法自然并有足够敏锐的观察和足够聪明的思维取向,才能发明出同自然如此契合的工具。

在当代科技越来越重视向自然索取创新灵感,从人工智能、仿生机器人到信号传输模拟脑—眼联动机理等,自然智慧正不断被揭示和效仿的背景下,善于师法自然的中国文化,将展现出强大的文化优势。

2. 别开蹊径的"道理观"

从认识论的角度来看,中国师法自然的理论依据在于中华民族独特的"道理观"。不同于西方强调知识,关注对具体事物的性质、状态和关系的现象描述、规律总结和数学表达,中国强调"道理",力图把握世界万物的共同特性,并超越其具体表现,而实现整体把握。

知识随认知对象的不同而不同,道理却是"万物同道,天下一理"。此所以中国对"知识"颇为不屑,庄子所谓"人生有涯而知无涯,以有涯随无涯,殆矣",是这个意思;中国人在学习中,推崇"融会贯通",也是这个意思。只有万物同为一理,体现在一件事上的道理,才可能适用于一切事物。

这种从道理上把握世界的认识方法,一旦被用于破译引进的技术,几乎所向披靡。中国技术人员在没有精准掌握相关知识的情况下,照样可以"山寨"个八九不离十,因为"道理就是这些"。

不仅如此,"道理观"还要求中国人"举一反三",将一项技术上发现的"道理",创造性地运用于其他场合。人类发明的技术普遍具有类似"魔术"的性质,不告诉你,百思不得其解,知道了底细,毫无神奇可言。至于手法技巧,在"匠气"甚至成为贬义词的中国,被看破、被模仿乃至被超越都是分分钟的事情。

当然,一旦技术进入精确量化阶段,道理相对知识的模糊性,就为中国仿制的最高水平设置了"天花板"。今天何以言必称"工匠",

其中一点就在于中国技术在数量精度上的不足。书中施利毅教授谈到中国纳米产品质量较高的是在30纳米以下,听上去已经相当不错。但美国是按照10纳米一档分等级,30纳米、20纳米乃至10纳米各成一个等级。相比之下,高下立判。

3."数学机械化"一枝独秀

随着数字精准度的提高,现代科学家和工程师严重依赖数学来解决理论和技术问题,算法已成为技术链的重要一环。由于中国人传统上对"数"就有独到理解,"解方程"是中国人的"祖传秘方",因此在破解许多涉及算法的技术难题时,同样发挥出明显的文化优势。要知道今天让许多孩子头痛不已的奥数题"鸡兔同笼",原是中国古人玩腻的智力游戏。

在人类科技史上,第一台严格意义上的"计算机"是由中国人发明的。算盘允许人不"动脑",只"动手",便能得到计算结果。这同今天我们在电子计算机上,用按键输入数字就可以知道计算结果,就以用手代替用脑而言,是完全一样的。所谓"数学机械化"当由此滥觞。

我国著名数学家、"数学机械化"大家、首届国家最高科学技术奖获得者吴文俊指出:"中国古代算术的思想与方法,正好与近代计算机的使用融合无间,也必将因此而重返青春,以另一种崭新面貌在未来的数学发展中扮演重要角色。"

仅从上面列举的几个方面,就不难看出,在追赶阶段,中国实现科学技术大发展是完全可以理解的。然而,一旦回到任正非的"迷茫",面对基础理论空白而太息,这一幕同样深刻地反映出中国科技创新可能遇到的重重难题。

七、中国科技创新的文化瓶颈

"成也萧何,败也萧何。"文化因素在支持中国移植发端于西方的现代科学技术的同时,也将深远地制约中国在创新层次上向上攀登,理论和思想的短板将会越来越明显地表现出来。

1. 人文取向的民族心态

中华民族的文化特性更亲近人类世界,而不那么亲近自然世界。在"轴心时代",中国为人类文明贡献了四个重要思想流派:儒家、道家、法家和墨家,其中成为后世主流的儒家对自然几乎没有任何技术上的兴趣,"君子不器""君子谋道不谋食",只想让人养,而不求自养,当然更关注管理技巧,而不是科学技术。

道家固然有关于世界本源的深邃思索,而且别具一格,对人类未来思考,有着无法预测的前景,但如何实现从知"道"到"得(德)"利的转变,缺乏系统努力。道家在"炼丹"过程中确实获得重大的化学发现,如在童尿中最早提炼出"荷尔蒙",尤其是在"试错"中发明了位列中华文明对人类"四大贡献"之一的火药,但更多时候还是忙碌于符咒之类的"神神道道"。道家最终走向了宗教,而不是科学。

法家专注于人类世界的秩序,其在政府的组织架构和运行机制方面,堪称全球最佳工程师。"秦制"是当时世界上最完善的行政体制,体现出高水平的、跨越时代的"软科学"性质,至今仍是严肃的政治学探讨课题,但法家对自然秩序毫无兴趣,也毫无建树。"儒法同道"在这一点上特别明显。

墨家是古代中国最具有科学潜力的思想流派，其创始人墨子实为中国首位百科全书式人物，在探究自然、发明技术方面，远远走在世界的前面。2016年，中国领先世界发射"量子通信卫星"，就以墨子命名之，作为向这位华夏科技先人的庄重致敬！然而，一度贵为"显学"的墨家，最终在"罢黜百家"的历史选择中走向边缘，其中缘由堪称中国版"李约瑟之问"，还在等待着回答。

两千多年来，中国不是没有出过科学家或工程师，但没有科学家或工程师获得过比肩帝王将相的文化地位，吟诗作画也远比"奇技淫巧"更受宠于当时，流芳于后世。今日青少年知道影视明星的多，而知道科学家、工程师的少，其中是否也有这个文化基因？

时至今日，阻碍中国科技创新的一个重要因素是体制性制约，人与人的关系对于科学家和工程师的创新活动仍影响巨大。在研究自然上获得可观成就的科学家和工程师，往往转而去领导别的科学家和工程师开展研究。对自然世界的兴趣轻易被对人类世界的兴趣所转移，这或许是因为科研人员意志不够坚定，或许是制度的决定性作用，或许是文化这"第二天性"所使然。

2. 现实取向的探究思路

中华民族高度关注现世，不喜欢对未来世界无论何种性质的"彼岸"作没有当下效果的猜想。"不知生，焉知死""异想天开""胡思乱想""想入非非""杞人忧天""胡说八道""天下本无事，庸人自扰之"，中华字库中储存了太多拒斥想象的词汇，足以说明，尽可能地延续个人在所处的世界中存活，远比另外找到一个理想世界，更让中国人在意和牵挂。

《桃花源记》虽然罕见地营造了一个理想国，但不是往前的，而是往后的，"不知有汉，无论魏晋"，时间定格在早已过去的秦末。

《西游记》和《封神榜》之类的小说，都对人类自身躯体及其功能延伸，作了足够大胆的猜想，有些甚至已经为今日工程师所实现，但在中国文化的大地上，按照"子不语怪力乱神"的训诫，基本上停留在神话，也就是"志怪"的范畴，没有机会登堂入室。

缺乏对未来世界和决定未来世界的技术发明的想象，既不可能有《海底两万里》水平的科幻小说，更不可能有关于堪称人类存在"新次元"的虚拟世界构想及其实现。如此，中国何以产生具有世界级影响力的"×××之父"？

3. 循环而封闭的历史观

虽然中国现存最早典籍是专门探讨世事变化的《周易》，但中国人的世界图景是循环的因而也是封闭的，无论"五行终始说"还是"治乱之道"，有变化而没突破，缺乏明晰的历史发展视野，不像坚信"末日"和"千禧年"的西方文明，内在持有历史向着某个目标前进的观点。在西方实证哲学所关注的"秩序与进步"两大主题上，中国传统文化明显偏重于对秩序尤其是平衡下的秩序的关注，"进步"是相当晚近的时候才被接受的概念。李鸿章断言中国面临"三千年未遇之大变局"，固然目光如炬，跳出了传统"治乱之道"的格局，但直觉所至也只是变化，"进步"或发展的概念仍付阙如。过于偏重平衡与秩序，不但使中国在追求技术不断进步的愿望上缺乏思想驱动，而且导致中国科研人员在建构技术创新与生活形态的宏观关联时缺乏想象的冲动。

4."共时性"的时间观

在时空二维里,中华民族对时间情有独钟,而且其时间观相比西方,也颇具特色。西方时间观可以归入"历时性"范畴,强调时间的先后顺序的逻辑关系,注重"前因后果",并认为控制"前因",足以决定"后果"。西方突出"规律"的重要性,坚持逻辑的连贯性和认识世界的"可感知"特征,都同此有关。

相反,中华民族偏重于"共时性"时间观,对大千世界、芸芸众生之中,何以素昧平生的两个人会在此时此地邂逅,深感好奇,并将之归因于"缘"。但至少在人类目前的技术水平上,"因缘际会"之类的说法固然有解释力,却无法实现有目的行为的可控后果,因为"缘分"虚无缥缈,过于神秘,无从把握,难以从中提炼出类似西方意义上的科学理论和技术方法。

唯一例外的或许是中药。许多药材的药效往往同其在外形或时间上同用来医治的病患甚至被医治的对象有相似相近之处,而得以确认。从黑芝麻有利于头发,到核桃仁补脑,甚至"通草利尿",背后都可以看到"共时性"时间观及其衍生原则的痕迹。不幸的是,这一中医的"发现逻辑"恰恰被包括部分中国人在内的许多人视为"中医不科学"的依据。

有意思的是,西方在"历时性"分析炉火纯青之后,开始发现其不足,反过来琢磨"共时性"分析的可能性。量子力学带来的世界观改变中,最重要的一项就是事物状态在时间轴上的不确定性和可逆性,"薛定谔之猫"的生或死,不在打开盒子前,而在打开盒子后,才能表现出来,因为"观测行为会影响观测结果"。这不由得让人联想到中国算卦的一个重要观念：生辰八字固然重要，但其隐含的命运线索部分决定于算卦发生在哪一天。

历史充满了偶然性，文化与时势之间存在着"共时性"联系，一旦"因缘际会"，中国文化会不会为人类科技创新包括思想和理论创新开启另一条道路，就像改革开放以来，中国的经济和社会发展一样？屠呦呦及其青蒿素获得诺贝尔奖或许就是一个信号。

5. "顿悟式"的思维方式

中西方文化之间还存在巨大的方法论差异。中国的思维方式偏重顿悟，本质上属于非线性思维，没有一定之规。而西方思维强调形式逻辑，属于线性思维，有明确的规则。这两者之间不存在孰是孰非的问题，但就个人使用的便利性而言，西方思维方式确实有其所长。

打个比方，同样翻越一堵墙，中国人寄希望个人武艺高强，练得一身轻功，飞檐走壁而去。西方人却坚持搭建梯子，一格格不断上升，最后"站在巨人的肩上"，翻墙而过。

习得轻功者，禀赋必定异于常人，苦练之余，腾飞而过，不在话下，但资质平平者则难免撞在南墙上，墙根下头破血流之辈比比皆是。而扶梯而过，轻而易举，无需天赋异禀，普通人稍加训练，即可达成。

如此比喻用在中西医之比较上最为贴切。中医学西医与西医学中医，何者更为容易，几乎不用猜。今日域中，不借助西医概念和仪器的中医已凤毛麟角，其中原因不只是社会对中医有偏见，更合乎常理的解释是，扶梯而过远比飞檐走壁容易掌握。中国自古以来多有技术发明，其中精巧者堪称"鬼斧神工"，但失传者众，而光大者稀，即源于此。

不过,同样有意思的是,在掌握轻功之后,如果还能获赠一架扶梯,那高手是否可以更上一层楼?如此推断不算异想天开吧。

以中国文化之博大精深,助力或阻碍现代科学技术发展的因素,都有许多,难以穷尽,在此只能择其大者作简单讨论。

八、凤凰涅槃,中国大工匠引领世界的态势

所谓"中国文化中存在不利于西方科学技术形成的因素",只是对目前中国科研状态的有限分析,不足以构成关于中国文化与现代科学关系的结论。中国文化的最神奇之处是看似跟不上时代潮流,结果不但刺激出许多重大发明,还有可能引领未来的技术潮流。

这方面最能代表中国文化的莫过于汉字。

在世界历史上,各国文字几无例外,都是从象形起源,然后经过简化和规范化,最后进化为表音文字。从眼睛的文字变成耳朵的文字,是世界各民族的通例,唯有中国不走寻常路。

作为国家通用文字的汉字始终遵循"象形、指事、会意、形声"四大造字原理,保留了"象形文字"的基本特征。如此字形复杂、书写烦琐的文字,不但没有影响文字的功能实现,反而激发出中国人一系列重大文化发明。从篆刻到书写,从笔墨到纸张,从印刷到打字,古老的汉字如中流砥柱,安然渡过不同时代的技术洪流,在多年被讥讽为"落后"之后,开始得到国际语言学界越来越大的关注。

作为信息传递系统,一字一音一义的汉字用于人际沟通和信息记录时表现出来的效率,远大于许多原本被认为"科学合理"的拼音

文字。其同时诉诸眼睛和耳朵两套感知器官,在听觉分辨的共同机理之外,增加了视觉辨识、空间感知和形意联想等多种机理,学习汉字很可能更有利于儿童的思维发育、智力开发、情感发展和技能掌握。中国人在学习和创新技术方面表现出来的集体聪慧,部分密码可能就隐藏于汉字之中!

拒绝登上历史班车的汉字,可能先于历史到达下一站,汉字的"奇遇"是否正是中国科技创新的历史演进之缩影乃至预兆?

说得再透彻一点,无论中国文化因素对西方科学体系在中国的诞生或成长究竟是有利还是不利,上述讨论都只是基于西方科学发展的历史和现状而作出的判断与分析。真要回答中国科学创新的未来,回答中国在未来世界科学技术领域中的地位,回答中国大工匠将在引领人类创新包括科技创新中会有什么里程碑式的发明和制作,还需要有更深邃的洞察,更宽阔的视野,更前瞻的眼光,这是一项需要强大想象力的作业!

总起来说,中国大工匠在世界科技领域中的引领,可以有三种不同态势:

一是中国大工匠在认真学习西方先进科学技术及其创新模式的基础上,在西方设计的跑道上,争取到了领先的位置,无论在论文发表、专利申请、奖项获得还是商业开发上,都位居世界前列。

二是中国大工匠以中国文化的优势,弥补西方科学技术及其创新模式的短板,发挥出自己独有的优势,在已有领域中开辟新跑道,在未知世界中开辟新领域,由此在跑道设计、规则制定、体能训练和场地建设中,都获得先机,从而引领世界。

三是在西方已经取得科技成就和创新模式的基础上,针对其发展瓶颈，嫁接中国传统文化中具有未来潜力的基因，实现在若干重要科技领域中的文化超越，完成"科学范式"意义上的领先，让西方中国学家关于存在着不同于西方的"中国科学体系"的预言，最后成为现实。

这三种态势对于中国和中国大工匠的意义自然不尽相同，站在中国崛起、民族复兴的立场上，第一种态势是"必须的"，第二种态势是"应该的"，第三种态势是"可能的"。

只要掂量下前贤先哲提出的、在其他文明中找不到匹配的"道"的概念，掂量下迥然不同于西方强调"经验感知"的实证原则、无法用肉眼看见但又可以验证的中医、武术、风水及其发现逻辑，掂量下作为中国特有的用作不同事物间关系建构的范畴体系"五行相生相克"模式，掂量下三千多年里中国多次邂逅外来文化但每每都能包容、吸收、同化而获得全新生长的历史经验，对历久弥新的中华文明及其内含的创造力和自我更新能力，必定心生敬畏、充满信心！如此，则中国大工匠引领世界的目标应该定在哪个态势上，基本可定。

且让我们拭目以待！

后记

这是一本讲述创新的书，也是一本创新的书。

要谈创新，必须体现专业性，这对科学家、工程师来说，没有任何问题，他们从来不怕专业，只怕不专业。但写书，还要公开发行，真专业了，读者就少了，不是看不懂，而是专业文章另有阅读的地方。中国人讲究度，"过犹不及"，中庸最好。中庸者，平衡也，左右逢源也。

于是，我创造了一种写作方式，不麻烦科学家、工程师自己动笔，改为接受采访，在对话中，把自己的经历和创新的过程叙述出来，录音下来。每个人大约2个小时，整理成文之后，大约2万字。我裁剪、斟酌、修饰、"勾兑"之后，统一整理成文，大约1万字。发还各位老师看过，或增删，或补正，或挑明，或遮蔽。没问题了，再作最后润色。这就有了大家现在手上的这本书。

如此编书确能拉近作者与读者之间的距离，因为我有20多年媒体评论和策划的经历，懂得如何沟通嘉宾和观众，但私下里知道，风险不小。

之所以采用访谈方式,而不是按照曾经接到的建议,由我开出系列问题,让老师们对号入座,挑选人生中辉煌片段,写下来,编入书中,如此岂不省时省力,皆大欢喜？不是信不过老师们,而是信不过自己。

我学机械设计出身,后来经过社会学专业训练,长期开展田野调查。但从来一不采用抽样调查、二不采用问卷回答,全部都是访谈,而且都是我本人与访谈对象面对面交流。我认为,这是唯一能让调查者在不全懂的场合,最大限度地获得有价值资料的办法,也是唯一能让访谈材料活起来的办法。

调查研究始终面临一个基本方法论问题：调查者对调研主题到底懂不懂？如果不懂,如何提得出问题？如果懂了,哪里会有问题？"知之为知之,不知为不知,是知也。"这句话虽然有道理,但没有说清楚,介于知与不知之间,又是何等状态,该归入"知"还是"不知"？糟糕的是,真正专业的调查都是从这种状态开始的。

调查研究不是调查者根据已知,开列问题,向调查对象单方面索取资料,而是因为介于懂与不懂之间,必须通过向对象追踪式提出问题,随时启蒙,连续证伪,实现从不知到知的过渡。调查是一个学习的过程,访谈也是一个不断改进自己的过程。

说得形象点,调查中的访谈,是一个借助被调查者的回答,矫正乃至激发自己的过程。犹如攀缘悬崖,每个问题是攀缘过程中必不可少的抓手、踩脚之处。没有一个攀缘者会事先设计好每一步着力处,这不仅因为做不到,更因为真要做到了,攀缘过程就毫无吸引力可言。爱攀爬的人士为什么要去大自然冒风险,而不满足于室内攀岩，就在于攀岩设计好了每一处攀缘的着力之处，没有留下任何不确定的、可以让人有所期待、有所想象的地方。人生的魅力就在不确定，攀缘是如此，调研是如此，科学家、工程师的创新同样如此。

我虽有理工科底子，毕竟"半瓶醋"，岂肯放弃这么好的享受"不确定性"的机会，用一堆毫无方向甚至存在方向性错误的问题，为自己挖坑，为读者备药，辜负教授们的厚爱？所以，老老实实地学习，恭恭敬敬地提问，知道一点，问一点，问一点，知道一点，问得对，问得不对，当场见分晓。这样的过程和过程中意外的发现，才是调研的意境，才是攀缘的意境，才是科研创新的意境，也才是用创新之法编一本创新之书的意境。

调查是调查者的学习过程，也是被调查者自我发现的过程。"自知者明，自胜者强。"认识世界，容易，认识自己，难。而不认识自己，如何认识得了世界？不知道自己戴着墨镜，真会以为太阳当头也是晦暗一片。

科学家、工程师对自己的专业和专业上的创新，始终处在若明若暗之中。"山重水复疑无路，柳暗花明又一村。"意外惊喜永远伴随科研发现和技术发明的全过程，这才有持续不断、喷涌而出的创新激情。所以，调查不应该以专家们已经完全掌握本专业情况为预设，而要让访谈成为专家重新回顾创新历程、反思研究得失并有新发现的过程！

凡有创新的科学家、工程师应该被尊重为一口井，可以源源不断产出最新鲜、最独特的活水，而不可以被贬低为一口缸，只能提供存放多年的积水！

如此认识和设计访谈，背后还有一个更深刻的方法论。无论认识世界，还是认识自己，都不是个人独自可以完成的作业，幽闭在黑屋子里苦思冥想，"格物致知"，最后的结果很可能是精神分裂。中国古人强调"知行合一""读万卷书，行万里路"，不是因为苦行僧般的赶路，就能获得智识——注意不是"知识"，是"智识"——而是因为在实践中难免遭遇不确定的因素，尤其是遭遇不确定的他人。"三人行，必有我师"，这个老师未必就是有能耐开口教我的老师，而是我可以借用来改变自己的外力！

每个人都有天赋，不只是能力意义上的天赋，还有结果意义上的天赋，上天给了你具体的发现，只是没有亲手交到你的手里，需要你在人生过程中去发现。牛顿被苹果砸出万有引力定律，别人哪怕被苹果砸死，也想出不来。不是牛顿勤奋、刻苦钻研，而是上帝早给了牛顿万有引力概念和公式，但只有在外力激发之下，定律才会浮上牛顿的脑海。多少科学发明对于发明者来说都是偶尔被"砸出来"的！牛顿的幸运不是被苹果砸到，而是苹果正好砸到万有引力的那个天赋点！

人需要外力，犹如保险箱需要钥匙。上天给了人天赋，却从来不告诉人，天赋藏在哪里。就像给我们巨大财富，却全锁在保险箱里，还不给钥匙。学习也罢，思考也罢，实验也罢，行万里路也罢，人类求知和创新的过程，不是向外求真理，而是向外找钥匙，找到命中该有的钥匙，打开内在的保险箱，一切都有了，找不到钥匙，打不开保险箱，一切都是白忙。

印度数学家拉马努金是在我有限知识里，最不需要外力就有大发现的人，但好像也靠中学同学借给他的两本数学教材，才开启了于梦中浮现的 3 900 个高深数学公式！

那么，钥匙在哪里？

除自己之外的任何一个地方，都有可能。因为生活常识告诉我们，永远不要把钥匙和保险箱放在一起，上天不会不知道这个简单道理。

至此，我终于明白，"知行合一"的真正意思原来是，在"行"的过程中，因为找到外来的钥匙，打开了自己的保险箱，才获得"知"的结果。如果此说成立，那么，访谈科学家、工程师的过程就应该是主动提供他们以钥匙，看看能不能用来进一步打开他们的保险箱，让教授们在访谈交流的过程中，对自己和自己的创新历程有所感悟。这不仅是对他们参与写作此书最得体的致谢，对读者阅读此书最合适的感激，也是对创新本身最崇高的礼敬！

现在，最尖锐的问题出现了：这本书对科学家、工程师起到了钥匙的作用了吗？这本书对希望了解科研创新的读者，起到了钥匙的作用了吗？这本书对中国创新本身起到了钥匙的作用了吗？

不知道。

唯有祈祷……

发散完了，让我稍稍作些技术上的处理。这本书记录了上海大学十位卓有成效的教授人生历程中最有意义的片段，展示了他们为中国崛起、民族复兴，在各自专业领域中，取得的部分科技创新成果。因为不敢过于专业，所以只展示了他们贡献的极小部分，有的因为涉及知识产权甚至国家机密，我不敢问，专家不敢谈，想必读者也不敢看，所以全免了，连"此处删去5 000字"一并删了。

一本书收录十位专家的文章，自然有个排队问题。在这里，我只关心读者阅读时可能的感受，无法过多考虑传统文化关于排位先后的规矩,也不采用什么"按姓氏笔画排列"之类俗不可耐的托词,更不准备对专家的理解和配合专门致以感谢。中国需要大工匠,大工匠自有大境界,一本小书,何足道哉。

按照法律规定,文责自负,但在本书中会有小小的例外。由于全书各章都是由我采访整理而成,为了增强可读性,采访中多方"诱导"不说,整理时又夹入许多主观猜想,狗尾续貂不一而足,鱼目混珠所在多有。虽然得到作者最后把关认可,但科学家、工程师也是人,百密一疏,总有看走眼的时候。因为尊重知识产权,署名权保留给了作者,但"一人做事一人当",万一有错,由我负全部责任。凡是文中出错之处,请细心的读者一概解释为我自作主张,而不要怀疑科学家、工程师不够严谨。毕竟文科允许想象,理工科不能随意,航空公司说大话不要紧,飞机制造公司开玩笑,任谁都受不了。

最后,请允许我将编书过程中积累的郁闷,一吐为快。即便是采访所得,有些原始整理稿仍洋溢着科学家和工程师专业论文的写作风格,惜字如金,不少还是规范的英文表达,不过采用了汉语的字词。其中最典型的是动词当作名词用,偏正结构远多于动宾结构。我揣摩着,还能明白一二,普通读者难免叫苦不迭。别看这几年扩招,大学文化程度的人多了,可大部分学的是文科,打小还是抒情的记叙文写得顺手,对这种晒干牛肉似的文字哪来好牙口?何况,文字松一点,字数多一点,算起稿费来,不可以多一点?工程师就是实诚,过于实诚了!

一本书拖了一年多,总算交稿。值此之际,谢谢十位教授的信任、支持和宽容,谢谢顾晓英老师在其中发挥的卓越组织者作用,谢谢出版社傅玉芳老师的忍耐甚至忍受,谢谢各位帮助整理采访录音的大学生、研究生,你们一丝不苟的态度、一字不落的做法,印证了上海大学的大工匠气质将代代相传!

《创新路上大工匠》向所有为中国崛起、民族复兴而作出创新性贡献的科学家、工程师和能工巧匠,致敬!

顾　骏

2017 年 2 月 17 日于上海